역산집
櫟山集

| 동국대학교 불교기록문화유산아카이브사업단(ABC)
본서는 문화체육관광부 지원으로 동국대학교 불교학술원에서 간행하였습니다.

한글본 한국불교전서 조선 37
역산집

2017년 5월 10일 초판 1쇄 인쇄
2017년 5월 19일 초판 1쇄 발행

지은이 영허 선영
옮긴이 공근식
펴낸이 한태식
펴낸곳 동국대학교출판부

주소 04620 서울시 중구 필동로 1길 30
전화 02-2260-3483~4
팩스 02-2268-7851
Homepage http://www.dgpress.co.kr
E-mail book@dongguk.edu
출판등록 제2-163(1973. 6. 28)
편집디자인 동국대학교출판부
인쇄처 보명C&I

ⓒ 2017, 동국대학교(불교학술원)

ISBN 978-89-7801-517-2 93220

값 22,000원

이 책의 무단 전재나 복제 행위는 저작권법 제98조에 따라 처벌받게 됩니다.

한글본 한국불교전서 조선 37

역산집
櫟山集

영허 선영暎虛善影
공근식 옮김

동국대학교출판부

역산집 櫟山集 해제

공근식
한국고전번역원 교수

1. 개요

『역산집』은 조선 후기의 고승인 영허 선영暎虛善影(1792~1880) 대사의 시문집이다. 가허 영응駕虛靈應이 쓴 발문에 따르면, 대사 생전에 상좌인 용연龍淵이, 대사가 지은 글을 수습하여 간행하려 하였으나, 불태워 버리고 유포하지 말라는 대사의 지시로 인해 간행과 유포에는 미치지 못하였고, 대사의 입멸 8년 뒤에 문도들이 간직해 두었던 유고를 교정하여 간행한 것으로 되어 있다. 본 문집은 서문, 상권과 하권, 발문, 문도 명단으로 이루어져 있다. 서문은 김조영金祖永, 정현석鄭顯奭, 완명 심주翫溟心舟가 지었다. 상권에는 오언과 칠언 절구 및 율시, 고시古詩, 부賦 등의 운문 작품 121제가 실려 있고, 하권에는 서간문, 기문, 상량문, 서문, 논설, 비문, 행장, 영찬影贊, 권선문, 소별疏別, 제문 등 57편의 작품이 실려 있다. 하권의 부록에는 선영 대사에 대한 비명과 행장, 영찬이 실려 있다. 발문은 윤조영尹祖榮, 가허 영응이 지었다. 문도 명단에는 수은受恩 명단에 5명, 수법受法 명단에 40명, 수선受禪 명단에 32명, 수계受戒 명단에 21명, 은손恩孫 명단에 9명, 법손法孫 명단에 30명, 법증손法曾孫 명단에 12명, 은증손恩曾孫 명단에 6명 등 총 155명이 수록되어 있다. 권말에 1888년 7월에 간행하였다는 간기刊記가 있다.

2. 저자

영허 대사의 행적은 이유원李裕元(1814~1888)이 지은 비명碑銘과 가허 영응駕虛靈應이 지은 행장에 그 대략이 드러나 있으며, 대사의 문장에 대해서는 서문과 발문 등에서 그 실제를 두루 언급하고 있다.

영허 대사의 속성俗姓은 안동安東 임씨林氏, 법휘는 선영善影, 자字는 무외無畏이고, 영허暎虛는 대사의 도호道號이며, 또 다른 호는 역산櫟山이다. 부친 임득원林得元과 모친 한양漢陽 조씨趙氏 사이에서 1792년(정조 16) 3월 23일에 태어나 1880년(고종 17) 5월 7일에 입적하였다. 세수는 89세, 법랍은 78세였다.

대사의 모친이 꿈에 부처님을 뵙고 대사를 임신하여 서울 운관현雲觀峴에서 대사를 낳았는데, 어린 시절에 이미 경사經史에 능통하여 사람들이 하늘이 낸 재주라 칭찬하였다고 한다. 12세 어린 나이에 이미 속세에서의 삶이 부질없음을 깨닫고 부모와의 인연을 끊고서 용운 승행龍雲勝行 선사를 따라 출가하여 양주楊州 수락산水落山의 학림암鶴林庵에서 머리를 깎았다. 그리고 성암 덕함聖嚴德函 선사에게서 구족계具足戒를 받고, 화악 지탁華嶽知濯 대사를 수선사受禪師로 모셨다. 이후 제방을 유력하며 선지식들을 찾아다니면서 선교禪敎 양쪽에 모두 깊은 수행을 쌓았다. 대사가 이룩한 경지가 탁월하여 선각先覺들도 감히 대사의 예봉銳鋒을 가까이하지 못할 정도였다고 하며, 스승인 화악 지탁 대사는 대사를 일컬어 "포효하는 금모金毛의 사자이고, 대도大道의 경지를 밟은 백우白牛"라고까지 칭찬하였다 하니, 용맹정진으로 이룩한 대사의 높은 경지를 짐작할 만하다.

대사의 나이 21세에 인봉 덕준仁峯德俊 화상의 법맥을 이었는데, 법통을 따져 보면 청허 휴정淸虛休靜의 10세손, 환성 지안喚醒志安의 6세손이 된다. 대사는 젊은 시절에는 주로 남방을 유력하였고, 만년에는 북변인 함경도 안변安邊 설봉산雪峯山 석왕사釋王寺의 내원암內院庵에 오랫동안 주석하였다. 석왕사는 태조 이성계가 왕이 될 꿈을 꾸고서 무학無學 대사로부터 해몽을 받은 곳으로 북변 지방의 유서 깊은 거찰이었다. 대사는 교학敎學과 선법禪法의 경지가 높아 사람들이 대사에 대해 십지경왕十地經王, 조계종사曹溪宗師, 화엄강백華嚴講伯, 영허종풍暎虛宗風 등으로 일컬었으며, 원근에서 대사에게 법을 물으러 와서 모두 대사의 법을 상승법으로 칭송했다고 한다. 또한 북변의 지방관으로 부임하는 관료들도 모두 대사의 명성을 듣고 찾아와서 교분을 맺고 돌아갔다고 하는데, 이를 반증하듯 대사의 문집에는 이들과 교유한 시문이 다수 실려 있다.

대사는 노쇠한 나이에도 낮에 눕는 일이 없었고, 아무리 바쁘고 소란스러운 와중이라도 수행의 일과를 폐하는 일 없이 참선과 염불로 정진했으며, 자애롭고 보시를 좋아하였다고 한다. 체구가 건장하고 풍모가 맑아서 대사가 속가에 있었어도 장상將相의 지위에 있었을 것이라고 행장은 말하고 있다.

이상의 행적에서 드러나는 대사의 모습은 한국 불교에서 큰 위치를 점하는 청허 휴정과 환성 지안의 정맥正脈을 이어받아 임제의 법통을 계승하고, 투철하게 용맹정진하여 도를 이루어 당대 불문佛門의 사표가 되었으며, 속세 중생들에게까지 그 교화력을 미친 그야말로 대종사의 모습이다.

한편 대사는 천진天眞한 시문으로 평소 가슴속에 온축된 것을 펼쳐 내었다. 유학자인 김조영金祖永, 정현석鄭顯奭의 서문과 윤조영尹祖榮의 발문에서 내린 평가에 따르면, 대사의 시문은 진기한 바위산처럼 격률이 기이하고 고아하고 수려하며, 드넓은 안개 물결처럼 문체의 기세가 광대하며, 풍월風月과 호산湖山 그 자체의 기운이 그대로 시문이 되었다고 한다.

또한 문장을 짓는 선비가 각고의 노력을 들여 인위적으로 다듬어 낸 것과는 달라서 그 풍격이 드넓고 소슬하고 그윽하여 편협한 모습이 전혀 없었다고 한다. 그리고 온축된 것이 매우 풍부하고 넓으며 예스럽고 질박함을 추구하여 박옥璞玉 속에 들어 있는 옥과 같아 보기 좋은 빛깔로 사람들을 현혹시킴이 없어 참으로 방외方外의 고수高手라고 할 만하다 하였다. 이러한 평가는 수행자로서의 삶을 투철하게 살면서 내면에 온축된 자유자재한 기운을 문장으로 발현해 내었기에 가능한 것이었다.

이러한 대사의 시문은 글을 짓기 위해 창작된 것이라기보다, 그때그때의 기연機緣에 수응하여 지은 것이다. 법손인 완명 심주翫溟心舟는, 대사의 글은 흥에 겨우면 나뭇잎이나 촌가의 벽에 아무렇게나 글을 썼던 당唐나라 때의 선승 한산寒山의 글과 같아서 글을 지어 사람들의 이목을 현혹시키려고 하지 않았던 것이 대사의 본심이라고 하면서, 단지 기연에 응하고 사물을 접할 때 읊조리고 찬탄한 것이 쌓여 권질을 이루게 된 것일 뿐이라고 하였다. 또한 가허 영웅도 발문에서 이 문집의 시문은 대사의 본뜻이 아니라 그저 수작酬酌하여 지은 작품일 뿐이라고 하였다. 이러한 글들은 대사의 상좌인 용연龍淵이 모아 두었는데, 이것을 대사 생전에 간행하고자 하였으나, 대사는 불태워 없애 버리라고 했다 한다. 외물에 일부러 마음을 둔 것이 아니라 그저 자유자재하게 표출되는 기운이 자연스럽게 문장에 담긴 것임을 짐작하게 해 주는 대목이다. 다만 상좌 용연의 간절한 청으로 유포는 허락되지 않고, 『가소어可笑語』라는 이름을 붙여 용연의 개인 소장만을 허락한 덕분에 대사의 글이 보존되어 오늘날에 전해지게 되었다.

3. 서지

『역산집』은 권말의 간기刊記에 따르면 1888년(고종 25) 7월에 함경도 안변 설봉산 석왕사 내원암에서 개간開刊되었다. 현재 한국학중앙연구원 장서각에 소장되어 있는데, 이것을 활자화한 것이 『한국불교전서』에 실려 있다. 이 번역본은 『한국불교전서』에 실린 텍스트를 저본으로 하고 있다. 이 외에도 국립중앙도서관, 규장각 등에도 소장되어 있다.

4. 내용과 성격

『역산집』은 상·하 2권으로 구성되어 있다. 이 외에 서문과 발문, 하권의 부록이 있으나 이는 선영 대사가 지은 작품이 아니고, 앞의 장들에서 대략 언급하였으므로 본 장의 논의에서는 제외한다. 상권에는 오언절구 29제, 오언율시 16제, 칠언절구 28제, 칠언율시 46제, 칠언고시 1제, 부賦 1제 등 총 121제의 작품이 수록되어 있다. 하권에는 부록을 제외하면 서간문 7편, 기문記文 8편, 상량문 5편, 서문序文 5편, 사실事實 1편, 설說 1편, 비문 3편, 행장 1편, 영찬影贊 14편, 권선문 5편, 소별疏別 4편, 제문 3편 등 총 57편의 작품이 실려 있다. 『역산집』의 체재를 고려하여 상권과 하권으로 나누어 작품의 내용과 성격을 살펴보도록 하겠다.

1) 상권

상권에는 주로 선영 대사가 지은 한시漢詩 작품이 실려 있다. 그 제재와 내용을 살펴보면, 산중 생활과 운수 행각 등 승려로서의 생활 중에 보고 느낀 정경과 감회를 다룬 시, 불가 안에서 승려들과 교유하면서 지은 시, 유가 지식인 및 관리들과 교유하면서 지은 시로 나눌 수 있다.

(1) 승려로서의 생활 중에 보고 느낀 정경과 감회를 다룬 시

승려로서의 삶 속에서 느낀 정경과 감회를 다룬 시로는 〈석왕사에 적다(題釋王祠)〉, 〈한가로이 앉아(閑坐)〉, 〈춘천 청평사春川淸平寺〉, 〈뜰의 잣나무에 적다(題庭栢)〉, 〈홀로 고찰에 묵으며(獨宿古寺)〉, 〈수락산 내원암에 적다(題水落山內院庵)〉, 〈물레방아(水碓)〉, 〈우연히 읊다(偶吟)〉, 〈벽송대에 적다(題碧松坮)〉, 〈황룡산 중봉암에 적다(題黃龍山中峯庵)〉, 〈역산이 스스로 읊다(櫟山自吟)〉 등과 같은 시를 들 수 있다.

이러한 시들은 산중에 거처하면서 혹은 행각하면서 보고 느낀 정경과 감회를 담담히 다루거나 그 속에 깨달음의 이치를 담아내어 불승으로서의 본연에 충실한 모습을 보이고 있다. 특히 〈춘천 청평사〉, 〈수락산 내원암에 적다〉, 〈우연히 읊다〉, 〈벽송대에 적다〉, 〈황룡산 중봉암에 적다〉, 〈역산이 스스로 읊다〉 등의 시구들에는 승려로서의 청정한 삶과 그 속에서 자연스럽게 우러나는 질박함 및 깨달음의 순간들이 시적으로 잘 형상화되어 있다. 『역산집』 서문 및 발문에 나오는 "애당초 사물에 이끌리지 않고 유유히 고원高遠한 경지에 노닐면서 흉중에 한 점의 걸림도 없었다.", "그 말씀을 들어 봄에 현허玄虛하고 시원하였고, 그 몸가짐을 봄에 마음이 맑고 욕심이 없었으니 혼연히 도인道人의 기상氣像이 있었다." 등의 청정무구한 대사의 모습이 그대로 시구 속에 발현되어 있음을 알 수 있다. 김조영은 서문에서 "영허 스님의 시를 읽고 영허 스님의 글을 읽으면 영허 스님이라는 사람을 알 수 있다.……영허라는 사람이 어떤 사람인지를 알려면 진실로 그 시문 가운데에서 구해야 하지 않겠는가."라고 하였는데, 위의 시구들을 보면 선영 대사가 지녔던 격조와 풍격을 충분히 알 수 있다.

(2) 불가 안에서 승려들과 교유하면서 지은 시

불교계 내부에서 도반들 및 선후배, 제자들과 함께 교유하면서 지은 시들로는, 〈남명 구붕 선자에게(南溟九鵬禪子)〉, 〈연월 선자에게(蓮月禪子)〉, 〈형암 청옥 선사에게(荊巖靑玉禪師)〉, 〈용암 장실丈室에게(庸菴室)〉, 〈연옥 장실에게 부치다(寄蓮玉室)〉, 〈묘훈 상인과 이별하며 주다(贈別妙訓上人)〉, 〈향산에서 진해 대사와 이별하다(別香山鎭海大師)〉, 〈혜장 대사에게 주다(贈惠壯大師)〉, 〈풍명 스님에게 시를 주어 이별하다(贈別豐溟師)〉, 〈영원 대사에게 주다(贈永源大師)〉 등과 같은 시를 들 수 있다.

이러한 시들은 증시贈詩 형식을 통해 상대방에게 용맹정진을 독려하고 가르침을 내려 함께 불도를 닦아 나가는 도반으로서의 면모를 드러내 보여 주고 있으며, 도반과의 헤어짐을 아쉬워하면서 인간적인 감회를 진솔하게 드러내고 있다. 위의 시들은 불교계 내부의 도반들과 나눈 작품이라는 특성상 서로에 대한 권계와 진솔한 감정이 유감없이 드러나 있으며, 노파심절하고 다정한 대사의 면모를 알 수 있게 해 준다.

(3) 유교 지식인 및 관리들과 교유하면서 지은 시

선영 대사는 당대에 선교禪敎에 명망이 있어 그 이름이 승속僧俗을 가리지 않고 두루 퍼졌으며, 남방과 북방을 두루 경력하여 속인들과의 교유가 깊었다. 또한 가허 영응駕虛靈應이 지은 행장의, "이때 방백方伯의 자리에 부임하거나 주목州牧의 임소에 부임해 온 조사朝士가 있으면 모두 산문山門을 방문하여 한번 대사의 도안道顔을 보고 공경의 예를 올리지 않음이 없었다."라는 기록에서 보듯이 안변安邊 석왕사釋王寺에 주석하고 있을 때 지방관들과 맺은 교분도 적지 않았다.

이러한 시들로는 〈북병사 정기원 공의 시에 공경히 화답하다(敬酬北兵使

鄭公岐源)〉, 〈진주 목사 송계수의 시에 차운하다(次宋晋州啓洙韻)〉, 〈석왕사에서 옛 벗인 예조판서 김보근 공을 만나 받들어 화운하다(釋王寺逢舊交大宗伯金公輔根奉和)〉, 〈청계루에서 김씨와 장씨 여러 석사들의 시에 차운하다(次淸溪樓中金張諸碩士韻)〉, 〈감사 조봉진의 시에 삼가 차운하다(謹次曹監司鳳振)〉, 〈상국 정원용의 시에 삼가 차운하다(謹次鄭相國元容韻)〉, 〈낙민루에서 밤에 관찰사 권돈인 공에게 올리다(樂民樓夜呈巡相權公敦仁)〉, 〈수락산에서 승지 여연 김대근과 함께 창화하다(在水落山與如淵金承旨大根唱和)〉, 〈석왕사에서 어사 심 공을 만나 여러 날 창화하다(釋王寺逢御史沈公累日唱和)〉 등과 같은 시를 들 수 있다.

이러한 시들은 대체적으로 만남을 반가워하고 이별을 아쉬워하면서 상대방과의 인연을 진중히 여기는 내용이 많다. 특기할 점은 이상의 목록에서 보듯이 대사의 교유가 조정의 고관에서부터 지방관, 일반 유자들에 이르기까지 다양하고 폭넓었다는 점이다. 이는 그만큼 당대에 있어 대사의 깊은 명망을 반증하는 것이라 할 수 있다.

2) 하권

하권에는 서간문 7편, 기문記文 8편, 상량문 5편, 서문序文 5편, 사실事實 1편, 설說 1편, 비문 3편, 행장 1편, 영찬影贊 14편, 권선문 5편, 소별疏別 4편, 제문 3편 등 총 57편의 작품이 실려 있다.

서간문은 관찰사 권돈인權敦仁, 석사碩士 황대려黃大呂, 초의당草衣堂, 봉은사奉恩寺 『화엄경華嚴經』 간행소刊行所, 김 첨정金僉正, 석사 이정의李正誼에게 보내는 편지와 상주尙州 김룡사金龍寺 대성암大成庵의 초청하는 글에 사양하는 편지이다. 속인들과 주고받은 서간문은 거개가 안부를 물어 준 데 대한 감사와 상대방에게 문안하는 내용인데, 이 가운데 이정의에게 보낸 편지는 『금강경金剛經』의 해석 등과 같은 불교 교리에 대한 문답 내용이 있어 승속의 교류와 대사의 관점을 이해하는 데 참고가 된다. 또한 초의당에게 보낸 편지는, 내용 자체는 일상적인 문안과 초의당이 보내 준 물건에 대한 감사 편지이나 초의당이 대사와 마찬가지로 당대에 저명했던 초의 의순草衣意恂 스님이라는 점에서 주목된다.

기문은 흥국사興國寺 만월보전滿月寶殿과 시왕十王 중수重修, 석왕사釋王寺 대웅전 중수, 석왕사 명부전 중수, 석왕사 범종각 중수, 내원암內院庵의 범종 주조 등 사찰에 관련된 것과 벽송대碧松臺, 승선교升仙橋 등의 일반 건축물에 관련된 것이 있다. 「단풍원기丹楓園記」는 산중에서 월야月夜에 지인들과 가진 모임에 대한 기문이다. 이 가운데 석왕사 기문들은 현재 북한 지역에 있는 석왕사의 면모를 알 수 있는 역사적 자료로 가치가 있다.

상량문은 보개산寶盖山 축성암祝聖庵, 수락산水落山 흥국사興國寺 대웅전 중건重建, 수락산 내원암內院菴 지족루知足樓 신건新建, 석왕사釋王寺 수군당壽君堂 중건, 내원암內院菴 신건 영당影堂에 대한 것이다.

서문 가운데 기봉奇峯 노화상 문계門契, 인봉仁峯 화상 문계, 월암月巖 대덕 문계에 쓴 것은 문도 모임에 대한 서문이다. 이는 조선 후기 사찰계寺刹契 내지 문계의 모습을 보여 주는 자료이다. 「수락산水落山 내원암內院庵 불량록佛粮錄에 대한 서문」은 시주록施主錄에 대한 서문이다. 「설봉산雪峰山 석왕사釋王寺의 사계절 풍경에 대한 서문」은 사륙변려문 형식으로 설봉산 석왕사의 풍경을 기록한 것으로 문학적인 가치가 있을 뿐 아니라 석왕사의 경관에 대한 자료로서 가치가 있다.

「석왕사釋王寺 영세불망永世不忘 사실」은 1838년(헌종 4)에 조정에서 내탕금을 내려 석왕사를 중수하게 한 일에 대한 기록이다.

「심성정설心性情說」은 심·성·정의 관계에 대해 유가와 도가의 관점을 함께 제시하면서 불가의 관점이 바른 관점임을 역설한 것으로, 대사의 사상을 파악하는 데 도움이 된다.

비문은 뇌묵雷默 화상, 설송雪松 대사, 덕암德嚴 대사에 관한 것이다.

행장은 뇌묵에 대한 것으로, 불교사에서 한 위치를 점하는 뇌묵 대사의 전기 자료로서 가치가 있다.

영찬은 취암翠巖, 인월印月, 환성喚醒, 영성永醒, 용운龍雲, 성담性潭, 구담당九潭堂, 하월당河月堂, 인봉仁峯, 월주越洲, 만허당滿虛堂, 화은당華隱堂, 영담永潭, 포대 화상布袋和尙의 영정에 관한 것이다.

권선문은 광주廣州 봉은사奉恩寺 시왕十王 중수重修, 삼각산三角山 화계사華溪寺 중수, 도봉산道峯山 원통사圓通寺 약사전藥師殿 중수, 철령鐵嶺 성황당城隍堂 중수, 아차산峨嵯山 화양사華陽寺 바라(鈸鑼)에 시주하기를 권하는 글이다.

소별疏別은 석왕사 백련당白蓮堂 및 수군당壽君堂을 중건하고, 기타 건물들을 중수한 후 낙성을 고하면서 그 내력을 설명하고, 임금과 담당 관리들의 복을 기원하는 동시에 공덕을 중생에게 회향하는 내용의 소疏, 정조正祖의 능을 이장移葬하면서 정조와 왕족들의 복을 기원하는 내용의 소, 정원政院에서 십재十齋를 지내면서 공덕을 중생에게 회향하는 내용의 별別, 혜경궁惠慶宮의 백 일 영산재靈山齋를 지내면서 영가의 명복과 왕족들의 번영을 기원하는 내용의 별이다.

제문은 뇌묵 화상의 사리탑에 올린 제문, 경기도 남양주 봉선사奉先寺 제향 때 올린 제문, 극락전을 짓는 불사를 행하면서 지신地神에게 올린 제문이다.

5. 가치

『역산집』은 19세기의 고승인 선영 대사를 파악하는 데 중요한 자료로, 크게 불교적인 가치와 유불교섭적儒佛交涉的인 가치를 지닌다. 이는 조선 후기에 간행된 많은 고승들의 문집과도 일맥상통한다. 우선 『역산집』은 선영 대사 개인의 수행의 향기와 위인爲人의 면모가 오롯이 묻어 나올 뿐만 아니라, 19세기 불가佛家 내부의 상황과 교유 관계, 승려들의 수행 모습, 제례 의식 등이 담겨 있어 불교사적인 가치가 작지 않다. 또한 현재 북한 지역에 있는 석왕사를 비롯한 사찰들의 구체적인 정보가 작품으로 많이 표현되어 있어 이 또한 역사적 자료로서 가치가 크다.

그리고 조선 후기에는 많은 고승들의 문집이 간행되었는데, 이 과정에서 유불교섭의 영향을 간과할 수 없다. 고승들의 시문 창작은 선리禪理와 교리敎理의 표현 등 불교적인 내용이 다수이지만 유교 지식인들과 교유하면서 창작된 작품들도 무시할 수 없는데, 그 이유는 문집이라는 형태가 다분히 유교적인 작품 수습의 형태이면서 그 내용 구성상으로도 조선 후기 유불 교섭의 실태가 그대로 반영되어 있기 때문이다. 이는 서문과 발문 등을 저명한 유자에게 부탁한 사실과 작품 안에 유교 지식인들과 교유한 내용이 다수 포함되어 있다는 데에서 그 자장을 확인할 수 있다.

6. 참고 자료

장휘옥 역, 『해동고승전 외』, 동국역경원, 1995.
김용태, 『조선후기 불교사 연구』, 신구문화사, 2010.
최각안·김윤세 역, 『동사열전東師列傳』, 광제원, 1991.
한상길, 『조선후기 불교와 사찰계』, 경인문화사, 2006.

차례

역산집櫟山集 해제 / 5
일러두기 / 24
영허당유집暎虛堂遺集 서문 / 25

주 / 33

역산집 상권 櫟山集 卷之上

시詩

석왕사에 적다 題釋王祠 37
추운암에서 소를 걸터타고 시내를 건너다 秋雲庵騎牛過溪 38
선조 때 서산 대사에게 내린 시의 운으로 짓다 宣廟朝賜西山大師韻 39
한가로이 앉아 閑坐 40
춘천 청평사春川淸平寺 41
기파 원식 선자에게 箕坡元植禪子 42
직지 포 대사와 작별하며 시를 남기다 留別直指鉋大師 43
남명 구붕 선자에게 南溟九鵬禪子 44
호곡 장실에게 湖谷室 45
문담 장실에게 文潭室 46
성해 선자에게 性海禪子 47
추월 윤 선자에게 秋月輪禪子 48
정송강의 낙민루 시에 삼가 차운하다 謹次鄭松江樂民樓韻 49
연월 선자에게 蓮月禪子 50
석왕사에서 어사 이석 심응태를 만나 창화하다 釋王寺逢莒石沈御史膺泰唱和 51
형암 청옥 선사에게 荊巖靑玉禪師 52
철요 문 선사에게 鐵鷂文禪師 53
영직 상인과 이별하며 주다 贈別永直上人 54
북병사 정기원 공의 시에 공경히 화답하다 敬酬北兵使鄭公岐源 55

의주 부윤 이건필의 주련 시에 삼가 차운하다 謹次李灣尹建弼柱聯韻 56
뜰의 잣나무에 적다 題庭栢 57
만허 존숙에게 올림 上萬虛尊宿 58
마하연 摩訶衍 59
삼봉 신욱 선자에게 三峯信郁禪子 60
월여 범연 대사에게 주다 贈月如梵演大師 61
민성 약눌 선자에게 敏惺若訥禪子 62
내원암의 벽 위에 걸다 揭內院壁上 63
청하 성일 선사에게 淸河聖一禪師 64
환몽 청 선사에게 幻夢淸禪師 65
진주 목사 송계수의 시에 차운하다 次宋晋州啓洙韻 66
또 읊다 又 67
고요한 거처에서 계륜헌과 함께 우연히 읊다 寂居與桂輪軒偶吟 68
홀로 고찰에 묵으며 獨宿古寺 69
수락산 내원암에 적다 題水落山內院庵 70
노원의 오씨와 윤씨 유자들의 시에 차운하다 次蘆原吳尹諸儒韻 71
소양정에 올라 삼연의 시에 공경히 차운하다 登昭陽亭敬次三淵韻 72
지리산의 순 대사와 이별하며 시를 남기다 留別智異山淳大師 73
상주 청계사를 방문하여 입으로 읊다 訪尙州淸溪寺口占 74
욱 대사에게 주다 贈郁大師 75
판서 홍경모가 내원암 영각에 쓴 시에 삼가~ 謹次洪判書敬模內院影閣韻 76
물레방아 水碓 77
석왕사에서 옛 벗인 예조판서 김보근 공을~ 釋王寺逢舊交大宗伯金公輔根奉和 78
토관 손도연의 시에 차운하다 次孫土官道然韻 79
백운산의 인선 대사와 작별하며 주다 贈別白雲山印善大師 80
신리의 석사 이달원의 시에 차운하다 次新里李碩士達源韻 81
송 진주의 시에 차운하다 次宋晋州韻 82
부석사 판상의 왜승의 시에 차운하다 次浮石寺板上倭僧韻 83
퇴계 선생의 선비화 시에 삼가 차운하다 謹次退溪先生仙飛花韻 84
또 읊다 又 85
화악 화상이 삼성사에 쓴 시에 삼가 차운하다 謹次華嶽和尙三聖祠韻 86

박씨와 이씨 두 진사의 시에 차운하다 次朴李兩進士韻 ······ 87
금강산에 적다 題金剛山 ······ 88
추월秋月 ······ 89
진사 김정희와 이별하며 別金進士正喜 ······ 90
용악 화상의 시에 삼가 차운하다 謹次龍岳和尙韻 ······ 91
청계루에서 김씨와 장씨 여러 석사들의 시에~ 次淸溪樓中金張諸碩士韻 ······ 92
황룡산 중봉암에 적다 題黃龍山中峯庵 ······ 93
표표연정에 올라 登飄然亭 ······ 94
감사 조봉진의 시에 삼가 차운하다 謹次曹監司鳳振 ······ 95
상국 정원용의 시에 삼가 차운하다 謹次鄭相國元容韻 ······ 96
삼수암에 적다 題三邃菴 ······ 97
용암 장실에게 庸菴室 ······ 98
풍송 장실에게 豊松室 ······ 99
현은 장실에게 玄隱室 ······ 100
성담 화상에 대한 만사 輓性潭和尙 ······ 101
도성 선사에게 道成禪師 ······ 102
연옥 장실에게 부치다 寄蓮玉室 ······ 103
의현 상인이 한마디 해 줄 것을 청하기에 주다 贈義玄上人求語 ······ 104
용해 장실에게 龍海室 ······ 105
은담 화상에 대한 만사 輓銀潭和尙 ······ 106
금성당에 대한 만사 挽錦城堂 ······ 107
우연히 읊다 偶吟 ······ 108
범허 장실에게 範虛室 ······ 109
김 진사와 함께 읊다 與金進士同吟 ······ 110
우연히 읊다 偶吟 ······ 111
류씨와 이씨 여러 유자들의 시에 차운하다 次柳李諸儒韻 ······ 112
묘훈 상인과 이별하며 주다 贈別妙訓上人 ······ 113
안변의 권 대사에게 주다 贈安邊權大師 ······ 114
뇌묵 노화상을 삼가 애도하다 敬輓雷默老和尙 ······ 115
어사 이시우의 시에 화답하다 和李御史時愚 ······ 116
낙민루에서 밤에 관찰사 권돈인 공에게 올리다 樂民樓夜呈巡相權公敦仁 ······ 117

봉래산 신선을 찾아 訪蓬萊仙子 …… 118
함경당과 함께 수락산 내원암에서 수창하다 與茝鏡堂水落內院酬唱 …… 119
수락산에서 승지 여연 김대근과 함께~ 在水落山與如淵金承旨大根唱和 …… 120
석왕사에서 어사 심 공을 만나 여러 날~ 釋王寺逢御史沈公累日唱和 …… 121
갑진년 가을 안변읍을 지나다 甲辰秋過安邊邑 …… 122
석왕사釋王寺 …… 123
벽송대에 적다 題碧松坮 …… 124
을사년 가을 수락산에 있을 적에~ 乙巳秋在水落山與金叅判輔根安直長膺洙唱和 …… 125
향적암에 적다 題香積菴 …… 126
보현사 불사 기문송普賢寺佛事記文頌 …… 127
향산에서 진해 대사와 이별하다 別香山鎭海大師 …… 128
천곡사 벽 위의 시에 차운하다 次泉谷寺壁上韻 …… 129
봉은사에서 『화엄경』을 중간하다 奉恩寺重刊華嚴經 …… 130
도봉산 보문사에 적다 題道峯山普門寺 …… 131
사또 심돈영과 창화하다 與沈使君敦永唱和 …… 132
혜장 대사에게 주다 贈惠壯大師 …… 133
덕원 몽월암 기문송德源夢月菴記文頌 …… 134
석왕사에서 참판 조휘림과 수창하다 釋王寺與趙叅判徽林酬唱 …… 135
새재에 올라 입으로 읊다 登鳥嶺口占 …… 136
매월당의 옛터에 오르다 登梅月堂古址 …… 137
금강산 정양사의 판상 시에 차운하다 次金剛山正陽寺板上韻 …… 138
금강산 수미암의 시에 차운하다 次金剛山須彌庵韻 …… 139
비가 내림을 기뻐하다 喜雨 …… 140
사또 김매순을 뵙고 돌아오는 길에 표연정에 오르다 謁金使君邁淳歸路登飄然亭 …… 141
망군대望軍臺 …… 142
석왕사에 적다 題釋王寺 …… 143
나한전 판상의 시에 차운하다 次羅漢殿板上韻 …… 144
청계 접중의 시에 화운하다 和淸溪接中韻 …… 145
범어사 규 대사와 이별하다 別梵魚寺奎大師 …… 146
성파 장로 대회의 시에 삼가 차운하다 謹次性波長老大會韻 …… 147
석왕사 내원암 현판에 적어 요암 스님을 기리다 題釋王內院庵懸板讚要菴師 …… 148

차례 • 19

풍명 스님에게 시를 주어 이별하다 贈別豐溟師 149
학포 서역동 만선암에서 鶴浦西域洞萬善菴 150
법순 대사에게 시를 주어 이별하다 贈別法淳大師 151
역산이 스스로 읊다 櫟山自吟 152
본관의 시에 삼가 차운하여 평사 한진계에게~ 謹次本官韻呈韓評使鎭棨 153
영원 대사에게 주다 贈永源大師 154
한 좌수에 대한 만사 輓韓座首 155

고시古詩, 잡저雜著
성철 대사와 이별하다 別性徹大師 156
상국부霜菊賦 157

주 / 159

역산집 하권 櫟山集 卷之下

서書
관찰사觀察使 권돈인 공에게 올림 上巡相權公敦仁 181
지계 석사 황대려에게 답함 答芝溪黃碩士大呂 183
초의당에게 답함 答草衣堂 185
봉은사『화엄경』간행소刊行所에 답함 答奉恩寺華嚴刊所 186
김 첨정에게 답함 答金僉正 187
상주 김룡사 대성암의 초청하는 글에 사양함 辭尙州金龍寺大成庵請狀 189
계동 석사 이정의에게 올림 上桂洞李碩士正誼 190

기記
흥국사 만월보전과 시왕 중수기 興國寺滿月寶殿與十王重修記 193
석왕사 대웅전 중수기 釋王寺大雄殿重修記 195
석왕사 명부전 중수기 釋王寺冥府殿重修記 197
석왕사 범종각 중수기 釋王寺泛鍾閣重修記 199

벽송대기碧松臺記 201
승선교기升仙橋記 204
단풍원기丹楓園記 206
내원암의 범종을 주조한 일에 대한 기문 內院庵鑄鍾記 208

상량문上樑文

보개산 축성암 상량문寶盖山祝聖庵上樑文 211
수락산 흥국사 대웅전 중건 상량문水落山興國寺大雄殿重建上樑文 215
수락산 내원암 지족루 신건 상량문水落山內院菴知足樓新建上樑文 219
석왕사 수군당 중건 상량문釋王寺壽君堂重建上樑文 223
내원암에 새로 건립한 영당에 대한 상량문 內院菴新建影堂上樑文 227

서序

기봉 노화상 문계에 대한 서문 奇峯老和尙門契序 230
인봉 화상 문계에 대한 서문 仁峯和尙門契序 231
월암 대덕 문계에 대한 서문 月嚴大德門契序 233
수락산 내원암 불량록에 대한 서문 水落山內院庵佛粮錄序 235
석왕사 영세불망 사실釋王寺永世不忘事實 237
심성정설心性情說 238
설봉산 석왕사의 사계절 풍경에 대한 서문 雪峰山釋王寺四時景序 241

비문碑文

뇌묵 화상 비명雷默和尙碑銘 245
설송 대사 비문雪松大師碑文 247
덕암 대사 비문德嚴大師碑文 249
뇌묵 노화상 행장雷默老和尙行狀 251

영찬影賛

취암 대사 진찬翠巖大師眞賛 256
인월 선사 영찬印月禪師影賛 257

환성 사옹 영찬喚醒師翁影贊 258
영성 대사 영찬永醒大師影贊 259
용운 선사 영찬龍雲先師影贊 260
성담 대사 진찬性潭大師眞贊 261
구담당 진찬九潭堂眞贊 262
하월당 진찬河月堂眞贊 263
인봉 선사 진찬仁峯先師眞贊 264
월주 선백 영찬越洲禪伯影贊 265
만허당 진찬滿虛堂眞贊 266
화은당 영찬華隱堂影贊 267
영담 대사 진찬永潭大師眞贊 268
포대 화상 찬布袋和尙贊 269

권선문勸善文

광주 봉은사 시왕 중수 권선문廣州奉恩寺十王重修勸善文 270
삼각산 화계사 중수 권선문三角山華溪寺重修勸善文 272
도봉산 원통사 약사전 중수 권선문道峯山圓通寺藥師殿重修勸善文 273
철령 성황당 중수 권선문鐵嶺城隍堂重修勸善文 275
아차산 화양사 바라 권선문峨嵯山華陽寺鈦鑼勸善文 277

소별疏別

석왕사의 백련당 및 수군당 중건과~ 釋王寺白蓮壽君重建與各處重修落成疏 278
정조 대왕 천릉 사십구일재 영산별 正宗大王遷陵四十九日齋靈山別 283
정원 십재 상별政院十齋上別 286
혜경궁 백 일 영산별惠慶宮百日靈山別 288
뇌묵 화상의 사리탑을 세울 때 올린 제문 雷默和尙樹塔祭文 290
봉선사 제향문奉先寺祭享文 292
극락전 불사에 지신에게 올리는 제문 極樂殿佛事地神祭文 293

주 / 294

부록附錄

비명碑銘 335
행장行狀 338
영찬影贊 343
영허당유집 발暎虛堂遺集跋 344

간기刊記 353

주 / 354

찾아보기 / 359

일러두기

1 '한글본 한국불교전서'는 문화체육관광부의 지원을 받아 동국대학교 불교학술원에서 수행하고 있는 '불교기록문화유산아카이브(ABC)사업'의 결과물을 출간한 것이다.
2 이 책은 『한국불교전서』(동국대학교출판부 간행) 제10책의 『역산집櫟山集』을 저본으로 하여 번역하였다.
3 번역문에 이어 원문을 수록하였다. 원문은 『한국불교전서』를 저본으로 하였으며, 원문에 띄어쓰기를 표시하기 위해 고리점(｡)을 사용하였다.
4 원문의 교감 사항은 번역문의 각주와 별도로 원문 아래 부분에 제시하였다.
　⑩은 『한국불교전서』 편찬자가 교감한 내용이다.
　⑨은 번역자가 교감한 내용이다.
5 약물은 다음과 같다.
　『　』: 서명
　「　」: 편명, 산문 작품
　[S] : 산스크리트어

영허당유집暎虛堂遺集 서문

　영허 스님의 시를 읽고 영허 스님의 글을 읽으면 영허 스님이라는 사람을 알 수 있다. 영허 스님은 순후하고 담박하며 화려하게 꾸미는 것을 힘쓰지 않아서 청정하고 현허玄虛한 경계에 몸을 편안히 두고, 텅 비어 넉넉하고 고요한 경지에 뜻을 정하여 질박하되 거칠지 않고, 조화롭되 속되지 않았다. 그리고 법에 대해 들은 것을 받들고 배운 것을 행하여 스스로 일가一家의 말을 이루어 『화엄경華嚴經』의 법을 오롯이 체현한 사람이 되었으니, 참으로 법문法門의 대종사大宗師이다. 그리고 명산대찰을 두루 편력하지 않은 곳이 없었으니, 무릇 유람하고 완상한 것들은 곧 시문詩文으로 발현해 내었다. 그 격률格律의 기이하고 고아함은 수려하고 진기한 바위산 같고 문체의 기세가 광대한 것은 드넓은 안개 물결 같았다. 풍월風月은 스님의 정회情懷요, 호산湖山은 스님의 기운이었으니, 이것들이 영허 스님의 시문이 된 것이다. 그러니 영허라는 사람이 어떤 사람인지를 알려면 진실로 그 시문 가운데에서 구해야 하지 않겠는가.

　스님은 보현普賢의 보좌에 배석陪席하고 가섭迦葉의 반열을 뒤좇아 무량無量한 경계에 들어가고, 초제招提[1]의 문에 바짝 다가가 애당초 사물에 이끌리지 않고 유유히 고원高遠한 경지에 노닐면서 흉중에 한 점의 걸림도 없었다. 태평한 세상 속에 자유자재하였고, 맑고 조화로운 기운을 호흡하여 도가 완성되고 법이 완전해지자 도법을 지킴에 의혹됨이 없었다. 그리하여 부들방석 위에서 꼼짝하지 않고 좌선하면서 마음을 청정하게 하였으니, 진실로 정법삼매定法三昧요, 단박에 깨쳐 원각圓覺을 이룬 사람이다. 그렇다면 그 가슴속에 온축된 것들을 발휘하고 정묘한 광채를 수련한 것들이 진실로 스님의 시문과 필묵 사이에 있을 터이니, 길이 보존하여 썩지 않게 함이 마땅하다. 용암庸庵과 철요鐵鷂[2]는 모두 스님의 의발을 전수받은 사람들로, 스님의 남은 풍광을 추모하여 유문遺文을 수습하여 장차 간행하려고 하면서 나에게 교정을 부탁하였다. 나는 본디 유학자이나 불가의 서적에 대해서도 평소 등한시하지 않고 대략 섭렵하였다. 지금 이 문집을 보니, 조금만 보아도 그 전체의 맛을 알 수 있다. 이에 마침내 그 시말을 차례대로 서술하여 영허 스님의 유집遺集의 서문으로 삼는다.

계미년(1883, 고종 20) 12월 하순에 성환惺寰 김조영金祖永[3]이 짓다.

暎虛堂遺集[1]序

誦暎師詩。讀暎師書。可以知暎師之人矣。淳古澹泊。不務華飾。安身乎淸淨玄虛之域。宅志乎夷裕恬靜之鄕。質而不野。和而不俗。尊所聞。行所學。自成一家之言。而不失爲華嚴經卷中人。儘法家之大宗師也。名山巨刹。足跡無有不徧。凡所遊覽賞玩。乃能發之爲詩文。格律之奇古。巖巒之秀異也。體勢之汪洋。烟波之浩漫也。風月其情懷。湖山其性氣。則此其爲暎虛之詩若文。而求暎虛之人者。固不在其中耶。陪普賢之座。追飮光之列。入無量之界。逼招提之門。未始爲事物之牽引。而悠悠然高韜遠擧。胷中無一點滯介。康莊昇平。呼吸淸和。道成法全。守之不惑。塑坐蒲團。心珠瀅澈。眞箇是定法三昧頓悟而圓覺者也。然則其擩發蘊奧。修鍊精光。寔在乎藻繪翰墨之間。而宜其長存而不朽也。庸庵鐵鷂。俱以衣鉢之托。追慕餘光。抄輯遺文。將付剞劂。而請余讎校之。余固儒學人也。於法家書。素不閑而略爲之涉獵矣。今見此集。則一臠可知全鼎之味。遂次肇卒。以爲暎虛師遺集序。

癸未臘月下澣。惺寶金祖永撰。

1) ㉘ 숭정 기원후 다섯 번째 무자년(1888, 고종 25)에 안변의 설봉산 석왕사 내원암에서 개간한 본이다.(정신문화연구원 도서관 소장)

영허당유집 서문

내가 불가의 서적을 읽어 보니, 그 설은 비록 현玄과 허虛와 탈脫을 종지로 삼지만, 그 이름과 행적이 전해지는 것이 실로 그 사람에 대한 평가를 좌우하니, 불법佛法에 밝고 계율이 엄정하면, 그 사람에 대한 칭찬과 비방 때문에 그 사람의 행적을 전하지 않아서는 안 된다. 이 때문에 왕왕 문자를 알지 못하는 사람 중에서도 참선으로 초탈하여 등등감감騰騰憨憨[4] 한 경우가 있으면, 여러 사람들이 그렇다고 여긴다. 더구나 문자와 계율을 모두 안 사람에 있어서이겠는가.

지난 임술년(1862, 철종 13)에 내가 고주高州(함경도 高原郡) 수령이 되었을 때 설산 상인雪山上人 영허暎虛와 함께 소동파蘇東坡・참료參蔘[5]의 교분을 나누었다. 그리고 계미년(1883, 고종 20) 봄에 내가 덕원 부사德源府使로 부임했을 때에는 영허가 입적한 지 이미 몇 년이 지난 시점이었다. 나는 영허가 입적했다는 소식을 듣고 몹시 슬퍼하였는데, 어느 날 영허의 상좌 용해龍海[6]가 상인의 글 여러 편을 가져와 나에게 보여 주었다. 내가 그 글을 받아 읽어 보니, 대개 평소에 저술한 것들이 모두 그 안에 들어 있었는데, 문장을 하는 선비가 각고의 노력으로 다듬어 공교롭게 만들어 낸 것과는 달랐다. 그 드넓고 소슬하고 그윽한 기운은 고요하고 쟁쟁하여 쓸데없고 편협한 모습이 거의 없었으니, 참으로 계율과 문자를 모두 안 사람이었다. 비록 그러하나 "몸을 이미 숨겼거늘 어찌 글을 짓는가?"라고 옛 사람이 말하지 않았던가.[7] 또 이른바 선종의 가르침이라는 것은, 경계와 지혜를 모두 고요하게 하여 오직 명성이 혹시라도 드러날까 두려워하는 것이니, 세상에 언어와 문자가 알려져 유행되기를 어찌 바라겠는가. 더군다나 상인은 일찍부터 온갖 번뇌를 내려놓고 선지禪旨를 정묘하게 증득하여 만년에 이르기까지 독실하게 믿어 나태하지 않았다. 그리하여 원근의 총림叢林에서 상인을 찾아와 법을 물었고, 상인의 법을 가리켜 상승의 법이라고 하였다. 그러니 그 이름과 종적이 세상에 전해져 유행됨에 있어 어찌 문자를 빌릴 것이 있겠는가. 그러나 세상에 상인의 모습을 접하지 못하고 상인의 가르침을 맛보지 못한 자들이 그 시문을 얻어 읽는다면, 혹 상인의 심결心訣과 전법傳法을 얻을 수 있을 것이며, 현묘한 가르침이 또한 찬연하게 세상에 퍼지는 일도 여기에 있을 터이다. 상인의 법손들이 장차 상인의 문집을 간행하여 세상에 전하려 하면서 나에게 교정을 해 달라고 청하였다. 나는 사양하였지만 받아들여지지 않은지라 대략 번다한 것을 산삭하고 잘못된 것을 보정하고서 이어서 서문을 짓는다.

갑신년(1884, 고종 21) 동짓날 덕원 부사 팔계八溪 정현석鄭顯奭[8]이 서문을 짓다.

暎虛師遺集序

余覽釋氏書。其說雖以玄虛脫爲宗。然其名跡之傳。實輕重其人。諦律。莫之以毀譽廢。是故往往有不解文字人。參禪超如。騰騰憨憨。諸人是已。況文字戒律俱解者乎。昔在壬戌。余宰高州。與雪山上人暎虛。有蘇衆之契也。曁癸未春。余莅德府。映虛示寂已有年。聞甚慨然。一日其上足龍海裝上人文字數編。來示余。余受而覽之。盖其平生著述皆在焉。非如文章之士刻鏤以爲工者也。而其曠宕蕭散幽寂之氣。黝然鏘然。鮮有曼宂狷狹之態。眞是戒律文字具解者也。雖然昔人不云乎。身旣隱矣。焉用之.[1] 且所謂禪敎者。境智俱寂。惟恐其聲譽之或著。豈蘄之以言語文字行於世也哉。矧上人早卸萬累。妙解禪旨。以至晩年。篤信不怠。遠近叢林。臻萃問難。指以爲上乘。行其名跡之傳。亦何藉於文乎。然而世有不能桵[2] 上人之容。入上人之堂者。得其詩文而讀之。或可以得上人之心訣傳法。而闃玄亦鏘。於是乎在。其徒將刊之以傳。請余爲之校正。余辭不獲已。畧刪繁補訛。而繼爲之叙。

歲甲申冬至日。德源知府八溪鄭顯奭序。

---

1) 영 '之'는 '文'의 오자인 듯하다. 『송사宋史』 권457 「은일열전隱逸列傳」에 의거하여 교정하였다. 2) 영 '桵'은 문맥상 '挨'의 오자인 듯하다.

●

　화엄강백華嚴講伯 역산櫟山 노스님께서는 89년을 이 세상에 머무르시면서 40여 년 동안 법문을 설하셨는데, 법우法雨가 하늘에 가득 내리고 묘음妙音이 땅을 울렸으며 광채가 동방에 모이고 경사가 북해北海에 넘쳐 났다. 대가大家들과 이름난 무리들이 경전을 옆에 끼고 스님께 가르침을 청할 정도로 참으로 세상의 규범이셨으니, 누군들 스님을 공경히 우러르지 않겠는가.

　스님께서 평소 저술하신 시문詩文들은 마치 한암寒巖 노인이 나뭇잎과 벽 위에 흩어 적어 놓은 글[9]과 같았으니, 이것들을 따로 한 권의 책으로 만들어 사람들의 이목을 현혹시키는 일은 하지 않으려는 것이 스님의 본심이었다. 다만 일상의 여가 중에 기연機緣에 응하고 사물을 접할 때면 찬탄하기도 하고 읊조리기도 하여 우연히 권질卷帙을 이루었을 뿐이다. 노스님께서는 일찍이 그것들을 불살라 후세에 전하지 않으려 하셨으나, 은손恩孫 용연龍淵이 몰래 감추어 두었다가 스님께서 입적하신 지 8년째 되는 해에 비로소 간행하니, 총 1권 2편이다.

　자비로우신 모습 이미 간데없으나 노스님께서 남기신 손때는 오히려 새로우니, 아아! 애석하도다. 노스님께서 일찍이 이것을 불사르고자 하신 것은 뜻이 도에 있었던 것이요, 언어 문자에 있지 않은 것이며, 은손 용연이 몰래 감추어 두었다가 후세에 전한 것은 뜻이 도에 있으면서도 언어 문자를 여의지 않은 것이다. 만약 단지 언어 문자에 있지 않다는 점만 한사코 추구하면, 끝내 모자라게 되는 과실을 면치 못할 것이요, 만약 단지 언어 문자를 여의지 않는다는 점만 한사코 추구하면, 또한 덕지덕지 늘어나는 허물을 면치 못할 것이다. 그런데 지금 이 책은 그렇지 않아서 언어 문자에 있지 않음과 언어 문자를 여의지 않음이 떼려야 뗄 수가 없으니, 자못 허공의 새 발자국이 또한 실제로 있는 것이 아니면서도 아주 없는 것도 아닌 것과 같다. 그리하여 차조무애遮照無碍[10]하여 원만히 묘법을 성취하니, 노스님의 말씀이 이 경계에 이르러 다시금 광채를 발하게 되었다. 이 보잘것없는 납승衲僧은 숙세宿世에 무슨 복덕을 지었길래 스님의 문하에 참여하여 전후로 2년간 가까이에서 모시며 은택을 입었던가. 그리고 또 지금 스님의 문집을 간행하는 일에 처음부터 끝까지 참여하여 두 달 남짓 동안 온 정신을 다 기울여 스님께서 남기신 뜻을 궁구하니, 어찌 기뻐하며 뛰지 않을 수 있겠는가. 마침내 감히 보잘것없는 정성을 다하여 공경히 화엄華嚴의 법우法雨가 대지를 두루 적심을 찬탄하노라.

세차歲次 무자년(1888, 고종 25) 7월 15일에 동문 법손同門法孫 완명 심주翫溟心舟가 삼가 쓰다.

華嚴講伯櫟山師翁住世八十九年。教談四十餘載。法雨漫天。妙音動地。光凝東邱。慶溢北海。大手名曹橫經請盆。眞世模範。孰不敬仰。平日所著詩若文。如寒巖老人木葉堂壁上散書文字。本懷不欲別爲一書。耀人耳目。只是日用之暇。應機接物。或讚或咏。偶爾成卷。老師嘗欲燒之不傳。恩孫龍淵密而藏之。歿後八年。始克繡梓。總一卷二編。慈容已逝。手澤尙新。嗚呼惜哉。老師嘗欲燒之。意在道。不在於言語文字也。恩孫密藏傳之。意在道。不離於言語文字也。若但一向推之不在。終未免損減之失。若但一向推之不離。亦未免增盆之過。今則不然。不在不離。去離不得。殆若虛空鳥跡。亦非實有。亦非都無。遮照無碍。圓成妙法。老師之言。至於此地。更生光輝。小衲宿生何作。忝同門下。前後二載。近侍霑恩。又今刊役。忝其始終。兩箇月餘。竭思遺意。豈無慶躍。肆以敢竭鄙誠。敬讚華嚴法雨普霑大地也。

龍集戊子流火月休夏日。同門法孫翫溟心舟謹識。

주

1 초제招提 : ⓢ caturdeśa의 음역音譯으로, 사원寺院의 별칭이다.
2 용암庸庵과 철요鐵鷯 : 자세한 사항은 미상이나, 『역산집』 권말의 문도 명단에 있는 용암 전우庸庵典愚와 철요 사문鐵鷯師文 두 사람을 가리키는 것으로 보인다.
3 성환惺寰 김조영金祖永 : 자세한 사항은 미상이나, 안창렬安昌烈의 『동려문집東旅文集』 권4 「송김공선철원서送金公善澈元序」의 내용에 따르면, 1881년(고종 18)에 조정의 개화 정책에 반대하면서 영남 유생들이 올린 「만인소萬人疏」의 소두疏頭가 되었다는 죄명으로 평안도 안변安邊으로 유배를 간 것으로 되어 있다. 『역산집』이 안변의 석왕사釋王寺에서 간행된 점을 미루어 보면, 김조영이 유배 시절에 용암과 철요 등의 청을 받고 서문을 지은 것으로 보인다.
4 등등감감騰騰憨憨 : 등등올올騰騰兀兀과 같은 말로 자유자재하여 당당한 모습을 형용한 말이다.
5 소동파蘇東坡 · 참료參蓼 : 소동파는 북송北宋 때의 유명한 정치가이자 문인으로 유명한 〈적벽부赤壁賦〉의 저자이다. 그는 평소 불교에 조예가 깊고 승려들과도 교분이 깊었는데, 그 가운데 시승詩僧이기도 했던 도잠道潛과는 10여 일 동안 여산廬山을 유람하며 작품을 남기기도 했다. 참료는 도잠의 호이다.
6 용해龍海 : 자세한 사항은 미상이나, 『역산집』 권말의 문도 명단에 있는 용해 정안龍海淨眼을 가리키는 것으로 보인다.
7 몸을 이미~말하지 않았던가 : 송宋나라 때 종방種放이라는 은사隱士가 있었는데, 그의 저술로 인해 세상에 이름이 알려져 마침내 조정에서 그를 부르는 명이 내려왔다. 그러자 그의 모친이 "너에게 항상 무리 지어 강학하지 말라고 권면하였다. 몸을 이미 숨겼거늘 어쩌자고 글을 지었느냐?(身旣隱矣. 何用文爲.)"라고 하였다. 과연 사람들이 알게 되어 "편안히 은거할 수 없게 되었구나. 나는 장차 너를 버리고 궁벽한 산속으로 깊숙이 들어가련다."라고 하였다. 이에 종방은 병을 칭탁하고 조정에 나아가지 않았고, 그 모친은 종방의 필묵을 모두 불태운 다음 종방과 함께 궁벽한 곳으로 거처를 옮겼다. 『송사宋史』 권457 「은일열전隱逸列傳」.
8 팔계八溪 정현석鄭顯奭(1817~?) : 본관은 초계草溪이다. 팔계八溪는 초계 정씨에서 분관된 일파를 나타낸다. 자는 보여保汝, 호는 박원璞園이다. 고원 군수高原郡守, 덕원 부사德源府使, 황해도 관찰사黃海道觀察使 등을 역임하였다.
9 한암寒巖 노인이~놓은 글 : 한암 노인이란 선종화禪宗畵의 소재로 자주 등장하는 당唐나라 때의 기인奇人 선승禪僧인 한산寒山을 가리킨다. 실존 인물인지는 분명하지 않으나 기괴한 일화와 파격의 시로 알려져 있다. 절강성浙江省 시풍현始豊縣 한암寒

嚴에 기거하였으며. 그의 시는 세상에 대한 풍자가 심하고, 인과응보의 내용을 담은 특이한 형태로, 흥에 겨워 나뭇잎이나 촌가의 벽에 써 놓은 것을 모은 것이라 한다.
10 차조무애遮照無碍 : 일체 사물에 대한 분별을 깨부수고 진공眞空으로 돌아가는 것을 차遮라 하고, 지혜 광명으로 사물의 본성을 투철하게 보는 것을 조照라고 한다. 일면 반대의 의미로 보이는 이 두 가지에 원융圓融하여 걸림 없이 불이법不二法의 경지가 되는 것을 차조무애라 한다.

역산집 상권
| 櫟山集 卷之上 |

석왕사[1]에 적다
題釋王祠

토굴에는 신령스런 대사의 자취 어렸고	土窟神師迹
고운 누각엔 성주聖主의 꿈의 흔적 남았네[2]	珠樓聖夢痕
용이 천상으로 날아오른 뒤	龍飛天上後
옛 못에 남은 구름 축축하여라	舊澤濕餘雲

추운암에서 소를 걸터타고 시내를 건너다
秋雲庵騎牛過溪

가을 구름 마주쳐 나는 기러기 행렬	秋雲迎鴈影
시냇가 나무 스쳐 가는 소 그림자	溪樹過牛陰
서릿바람 날리는 계절에 객이 이르니	客到霜風節
차가운 샘물 솟는 가람 절로 깊어라	寒泉寺自湥

선조宣祖 때 서산 대사에게 내린 시의 운으로 짓다
宣廟朝賜西山大師韻

부처님이 세상에 기남자 보내니	佛送奇男子
티끌세상에 훌륭한 인물 되었네	塵寰作勝胎
존사께서 남기신 충의의 발자취	尊師忠義跡
영세토록 사책史冊에 드리워지도다	竹帛永垂來

한가로이 앉아
閑坐

구름 다 걷힌 산 바라보니	看山雲盡處
달 떠오름에 시구 떠오르네	得句月生時
솔바람 아래서 술잔 따르니	酌酒松風下
하늘과 더불어 함께 즐김이로다	與天同樂之

춘천 청평사
春川淸平寺

한적한 산 멀리 흐르는 강물	山閑流水遠
오래된 가람에 백운 깊어라	寺古白雲深
사람은 떠나고 소식 없는데	人去無消息
종이 울리니 만고의 마음일세	鍾鳴萬古心

기파 원식 선자에게
箕坡元植禪子

하늘 닿은 봉우리 화악 속에	天峰華嶽裏
허공을 비추며 흰 달이 뜨니	白月暎虛浮
무생곡[3] 한 자락이여	一道無生曲
서늘한 달빛이 그대와 수작하도다	寒光與子酬

직지 포 대사와 작별하며 시를 남기다
留別直指鮑大師

저녁나절 온 숲에 봄비 내리니	千林春雨晚
꽃 피고 버들은 신록이어라	花發柳新靑
객 떠나고 종소리 내려앉으니	客去鍾聲落
옛 오랑캐 성곽에 구름 깊도다	雲深古虜城

남명 구붕[4] 선자에게
南溟九鵬禪子

구만리 남쪽 바다 날아가려 하니[5]	圖南九萬里
이것으로 그대의 법명 삼노라	而作汝之名
만약에 법명 속의 뜻 얻게 된다면	若得名中意
하루아침에 묘명진심妙明眞心 깨달으리라	一朝覺妙明

호곡[6] 장실丈室에게
湖谷室

운문에게 부채 하나 있었더니[7]   雲門有一扇
호곡이 그 법을 전해 받았네   湖谷得其傳
천강월인千江月印[8]의 강물 둘러 있고   有水千江月
창천만리에는 구름 한 점 없어라   無雲萬里天

문담[9] 장실에게
文潭室

만고에 허령한 한 물건이	萬古虛靈物
천지간에 원만하게 엉겨 있도다	凝圓俯仰間
내 지금 이 물건을 가지고서	吾今將遮箇
그대와 통하는 관문 삼으리	與汝作通關

성해[10] 선자에게
性海禪子

어둡기로 말하면 칠흑같이 어둡고	黑來黑似柒
밝기로 말하면 해처럼 밝나니	明也明如日
총상[11]을 점검할진댄	揔相點檢來
헛됨도 없고 실다움도 없네[12]	無虛亦無實

추월 윤 선자에게
秋月輪禪子

우뚝한 1천 봉우리 우레 그치고	雷靜千峰屹
깊숙한 1만 골짝에 구름 걷혔네	雲開萬壑溪
가을 하늘에 걸린 한 조각 달을	秋天一片月
그대와 더불어 서로 읊조리노라	與汝兩相吟

정송강[13]의 낙민루 시[14]에 삼가 차운하다
謹次鄭松江樂民樓韻

하늘 높으니 산봉우리 닿지 못하고	天高山未極
들판 넓으니 강물이 바야흐로 아득타	野闊水方遙
내 진경을 감상코자	吾欲探眞趣
만세교에서 말채찍 멈추었노라	休鞭萬歲橋

연월[15] 선자에게
蓮月禪子

법성은 원래 머무름이 없고	法性元無住
참된 공부는 실로 새로워짐에 있네	眞工實有新
만약에 이와 같이 알아차릴 것 같으면	若能如是解
비로소 마음 깨친 이라 부르리	始號悟心人

석왕사에서 어사 이석 심응태[16]를 만나 창화하다
釋王寺逢苔石沈御史膺泰唱和

운한각 함께 바라보고	共瞻雲漢閣
설봉루에서 마주 대하였네	相對雪峯樓
밤새 기심機心[17] 잊고 앉았노라니	竟夜忘機坐
서늘한 바람 불어 어느새 가을일세	涼風不覺秋

형암 청옥 선사에게
荊巖靑玉禪師

부처와 조사가 서로 전한 물건인	佛祖相傳物
줄 없는 옛 거문고 하나[18]	虛絃一古琴
손으로 탐에 천지가 진동하니	撫來天地動
그대와 더불어 그 소리 음미하리	與子作嘗音

철요 문[19] 선사에게
鐵鷂文禪師

솔바람은 오래된 벽에 불어오고	松風吹古壁
밝은 달은 앞 시내 비춘다	雪月照前溪
만일 이것이 무슨 소식이냐 묻는다면	如問何消息
돌사람이 나무 닭 울음소리 듣는다 하리라[20]	石人聽木鷄

영직 상인과 이별하며 주다
贈別永直上人

북쪽에서 함께 지내며 노닐었는데	同遊居北海
남쪽에서 서로 이별하며 전송하누나	相別送南天
백 년 인생 남은 날 많지 않나니	百歲無多日
공부에 온 힘 다해 박차 가하길	工夫甚着鞭

북병사 정기원[21] 공의 시에 공경히 화답하다
敬酬北兵使鄭公岐源

멀리 도성 궁궐 아래서	遠從金闕下
깊이 이곳 설봉 앞에 들어오셨네	深入雪峯前
서로 담소하며 기심 잊은 자리에	談笑忘機處
달빛 곁으로 종소리 내려앉는다	鍾聲落月邊

의주 부윤 이건필[22]의 주련 시에 삼가 차운하다
謹次李灣尹建弼柱聯韻

돌산에 비록 가고픈 마음 있으나	石山雖有意
만수의 이 몸 인연 없음 한스러워라[23]	灣水恨無緣
때때로 서천西天 유람 꿈을 꾸지만	時或西遊夢
깨어 보면 하늘 가득 달이 휘영청	醒來月滿天

뜰의 잣나무에 적다
題庭栢

우뚝이 선 뜰 앞의 잣나무	卓立庭前栢
사철 푸르게 하늘 향해 우뚝 솟았네	長靑直聳空
천고의 달빛 따라 그림자 생기고	影從千古月
사철 바람 부는 대로 소리 내누나	聲任四時風

만허 존숙에게 올림
上萬虛尊宿

만남과 이별 본디 무상한 것이니	逢別元無定
나무 위로 부는 바람과 같네	依如樹上風
만약에 나의 자취 생각하시려거든	若要思我迹
달 뜨는 동쪽을 길이 바라보소서	長望月生東

마하연
摩訶衍

나그네가 마하연에 당도해 보니	客到摩訶衍
선방 창문에 백운이 걸려 있네	禪窓有白雲
향기로운 바람은 끊임없이 불어오고	香風吹不絶
꽃비는 어지러이 흩날리누나	花雨落紛紛

삼봉 신욱 선자에게
三峯信郁禪子

법신은 본디 오염됨이 없나니	法身元無染
사바에 있다고 어찌 어지러우랴	居世豈紛然
이것이 바로 참된 마음의 본체이니	此是眞心體
그대 위해 본성을 보여 주노라	爲君示本天

월여 범연 대사에게 주다
贈月如梵演大師

마음은 청량한 달과 같으니	心如淸凉月
항시 법계를 비추고 있도다	常照法界中
능히 범언으로 말하여	能以梵言語
널리 펼쳐 진공을 설하는도다[24]	廣演說眞空

민성 약눌 선자에게
敏惺若訥禪子

과거와 현재는 모두 허깨비 꿈이요	古今都幻夢
하늘과 땅은 한 방울 물거품이라	天地一浮漚
만약에 이와 같이 알아차릴 것 같으면	若能如是解
불법이 모든 곳에 현현하리라	佛法現頭頭

내원암[25]의 벽 위에 걸다
揭內院壁上

일 없고 또 일 없으니	無事又無事
짧은 지팡이 짚고 긴 바람에 나부껴 가네	短筇飄遠風
승방에 차 공양 끝나고 보니	蓮房茗供罷
온 산에 가을비 가득 내리네	秋雨萬山中

청하 성일 선사에게
淸河聖一禪師

맑고 평안한 태평 세상에	淸平一世界
좋은 봄바람을 때때로 맞노라	時灑好春風
그대에게 무슨 소식 전하여 줄꼬	贈汝何消息
구름은 서쪽이요 물은 동쪽이로다	雲西水在東

환몽 청[26] 선사에게
幻夢淸禪師

격외에 청풍 불고	格外淸風拂
구 중에 백월 밝네[27]	句中白月明
청풍과 백월 아래 서로 만나서	相逢風月下
강호의 정회를 다 말하여 보세	說盡海山情

진주 목사 송계수[28]의 시에 차운하다
次宋晉州啓洙韻

멋진 모임을 가을밤에 가지니	勝會卜秋夜
시와 술동이 오가는 오래된 가람	詩樽古寺中
누각에 올라 좋은 달빛 타고	登樓攀好月
장삼 깃 펼쳐 열어 맑은 바람 맞는다	披衲灑淸風
옷깃을 스쳐 가는 구름 그림자	雲影衣邊度
베갯머리 들려오는 샘물 소리	泉聲枕下通
범종 소리 울림에 다시금 선정에 드니	鍾鳴還入定
진실하고 청정하여 공한 듯이 앉았어라[29]	眞淨坐如空

또 읊다
又

아름다운 모임을 어느 날로 약속했나	嘉會期何日
기러기 날아오니 초가을 녘이로다	鴈來覺早秋
시구를 읊조리며 범종각에 오르고	詠詩登梵閣
달빛을 맞으며 금빛 누각 완상하네	對月翫金樓
바위 겉에 이끼 흔적 고색이 창연코	石面苔痕古
층층의 구름엔 학의 꿈[30]이 그윽타	雲壇鶴夢幽
석양이 지는 단풍잎 속에	夕陽楓葉裏
한가로이 누우니 흥을 거두기 어려워라	閑臥興難收

고요한 거처에서 계륜헌과 함께 우연히 읊다
寂居與桂輪軒偶吟

산 그림자 바깥에서 사람이 오고	人來山影外
흐르는 강물에선 물고기 뛰어오르네	魚躍水聲中
드리워진 버들 곁에 향기로운 풀 돋았고	垂柳兼芳草
지저귀는 꾀꼬리 산들바람과 어우러진다	鳴鶯和好風
몸이 한가로우니 온갖 상념 사라지고	身閑千慮寂
말을 그치고 보니 서로 마음 통하네	語了兩心通
곳곳마다 올라가 보기 좋으니	隨處登臨足
그대로 푸른 하늘에 앉은 듯하여라	依如坐碧空

홀로 고찰에 묵으며
獨宿古寺

나그네 거처에 친구 하나 없으니	客居無一友
외로이 홀로 누워 옷깃만 시리다	孤枕但寒襟
벽 틈은 갈라져 시냇물 소리 가깝고	壁破溪聲近
처마는 텅 비어 기러기 그림자 언뜻언뜻	簷虛鴈影侵
차가운 종소리에 새벽꿈 놀라 깨니	寒鍾驚曉夢
밝은 달빛에 선심이 상쾌하다	明月爽禪心
묵묵히 차수叉手하고 좌선을 하여 보니	默默擎拳坐
만 가지 깊은 상념 절로 사라지누나	自除萬慮深

수락산 내원암에 적다
題水落山內院庵

수락산 깊은 곳	水落山湥處
암자에 기거하며 속진을 끊었네	寄庵絶世塵
채색 누각엔 구름 그림자 고요하고	畫樓雲影靜
금빛 시냇물엔 달빛이 새로워라	金澗月精新
늙은 학은 소나무 사이에 둥지 틀고	鶴老松巢際
병든 중은 대숲 끝에 기대 있네	僧癯竹倚濱
창에 기대어 그대로 선정에 드니	依窓仍入定
백 년 살이 육신을 잊어버리는도다	忘却百年身

노원의 오씨와 윤씨 유자들의 시에 차운하다
次蘆原吳尹諸儒韻

여러 현자들 이 몸을 만나려고	羣賢來訪我
안개 노을 속으로 걸음 옮겼네	轉入步烟霞
남쪽 성곽에서는 천뢰 소리를 듣고[31]	南郭聞天籟
동쪽 울타리에선 국화를 따네[32]	東籬採菊花
묵은 구름은 계곡으로 내려앉고	宿雲沉水壑
새벽 경쇠 소리는 산방에 고요하여라	晨磬靜山家
좌중에 온통 화기가 가득하니	一席渾和氣
기심 잊고서 해 기울 녘까지 이르네	忘機到日斜

소양정[33]에 올라 삼연의 시[34]에 공경히 차운하다
登昭陽亭敬次三淵韻

예로부터 누각에 오른 사람 중	從古登臨子
그 누가 그림자 쉴 줄을 알았던고[35]	其誰知影休
공연한 글은 지나간 일 슬퍼하고	空文傷往事
채색 누각은 맑은 강물 베고 있구나	畫閣枕淸流
구름이 걷히니 강 하늘 드넓고	雲捲江天濶
나그네 잠드니 산 정취 그윽해	客眠山意幽
누각에 걸린 시들에 달빛까지 있으니	題詩兼有月
지난번의 유람보다 나음 스스로 알겠네	自覺勝前遊

지리산의 순 대사와 이별하며 시를 남기다
留別智異山淳大師

반야 지혜를 출세간에서 참구하니	般若叅塵外
신령스런 앎을 물 남쪽에서 묻도다[36]	靈知問水南
선림에도 손을 능히 드리웠고	禪林能下手
교해에도 담설을 잘 펼쳤네[37]	敎海善張談
고개 위의 매실은 거의 익었고[38]	嶺上梅幾熟
병 속의 귤은 이미 달구나[39]	壺中橘已甘
깊은 못에 일렁이는 푸른 물결에	九淵漾碧浪
그대 덕에 불법 인연 심었네	賴子植優曇

상주 청계사를 방문하여 입으로 읊다
訪尙州淸溪寺口占

멀리 청계사 찾아와	遠訪淸溪寺
누각에 오르니 길 더욱 아득해라	登樓路轉微
계곡물 흐르니 산 더욱 고요하고	水流山更靜
구름이 일어나니 새도 따라 비상하네	雲起鳥兼飛
햇살 따뜻하니 중의 낮잠 평온하고	日煖僧眠穩
하늘 개이니 기러기 그림자 드문드문	天晴鴈影稀
고향을 떠났다 옛 벗을 만나니	離鄕逢舊友
너무 기쁜 나머지 되려 덤덤하여라	喜極返依俙

욱 대사에게 주다
贈郁大師

사람이 장차 세상에 설 적에는	人之將立世
자신을 극복함을 가장 우선해야 하네	剋己最宜先
걸음을 배울진댄 멀리까지 가야 하고	學步須行遠
잠행을 구할진댄 완전하게 해야 하네	求潛要得全
뜻은 비록 악목을 꺼리더라도[40]	志雖嫌惡木
말은 반드시 감천을 삼가야 하네[41]	言必愼甘泉
천 리를 헤엄치는 물고기 되려면	其欲魚千里
스승 따라 신실한 뜻 견고히 해야 하네	從師信意堅

판서 홍경모[42]가 내원암 영각에 쓴 시[43]에 삼가 차운하다
謹次洪判書敬模[1)]內院影閣韻

선방에 일이 없어	禪房無所事
책 덮고 향 하나 사른다	掩卷一燒香
천년토록 푸르게 늘어선 산봉우리	列岀千年碧
9월에 황금빛 떨기 지은 국화들	叢花九月黃
구름 그림자에 마음은 고요하고	心因雲影靜
물소리 들으며 긴 꿈을 꾸노라	夢入水聲長
속세의 허다한 손님들이야	多少紅塵客
저대로 바삐 오가든 말든	去來任自忙

---

1) ㉮ '模'는 '謨'의 오자인 듯하다. 홍경모洪敬謨의 문집인 『관암전서』 및 『문과방목文科榜目』에 의거하여 교정하였다.

물레방아
水碓

너는 본래 빈산의 물건이더니	爾本空山物
재목 되어 이 임무를 받았구나	爲材受此任
머리 들면 호랑이가 뛰어오르는 형상이요	擧頭形虎躍
꼬리 드리우면 용의 음성 발하는도다[44]	垂尾發龍音
바다로 흘려보낸 물은 천 말에 가깝고	溟渤幾千斗
천지는 여덟 자인 듯하여라[45]	乾坤似一尋
쉴 새 없이 굳세게 방아 오르내리지만	屈伸雖自健
미더워라 너는 일체에 무심하구나	信爾摠無心

석왕사에서 옛 벗인 예조판서 김보근[46] 공을 만나 받들어 화운하다
釋王寺逢舊交大宗伯金公輔根奉和

오래된 우리 교분 얼마나 진중한가	宿契何珍重
시 다 짓자 경쇠 소리 구름 속에 떨어지네	詩成磬落雲
타향에서 기쁘게 서로 재회하니	他鄉喜相會
10년 동안 소식 끊겨 한스러웠네	十載恨無聞
뛰어오르는 두 마리 물고기에서 호연지기 느끼고	浩氣魚雙躍
무리 지은 한 떼의 백로에서 한가로운 정 느낀다	閑情鷺一羣
호계에서 웃으며 이별하기 어려워라[47]	虎溪難笑別
석장을 날리자니[48] 속세 기운 두렵구나	飛錫怕塵氛

토관[49] 손도연의 시에 차운하다
次孫土官道然韻

만남이 어찌 이다지도 늦었던고	逢來何太晚
산속을 정다웁게 함께 거니네	山裏好相徔
섬계의 달빛에 흥이 다하고[50]	興盡剡溪月
한산사寒山寺 종소리에 사념 깊어라[51]	思深寒寺鍾
노래에 화답하니 잠든 새 놀라고	和歌驚鳥睡
술 가져오게 하여 짙은 꽃 속에 취한다	呼酒醉花濃
다시 만나기 어렵다 말하지 말라	莫道更難會
선비는 자기를 알아주는 이 위해 움직이나니[52]	士爲知己容[1]

---

1) ㉮ '容'은 '用'의 오자인 듯하다. 『전한서前漢書』에 의거하여 교정하였다.

백운산의 인선 대사와 작별하며 주다
贈別白雲山印善大師

객 보내며 길에 오르는 날	送客登程日
봄바람에 계곡 버들이 새롭다	東風澗柳新
밝은 달 뜬 밤에 옷깃을 나란히 하고	聯襟明月夜
꽃 지는 봄날에 이별을 나누네	分手落花春
걸음걸이 배움은 젊은이를 징계하고[53]	學步懲餘子
말을 삼감은 태묘太廟의 금인金人에 보이네[54]	愼言見廟人
오직 백 년 인생 살아갈 계책은	其惟百年計
덕을 심고 몸을 닦는 것뿐이리	種德與修身

신리의 석사 이달원의 시에 차운하다
次新里李碩士達源韻

유자와 불승이 옷깃 나란히 하고 앉아	儒釋聯襟坐
석양이 질 때까지 우두커니 있네	嗒然到夕陽
종소리 울리니 빈방에 흰빛이 생기고[55]	鍾鳴虛室白
꽃잎 떨어지니 저녁 산은 푸르르네	花落暮山蒼
많고 적은 구름은 빗줄기 머금었고	雨意雲多少
짧고 긴 나무들은 바람 소리 내누나	風聲樹短長
우리들 발자취 돌이켜 생각하니	回思吾輩迹
무슨 일로 고향에 돌아가질 못하나	底事不歸鄕

송 진주[56]의 시에 차운하다
次宋晉州韻

누각 올라 나란히 앉아 가을 산 마주하니	登樓聯坐對秋山
비낀 햇살 매미 소리가 나무 사이에 어지럽다	斜日蟬聲亂樹間
다시 강호의 한량없는 뜻 있으니	夐有江湖無恨[1]意
늙은 어부 돌에 기대 한가로이 잠잔다	漁翁倚石一眠閑

---

1) ㉯ '恨'은 '限'의 오자인 듯하다.

부석사 판상의 왜승의 시에 차운하다
次浮石寺板上倭僧韻

옛사람 이미 가고 자취만 아득한데	昔人已去跡悠悠
채색 누각에 걸린 시구를 외려 본다오	詩句猶看掛畫樓
만학천봉에 모두 떠올라 있는 달빛이	萬壑千峯俱載月
한가득 나그네 지팡이 머리로 떨어져 온다	森森落在客筇頭

퇴계 선생의 선비화 시[57]에 삼가 차운하다
謹次退溪先生仙飛花韻

소나무도 아니고 잣나무도 아닌 것이 절 문에 서 있으니	非松非栢立山門
묻노라 너는 언제 이 뿌리를 얻었느냐	問汝何年得此根
한 줄기 조계의 물이 뿌리를 길이 적시니	一派曹溪長潤足
사계절 내리는 천지의 우로雨露 은택 필요치 않네	乾坤不費四時恩

또 읊다
又

몇 갈래 가지 난 영물이 절집에서 자라니	數枝靈物寄桑門
천년 세월 우뚝이 선 조화로운 뿌리로세	屹立千年造化根
꽃 지고 꽃 피기를 그저 자재로이 하니	花落花開祇自任
천지의 은택을 한 가지도 허비하지 않네	乾坤不費一端恩

화악 화상이 삼성사[58]에 쓴 시에 삼가 차운하다
謹次華嶽和尙三聖祠韻

푸른 산중에 옛 선인의 사당 있으니	古仙祠寄碧巒中
하 많은 암벽과 봉우리만 마주하고 있구나	只對千巖又萬峯
어느 곳이 단군 옹의 진면목인고	幾處檀翁眞面目
분명코 맑은 바람에 드러난 흰 달이겠지	分明皓月露淸風

박씨와 이씨 두 진사의 시에 차운하다
次朴李兩進士韻

손님 마주하고 도리어 호계행[59] 생각하니　　對賓却憶虎溪行
세 사람 웃음소리 속으로 경쇠 소리 떨어진다　三笑聲中落磬聲
나란히 앉아 의구히 별다른 말 하지 않고　　　聯坐依然無別話
흐르는 강물이 절로 무정함을 바라보네　　　　但看流水自無情

금강산에 적다
題金剛山

조화옹이 옥련꽃[60]을 쪼아 내니　　　　　　化翁琢出玉芙蓉
만폭동[61] 폭포 소리에 속세의 사념 텅 비네　萬瀑聲聲世慮空
그 옛날 선랑[62]들은 보이지 않고　　　　　　昔日仙郎無見處
중향성[63] 위엔 달빛이 희미하여라　　　　　衆香城上月朦朧

추월
秋月

서늘한 바람 부는 가을밤에 달이 처음 밝으니	凉風秋夜月初明
구름 타고 옥경⁶⁴에 오르는 듯 상쾌하여라	爽若乘雲上玉京
몇 군데서나 집 생각하며 달 아래 거닐었던고⁶⁵	幾處思家仍步月
산승은 이 밤에 잠을 이루기 어렵고녀	幽人於此夢難成

진사 김정희[66]와 이별하며
別金進士正喜

옛사람은 손님 보낼 때 항상 시 읊조렸는데　　　　　古人送客每吟詩
부끄러워라 나는 손님 떠날 적에 말이 없구나　　　　愧我無言客去時
세 사람 웃던 호계 가[67]에 유람하는 이 지나가니　　三笑溪邊遊履過
오동나무에 내리는 성근 비는 더욱더 느릿느릿　　　梧桐踈雨更遲遲

용악 화상의 시에 삼가 차운하다
謹次龍岳和尙韻

맑은 냇물에 발을 씻고 청산에 누우니	洗足淸川臥碧山
흰 구름이 도리어 이 산승의 한가로움 부러워하네	白雲還羨此僧閑
속세의 티끌 먼지 무생계[68]에 들어오지 못하니	烟塵不入無生界
적막하고 누추한 암자에서 한낮에 문을 닫고 있노라	寥落踈庵晝掩關

청계루에서 김씨와 장씨 여러 석사들의 시에 차운하다
次淸溪樓中金張諸碩士韻

학업에 근실하기만 하면 삼동이면 충분할 텐데[69]	但當勤業足三冬
하필이면 적송자[70] 찾는 일에 마음을 두는가	何必留心訪赤松
젊은 나이에 쓸데없이 소일하지들 마시게	妙歲莫閑逍白日
인생이란 쭈글쭈글 노년 되기 십상이라네	人生容易老龍鍾

황룡산 중봉암[71]에 적다
題黃龍山中峯庵

하얀 돌에 맑은 물 따라 길 더욱 깊으니 　　　白石淸流路轉深
천 개 봉우리 그 위쪽에 절집을 올렸구나 　　千峯直上結叢林
소나무 창에 달 비침에 전단향 연기 사그라지니 　松窓月照檀烟歇
속세 인연 다 비운 반 게의 마음[72]이로다 　　塵世緣空半偈心

표표연정[73]에 올라
登飄飄然亭

다리 곁 푸른 버들은 사뿐한 안개 둘렀고   官橋柳色帶烟輕
바람에 실어 보내는 뱃노래에 소낙비 개이네   風送漁歌片雨晴
날아가 버린 신선 자취 천추에 아득한데   羽化千秋聲迹遠
강산은 무던하고 달은 괜시리 밝구나   江山無恙月空明

감사 조봉진[74]의 시에 삼가 차운하다
謹次曹監司鳳振

납승이 푸른 산꼭대기에 우거하니	沙門寄在碧山巓
바람결에 꽃잎이 향연 속으로 떨어짐을 때로 보네	時見風花落篆烟
다행히 높으신 감사 만나 좌담을 허락받으니	幸接高人容坐話
선승이 반나절의 인연 있음이로다	禪家半日有因緣

상국 정원용[75]의 시에 삼가 차운하다
謹次鄭相國元容韻

다기망양多岐亡羊[76]한 티끌 속세에서　　　　亡羊塵世路多歧
어찌 세상풍파 따라 희희낙락하기만 하랴　　豈逐風波但悅施
이 가운데 참으로 즐거운 일 없지 않나니　　箇裏不無眞樂事
우리 성상 만년 장수 향 사르며 축원하네　　燒香祝聖萬年期

삼수암[77]에 적다
題三邃菴

오래된 삼수암이 설산에 있으니	三邃古庵在雪山
범종 소리 멀리 백운 사이로 퍼져 나가네	鍾聲遠出白雲間
바람결에 푸른 이끼 낀 길로 석장을 날리니	天風飛錫蒼苔路
우스워라 이 한적함 아는 사람 없음이	堪笑無人會此閑

용암 장실丈室에게
庸菴室

강 깊은 곳 초가집이 가장 견디기 어렵나니	江深草閣最難堪
꽃 피어난 봄날 성 풍경 너무도 화려하구나	花暖春城太不廉
괴이해라 양단을 치달리는 저 세상 사람들 어찌 중도에 맞을꼬	怪彼兩端何中的
곤하면 자고 목마르면 마시는 이는 바로 용암이로다	困眠渴飮是庸菴

풍송 장실에게
豊松室

황금을 꺼내 펴서 잘 경영하여도	眞金開鋪好經營
추구[78]와 같아서 아무 의미 없다네	芻狗也般沒介情
풍송이 한가로이 세상 벗어나	何似豊松閑世外
소요하며 평생 쾌히 즐김과 어떠한고	逍遙快樂我平生

현은 장실에게
玄隱室

드넓은 교해에서 10현[79]을 구족하고	敎海濶時具十玄
심원한 선림에서 삼현[80]을 요달했네	禪林湥處又三玄
태화[81]의 한 기운은 원래 둘이 아니니	太和一氣元無二
저자든 조정이든 처하는 곳이 바로 현묘한 자리여라	隨處市朝即隱玄

성담[82] 화상에 대한 만사
輓性潭和尙

해가[83] 부르고 나자 마음 하염없으니	薤歌唱罷意悠悠
사람은 절로 상심하고 물은 절로 흐르네	人自傷心水自流
해 지는 상유[84]로 나보다 앞서가니	日迫桑楡先我去
청산 만 리에 상여 실은 외로운 수레 하나	靑山萬里一孤輈

도성 선사에게
道成禪師

뜰 앞의 잣나무와 영취산 꽃이   庭前栢樹鷲山花
겁 외의 춘풍 속에 결실 많아라[85]   劫外春風結子多
이 맛 안 자 천추에 몇이나 되었던고   知味千秋能幾箇
그대 맘껏 울음 삼키고 껄껄 웃게나   任君一咽笑呵呵

연옥 장실에게 부치다
寄蓮玉室

뜰 앞엔 푸른 잣나무 문전엔 버들　　　　庭前翠栢門前柳
산 위엔 누런 매화 동산엔 복숭아로다　　山上黃梅苑上桃
고인의 참되고 바른 뜻 알고자 할진댄　　欲識古人眞正意
만 리나 되는 맑은 하늘이 한 터럭이로다　淸空萬里一毫毛

의현 상인이 한마디 해 줄 것을 청하기에 주다
贈義玄上人求語

옛날 네가 어렸을 때 다행히 면식 있었으니	昔汝兒時幸有面
오늘 내가 노년인 때 어찌 무심하겠는가	今吾老日豈無心
이별 임해 한마디 말로 뒷날 약속 삼나니	臨別一言爲後約
몸과 입을 지키기를 천금처럼 무거이 할지어다	持身守口重千金

용해 장실에게
龍海室

억제하고 드날림⁸⁶이 희유한 『금강경』을 찬탄하고   抑揚希有讚金剛
주인과 짝이 뚜렷이 밝은 보광을 노래하네⁸⁷   主伴圓明唱普光
도처에 태평가 한 곡조 울리니   到處太平謌一曲
그대 위해 궁상각치우를 연주하노라⁸⁸   爲君彈吹奏宮商

은담 화상에 대한 만사
輓銀潭和尙

꿈속의 천지 모두가 허깨비 망상이요	夢裡乾坤都幻妄
세간 고락은 텅 빈 허공과 같아라	世間苦樂等虛空
그대에게 권하노니 극락에서 아미타불 따라	勸君極樂隨陁佛
만월의 모습[89] 잠시도 여의지 말지어다	念念不離滿月容

금성당에 대한 만사
挽錦城堂

덧없는 세상 그 누가 실다운 공부 해내랴	浮世誰能有實功
만법은 하나로 돌아가고 하나는 공으로 돌아가네	萬歸於一一歸空
붉은 만장 멀리 나부낌에 영영 이별하노니	紅旌飄遠終天訣
80년 세월이 허깨비 꿈속이로다	八十年光幻夢中

우연히 읊다
偶吟

시냇가 소나무 창 흙벽 집 안에	松窓土壁溪邊地
백발에 가사 입은 게으른 늙은이 하나	白首緇衣懶一翁
뜻이 동함에 문득 마음 절로 즐거우니	意到忽然心自樂
낭랑히 읊조리며 이리저리 한가롭게 거니노라	朗吟閑步任西東

범허[90] 장실에게
範虛室

호연한 기상은 천지를 채웠고	浩然之氣塞天地
홍범의 유풍[91]은 고금에 뻗쳤네	洪範遺風亘古今
만고의 맑은 하늘 밝은 달그림자가	萬古淸虛明月影
어느 때인들 범허의 흉금을 비추지 않으랴	何時不照範虛襟

김 진사와 함께 읊다
與金進士同吟

나를 안 숙세의 인연 본디 어둡지 않아서	知我宿緣元不迷
오늘 밤 이 산 서편에서 해후하게 되었네	今宵邂逅此山西
시 완성되니 또한 귀신을 울리고[92]	詩成也有鬼神泣
강론 마치니 까막까치 울음소리만 들린다	講罷惟聞烏鵲啼
마주 앉음에 문득 북두가 회전하는 것도 잊고[93]	對坐忽然忘轉斗
길을 감에 나도 모르게 시내 넘어가며 웃네[94]	臨行不覺笑過溪
강물 따라가고 구름 흩어지니[95] 어느 해에나 만날는지	水隨雲散何年會
이별의 젓대 소리 온 산에 잔잔히 퍼진다	離笛一聲萬岫低

우연히 읊다
偶吟

가을 다한 시린 하늘에 바람이 절로 부니	秋盡寒天聲自鳴
먼 곳에서 온 유랑객 잠들기 어려워라	遠方遊客睡難成
서리 맞은 단풍은 흘러가는 물소리 속에 떨어지고	霜楓流水聲中落
눈 내린 밤 달빛은 빈 산 그림자 속에 밝도다	雪月空山影裏明
찻잔 옆의 국화는 향기가 가득하고	茶傍黃花香氣滿
창가의 노송은 어둠 속 자태 청아하다	窓臨碧檜夜心淸
홀연히 새로운 생각 일어남을 금치 못하여	忽然不禁思新意
베개 밀치고 사람 불러 시각을 묻노라	却枕呼人問幾更

류씨와 이씨 여러 유자들의 시에 차운하다
次柳李諸儒韻

여름철에 만나서 가을에 이별하니	逢在夏時別在秋
산방의 일마다 모두 그윽했어라	山房事事悉能幽
난간 밖 울리는 물소리 고요히 듣고	靜聽流水鳴欄外
고갯마루 걸린 구름 한가로이 보네	閑看宿雲鎖嶺頭
찻잔 비움에 높은 누각의 종소리도 그치고	茶罷高樓鍾亦歇
시 완성됨에 오래된 절에 달빛 함께 머문다	詩成古寺月同留
내일 아침 이별을 어찌 견뎌 낼는지	明朝何耐相分手
초수와 운산에서 각자 자유로이 지내세나[96]	楚水雲山各自由

묘훈 상인과 이별하며 주다
贈別妙訓上人

설봉산 가을비에 꿈에서 갓 깨니	雪山秋雨夢初醒
봉래 가는 그대 전송함에 이 마음 각별해	送子蓬萊別有情
세상사 교유란 것 바람에 지는 낙엽 같고	世上交遊風落葉
인간세 만남과 이별 물에 뜬 부평초 같구려	人間聚散水浮萍
3년 세월 머무른 마음 구름 낀 1천 봉우리	三年留意雲千峀
반나절 석별의 정 품은 달빛 비치는 이 한 뜰	半日離懷月一庭
아노라 그대 이제 가면 다시 만날 약속 없나니	知爾今行無定約
이내 말을 잊지 말고 마음에 새길지어다	勿忘吾語作心銘

안변의 권 대사에게 주다
贈安邊權大師

능히 교설敎說의 드넓은 바다 헤엄치는 그대가	君能敎海泳遊人
천 리 마다 않고 가까운 이웃 가듯 스승 따랐네	千里從師近若隣
남쪽 고을에서 벗에게 물어 법계에 참여하고	詢友南城叅法界
북쪽 고개에서 문 닫아걸고 천진을 길렀네	掩關北嶺養天眞
지금 단비가 막 갠 이날은	今當喜雨新晴日
마침 좋은 벗과 이별하는 때로세	適有良朋作別辰
흐르는 물소리 속에서 우리 인연 다하니	流水聲中相逢罷
수풀 너머로 자욱한 안개 먼지만 보이네	隔林但見鑽烟塵

뇌묵[97] 노화상을 삼가 애도하다
敬輓雷默老和尙

선사께서 동국에 명성 있으셨으니	先師東國有聲名
도덕은 높고 화락하고 지혜 몹시 밝으셨네	道德崇融解甚明
천지 같은 정신은 달처럼 깨끗하고	天地精神從月潔
산하 같은 기질은 솔처럼 맑으셔라	山河氣質伴松淸
청춘에 보리수에 깨달음의 꽃 피우시고	靑春花發菩提樹
노경에 열반 경지로 그 꽃잎 돌아갔네	白首葉歸涅槃城
영결하는 오늘 아침 마음 찢어지려 하니	永訣今朝心欲裂
모를레라 이 길은 어느 곳을 향하는고	不知此路向何方

어사 이시우[98]의 시에 화답하다
和李御史時愚

도성 궁궐에서 나와 청산으로 들어오니	出自紫微入翠微
그대 수레 가는 곳마다 절문 시끄러워라	輪蹄到處鬧巖扉
왕년에 과거급제 명단에 이름 있더니	昔年名中金門策
오늘 그대 어사의 직임을 받드셨구려	今日身承錦繡衣
계곡 어귀 구름 깊으니 표범 숨었나 의심하고[99]	谷口雲深疑豹隱
산마루 하늘 드넓으니 솔개 날아오름을 보도다[100]	嶺頭天濶見鳶飛
아노라 공께서 일 받들어 임무 완수하신 후	知公奉事完成後
곧장 봉래산 향해 귀로 잡으실 것임을	直向蓬萊作路歸

낙민루에서 밤에 관찰사 권돈인[101] 공에게 올리다
樂民樓夜呈巡相權公敦仁

밤 깊어 흥을 타고 홀로 누각에 올라	夜深乘興獨登樓
성천강[102] 너머 수풀을 한가로이 바라보네	閑看成[1)]川隔一林
달이 창공에 뜬 것은 뜻이 있는 듯하건만	月過滄溟如有意
구름이 백악에 서린 것은 이 무슨 마음인고	雲從白岳是何心
감당의 소식은 남에서 북으로 오고[103]	甘棠消息南之北
성근 잣나무 모습은 옛날이 지금과 다르네[104]	疎栢光陰古異今
부끄러워라 재주 없는 몸이 때때로 꼬리 끌면서[105]	自愧不才時曳尾
아직 지기를 만나지 못했다고 운운하는 것이	云云尙不遇知音

---

1) ㉠ '成'은 '城'의 오자인 듯하다. 『신증동국여지승람新增東國輿地勝覽』〈함경도咸鏡道 함흥부咸興府〉의 내용에 의거하여 교정하였다.

봉래산 신선을 찾아
訪蓬萊仙子

천년 장수 누리는 봉래산 신선을 　　　　　蓬萊仙子壽千秋
매양 종유하여 한번 쾌히 노닐고자 했더니 　　每欲相從一勝遊
한가로이 백운 타고 옥황상제 조회하고 　　　閑駕白雲朝玉闕
낭랑히 명월 읊조리며 신선 세계에서 취했네 　浪吟明月醉丹丘
진시황 사당 밖엔 안개가 공연히 가득하고 　　秦皇祠外烟空鎖
한나라 사신 뗏목 앞엔 은하수 절로 뜨누나[106] 漢使槎前水自浮
아득히 푸른 바다에 자취가 묘연하니 　　　　滄海渺茫聲迹遠
얼마나 많은 행객들이 중도에 포기했던고 　　幾多行客半塗休

함경당과 함께 수락산 내원암에서 수창하다
與菡鏡堂水落內院酬唱

벗 이끌고 크게 웃으며 금류동金流洞¹⁰⁷에 모여	携朋大笑會金流
이끼 낀 바위에 시 쓰며 바위 머리에 앉았어라	苔面題詩坐石頭
우연히 짬을 얻어 경치 감상하며 흥을 내다	偶得片時探景興
도리어 날 가는 것도 잊고 장마에 막혀 근심하네	翻忘多日滯霖愁
층층 바위 급한 폭포 천둥소리가 빗소리와 다투고	層巖急瀑雷爭雨
오래된 골짝 항시 부는 바람 여름이 절로 가을일세	古洞恒風夏自秋
웃을 만해라 우리에게 도리어 일 있는 것이	堪笑吾儕還有事
그윽한 백운 사이에 높이 누워 있는 것만 못한 것을	不如高臥白雲幽

벗 이끌고 크게 웃으며 금류동金流洞[107]에 모여 / 携朋大笑會金流
이끼 낀 바위에 시 쓰며 바위 머리에 앉았어라 / 苔面題詩坐石頭
우연히 짬을 얻어 경치 감상하며 흥을 내다 / 偶得片時探景興
도리어 날 가는 것도 잊고 장마에 막혀 근심하네 / 翻忘多日滯霖愁
층층 바위 급한 폭포 천둥소리가 빗소리와 다투고 / 層巖急瀑雷爭雨
오래된 골짝 항시 부는 바람 여름이 절로 가을일세 / 古洞恒風夏自秋
웃을 만해라 우리에게 도리어 일 있는 것이 / 堪笑吾儕還有事
그윽한 백운 사이에 높이 누워 있는 것만 못한 것을 / 不如高臥白雲幽

수락산에서 승지 여연 김대근[108]과 함께 창화하다
在水落山與如淵金承旨大根唱和

산속의 풍경이 가을 물색 되니	山間消息對秋容
몇몇 승려들 객과 함께 노니네	多少緇衣與客從
창밖에 여울물 날리니 시내에 비 내리는 듯하고	窓外飛湍溪似雨
눈앞에 석양 비끼니 달이 봉우리에 살짝 보인다	眼前斜影月窺峯
돌아온 정리는 비록 화학에 대해 들었으나	歸情縱有聞華鶴
날린 석장은 갈룡으로 변할 길이 없어라[109]	飛錫無由化葛龍
지난날 동주[110]에서 이별할 때 서글펐더니	昔日東州分悵悵
금류동 바위 위에서 홀연히 다시 만났구려	金流石上忽相逢

석왕사에서 어사 심 공[111]을 만나 여러 날 창화하다
釋王寺逢御史沈公累日唱和

심 공이 지척에서 성상 뵙고 윤음을 받들었으니	咫尺天顏奉紫綸
삼가 생각건대 성주께서 어진 신하를 얻었도다	欽惟聖主得賢臣
구중궁궐에서 북면하고 성은을 받은 뒤에	九重北面承恩後
천 리 머나먼 변방에서 교화를 펴는 때로세	千里邊方布化辰
진실한 마음으로 평탄한 도를 행할 뿐	只以心誠行坦道
언어와 안색으로 백성을 새롭게 하지 않네	不由聲色在新民
대궐에 일을 보고하고 집에 돌아간 뒤에	宸庭報事歸家後
몇 해 봄이 지나도록 변방 구름 꿈꾸리라	應夢塞雲閱幾春

갑진년(1844, 헌종 10) 가을 안변읍을 지나다
甲辰秋過安邊邑

바다 구역에 인접한 안변이란 읍은	邑號安邊接海區
관북에서 가장 먼저 만나는 고을일세	直當關北最初州
향설헌[112] 앞엔 영춘사[113]가 자리하였고	永春香雪軒前社
비운령[114] 아랜 가학루[115]가 우뚝하구나	駕鶴飛雲嶺下樓
해 저물려 할 제 언덕 너머 초동이 노래하고	隔岸樵歌山欲暮
달 뜰 무렵 마을 가득 다듬이 소리 울리어라	滿村砧杵月將秋
덧없는 인생은 어인 일로 항상 고생스러운가	浮生何事常勞碌
다만 백구와 짝하는 어옹이 부러울 뿐이로다	只羨漁翁伴白鷗

석왕사
釋王寺

봉우리 아래 맑은 물가에 대를 쌓으니	峯下淸流上築坮
붉은 난간에 푸른 문이 우뚝이 솟았네	朱欄碧戶翼然開
천 봉우리 달빛은 헌함 앞을 비추고	千岑月色當軒轉
만 골짜기 시냇물 소리는 땅을 울리어라	萬壑溪聲動地來
향찰의 바리때 돌아오니 유마힐이 기뻐하고[116]	香利鉢回摩詰喜
용산의 검 떨어지니 여동빈이 슬퍼하누나[117]	龍山劒落洞濱[1]哀
운한각[118]의 임금 지으신 시문 우러러보니	仰瞻雲漢宸章迹
도리어 백성들 감격하여 기쁘게 하네	却使臣民感悅哉

---

1) ㉮ '濱'은 '賓'의 오자인 듯하다. 『인천보감』에 의거하여 교정하였다.

벽송대에 적다
題碧松坮

눈 덮인 산 깊은 곳에 자리한 벽송대에 서면 　　雪山深處碧松臺
인간 세상의 복과 재앙을 잊어버리게 된다네 　　忘却世間福與灾
다만 높은 하늘과 넓은 바다만 마주 대하니 　　只對天高兼海濶
세월 흘러 옛날 가고 지금 옴이 몇 번인가 　　幾回古徃又今來
만전과 기화를 풀로 만든 개로 여기니[119] 　　萬錢奇貨猶芻狗
한 바리때의 생애가 옥 술잔보다 나아라 　　一鉢生涯勝玉盃
바람결 한낮의 경쇠 소리 번뇌의 꿈 깨뜨리니 　　午磬因風煩夢罷
덧없는 인생의 곤궁과 영달 모두 티끌이어라 　　浮生窮達揔塵埃

을사년(1845, 헌종 11) 가을 수락산에 있을 적에 참판 김보근과 직장 안응수와 더불어 창화하다
乙巳秋在水落山與金叅判輔根安直長膺洙唱和

산간에 아무런 일 없고 한낮에 바람 산들산들 부니	山間無事午風微
때로 산골짝의 구름과 느릿느릿 나는 새[120]를 보노라	時見峀雲倦鳥飛
연사[121]에 종소리 울리니 승려가 좌선한 지 오래이고	蓮社鍾鳴僧坐久
송문[122]에 연기 사라지니 객이 찾아옴이 드물어라	松門烟歇客來稀
서리가 붉은 잎 떨어뜨리니 짚신에 걸리적거리고	霜飄紅葉煩芒屩
비가 누런 꽃에 내리니 초의를 적시누나	雨過黃花濕草衣
호계에서 석별을 수고로이 하지 말라[123]	莫向虎溪勞惜別
선심은 텅 비었는지라 돌아옴 잊기 쉽나니	禪心空處易忘歸

향적암에 적다
題香積菴

골짜기 궁벽하고 산 깊어 길이 더욱 외진데	洞僻山深路轉窮
중향[124] 중에 한 암자가 높이 의탁하였도다	一菴高寄衆香中
하늘 기운 북쪽에 뭇 봉우리 우뚝 솟아 있고	羣峯卓立天傾北
땅이 끝난 동쪽에 큰 바다 평평히 펼쳐졌네	大海平臨地盡東
웃음 띤 붉은 꽃을 취령에서 따고[125]	取笑紅花拈鷲嶺
울음 달래는 누런 잎[126]이 용궁에서 나오네	止啼黃葉出龍宮
속진은 내가 방문하지 않음을 싫어하지만	烟塵嫌我不相訪
흘러가는 물과 흰 구름은 고금에 같아라	流水白雲今古同

보현사 불사 기문송
普賢寺佛事記文頌

용악[127]의 가람을 보현이라 명명하였나니	龍岳伽藍號普賢
절 뒤엔 봉우리요 앞엔 물이 흐르누나	峯臨寺後水流前
바람 부는 밖의 아홉 고을에 바로 마주하고	直當九邑風吹外
달빛 비치는 가의 세 산을 가로로 눌렀네	橫壓三山月照邊
우레가 압연에 울리니 만 리에 소리 퍼지고	雷震鴨淵聲萬里
안개가 곡탑[128]에 어리니 천 년에 그림자 비치네	烟凝鵠塔影千年
금빛 실과 바늘을 아울러 갖추었으니[129]	線針金彩都兼辦
인천의 큰 복전이라 이를 만하여라	可謂人天大福田

향산에서 진해 대사와 이별하다
別香山鎭海大師

전광석화처럼 시간이 빨리 흘러가는 풍진 속에서	石火光陰夢宅中
인연 따라 이르는 곳마다 서로 만남이 기쁘구나	隨緣到處喜相逢
서산에서는 선사의 사찰로부터 왔고	西山來自先師刹
북해에서는 내원궁[130]에서 노닐었지	北海遊從內院宮
10지[131] 공부의 전함은 약속 있고	十地工夫傳有約
백 년 교분의 즐거움은 끝이 없네	百年交契樂無窮
하루아침의 석별에 도로 서글퍼지니	一朝惜別還怊悵
시냇가 나무도 정 머금어 멀리 바람 보내네	溪樹含情送遠風

천곡사 벽 위의 시에 차운하다
次泉谷寺壁上韻

나는 이와 같이 들었노라 숙세에 인연 있어   如是我聞宿有緣
주인이 결사를 안변 땅에 가려서 정하였다고   主人結社卜安邊
경전 보느라 묵언하니 종만 책상에 울리고   看經不語鍾鳴榻
선정에 들어 무심하니 달만 하늘에 가득해라   入定無心月滿天
화우[132]가 구름 남기니 들판에 비를 막 내리고   花雨餘雲方野雨
단연[133]이 향기 남기니 촌락의 연기와 구별되네   檀烟留氣隔村烟
부평초 신세 한번 만남 참으로 봄꿈이니   萍蹤一會良春夢
일생에 만나기 어려움 어찌 한스러워하랴   何恨重期在百年

봉은사에서 『화엄경』을 중간하다
奉恩寺重刊華嚴經

하나로 어우러진 끝이 없는 존재들은　　　　　　重重法界一圓融
부처님의 해안삼매에서 성대하게 나왔어라[134]　　繁出能仁海印中
용궁에서 외워 온 천축의 말을 한어로 번역하였고[135]　誦憶龍宮飜竺夏
영취사에서 소초를 지었으니 중국에서 해동으로　　疏抄鷲寺轉華東
전하였네[136]
진여의 맑은 빛은 막혀도 혹 처음을 고찰할 수 있지만　澄光蹇否容原始
신령한 각성은 두루 통하니 어찌 끝을 알 수 있으랴　靈覺流通豈要終
이로 인해 봉은사에서 『화엄경』을 중간하니　　　因此奉恩能繡梓
기 스님[137]은 크게 공을 이루었다고 하겠네　　　奇師可謂大成功

도봉산 보문사에 적다
題道峯山普門寺

원통은 옛 이름이고 보문은 새 이름이니	圓通古號普門新
여러 해 경영하여 이때를 기다렸네	積歲經營此待辰
여름엔 흐르는 물 잔잔하고 물고기 뛰며	流水潺潺魚躍夏
봄엔 떨어지는 꽃 나풀거리고 새 운다	落花片片鳥啼春
삼공이 도 논함 바위에 새겨져 있고	三公論道留巖刻
사상이 은혜 갚음 진찰을 받들었네[138]	四象報恩奉刹塵
흥폐의 운수 있어 사람들 모이고 흩어지니	興廢數存人聚散
향을 살라 외려 대궐을 스스로 송축하네	焚香猶自頌楓宸

사또 심돈영[139]과 창화하다
與沈使君敦永唱和

청명하고 화창한 날 사또를 모시고 앉으니 　　使君陪坐日淸和
녹음이 외려 꽃보다 나음을 점점 느끼겠네 　　漸覺綠陰猶勝花
연사에 혹 주객 용납한단 말 들었으나 　　　　蓮社或聞容飮客
속세에 신선 내려옴 보기 어렵다오[140] 　　　塵方難見降仙娥
새는 하늘 밖 저 먼 산으로 날아가고 　　　　鳥飛天外山從遠
경쇠 소리는 구름 사이 비낀 길에 울리네 　　磬落雲間路入斜
이 모임 인연 따라 인하여 석별하니 　　　　　此會隨緣因惜別
한바탕 남화의 꿈속 나비였어라[141] 　　　　　一場蝴蝶夢南華

혜장 대사에게 주다
贈惠壯大師

사람이 한세상을 살아감에 세월이 빨리 흘러가니	人生一世走光陰
어찌 시위 떠난 화살 멈출 수 없음과 같을 뿐이랴	何啻發弓箭不禁
아침 비가 연꽃에 내려 향기 못에 가득하고	朝雨盛蓮香滿澤
저녁 서리 잎에 떨어져 텅 빈 숲에 울리어라	晚霜凋葉響空林
어찌 한가한 일로 자주 꿈에 놀라겠는가	豈將閑事頻驚夢
모쪼록 참 공부를 가려 크게 마음 깨쳐야지	須擇眞工大悟心
나 또한 이전이 그릇되었음을 막 깨달은 자이니	我亦前非方覺者
그대는 돌아보아 올바르게 하고[142] 부침하지 말기를	勸君反縮勿浮沉

덕원 몽월암 기문송
德源夢月菴記文頌

난야[143]가 춘성[144]에 얼마나 많은가마는	蘭若春城數幾般
이 암자 객을 서성거리며 머물게 하누나	此菴能使客盤桓
산 높아 하늘 끝과 가지런히 동쪽에 솟았고	山高東立齊天極
바다 드넓어 땅 끝과 나란히 평평히 펼쳐졌네	海濶平臨限地端
속세 밖 만 골짜기 맑은 바람 상쾌하고	萬壑淸風塵外爽
선정에 든 중에 한 창의 밝은 달 차가워라	一窓明月定中寒
백 년 뒤 율사의 행적을	律師行迹百年後
다시 누가 있어 거듭 완전하게 하려 하겠는가	更有何人重欲完

석왕사에서 참판 조휘림[145]과 수창하다
釋王寺與趙叅判徽林酬唱

[1]
고상한 분이 빗속에 석왕사를 방문했는데　　高人帶雨訪禪扃
이내 몸 혜원과 사영운[146] 아닌 게 부끄럽네　　自愧身非遠與靈
불제자인 나의 심정은 반 게[147]를 지녔고　　釋子心情持半偈
유자인 그대의 시구는 삼경[148]을 읊누나　　斯文詩句詠三經
술잔 전하는 그림자 속에 구름은 골짜기로 돌아가고　　傳盃影裏雲歸壑
석장 날리는 소리 중에 달은 뜰에 가득하여라　　飛錫聲中月滿庭
남은 회포 다하지 못하고 그대로 석별하니　　未盡餘懷仍惜別
버들 꽃은 무슨 일로 바람 따라 떨어지는고　　楊花何事逐風零

[2]
인연 따라 유자와 불승이 기쁘게 서로 찾아서　　隨緣儒釋喜相尋
백운 속으로 들어가니 길 더욱더 깊어라　　路入白雲夐轉深
4백 년 전에 태조가 어가를 멈춘 곳이고　　四百年前駐蹕地
삼천 세계 내에 선객들이 모인 곳이라네　　三千界內會禪林
꽃 피고 잎 떨어짐이 참 천리이고　　花開葉落眞天理
고기 뛰고 새 낢이 바로 도심일세[149]　　魚躍鳥飛即道心
이르는 곳마다 시와 술 정해진 약속 없으니　　到處詩樽無定約
남은 생애에 좋은 시절 애석히 여길 만해라　　餘生可惜好光陰

새재에 올라 입으로 읊다
登鳥嶺口占

객이 새재에 올라 옷깃을 풀어 헤치니	客登鳥嶺披衣裳
세속을 높이 벗어나 이미 절로 시원타	高出塵外已自凉
비단 펼친 듯 구름은 눈 덮인 봉우리 둘렀고	雲匝雪峯開錦繡
생황 연주하는 듯 바람은 시냇가 나무에 산들	風閑溪樹奏笙篁
달이 이곳에 비치니 다른 곳도 알겠고	月臨此地知他所
기러기 어디에서 이르는가 바로 고향일레	鴈到何方是故鄉
골짜기 안개 피어오르는 산 우뚝한 데서	一壑烟霞山簪裡
평지를 굽어보니 마음 오히려 아련하구나	俯看平地意還茫

매월당[150]의 옛터에 오르다
登梅月堂古址

우연히 선생께서 암자를 지은 곳에 이르니	偶到先生庵結處
선생의 유지는 다만 청봉뿐이로다	先生遺址但靑峯
천추에 매월당이 남긴 말 속에	千秋梅月餘言裏
만 리의 강산이 한눈에 들어오네	萬里江山一望中
고인을 추억하노라니 시흥이 일어나고	追憶古人詩興感
흐르는 물 앉아 보노라니 세속 마음 비었어라	坐觀流水世心空
얼마나 많은 절사들이 이 자취 이었던가	幾多節士承斯跡
고사리 캐 먹던 백이·숙제와 기미가 같았어라[151]	採蕨夷齊氣味同

금강산 정양사¹⁵²의 판상 시에 차운하다
次金剛山正陽寺板上韻

봉래산 우뚝 솟은 1만 2천 봉우리	蓬壺削立萬二千
또렷이 모여들어 눈앞에 펼쳐지네	歷歷齊收在目前
여윈 모습으로 구름에 솟은 것은 공겁의 뼈¹⁵³이니	瘦聳雲間空刼骨
별 세계에 닿아서 은하수에 연꽃이 가득하여라¹⁵⁴	搖侵星境滿河蓮
취령의 건곤이 안정된 것을 보고¹⁵⁵	看來鷲嶺乾坤定
요지에 일월이 걸려 있는 것을 감상하노라¹⁵⁶	嘗¹⁾得瑤池日月懸
보고 나서 차를 마심에 마음 더욱 상쾌하니	觀罷引茶心轉爽
누각에 오른다고 반드시 신선을 좋아하는 사람이리오	登樓何必好神仙

---

1) 역 '嘗'은 '賞'의 오자인 듯하다.

금강산 수미암[157]의 시에 차운하다
次金剛山須彌庵韻

터를 살펴 옛터에 새로 중건하니	相基古地重新結
천추의 일대 만남임을 비로소 알겠어라	始識千秋一大逢
도옹이 말한 느릿느릿 나는 새를 한가로이 보고[158]	閑看陶翁飛倦鳥
두자가 읊은 절로 울리는 종소리를 고요히 듣네[159]	靜聽杜子自鳴鍾
선정에 든 중의 활구는 하늘의 달을 만났고	定中活句當天月
속세 밖의 소탈한 인연 물가의 솔을 이웃했네	物外疎緣隔水松
몹시 우스워라 연하의 왕래하는 나그네	堪笑烟霞來徃客
그 누가 마음이 어둡지 않을 수 있을는지	孰能不昧主人公

비가 내림을 기뻐하다
喜雨

몹시 가문 중에 비 내림을 기뻐하나니	亢旱之中喜雨垂
사람마다 이로부터 미간을 펴겠구나	人人從此展雙眉
산골짝에 풀이 모두 무성해질 뿐만 아니라	不惟山谷草皆茂
더구나 논에 벼를 옮겨 심을 수 있음에랴	況是水田秧可移
은왕이 들에서 기도하던 날[160]과 방불하고	彷彿殷王祈野日
태수가 정자를 짓던 때[161]와 비슷하구나	依俙太守作亭時
성명께서 조화를 주재함에 만물이 형통하니	聖明宰化亨羣物
하늘 같은 은혜 노래함에 크게 시상 떠오르네	歌誦恩天大有詩

사또 김매순[162]을 뵙고 돌아오는 길에 표연정[163]에 오르다
謁金使君邁淳歸路登飄然亭

표연정이 남대천南大川 가에 있기에	飄然亭在大川汀
석장 날려 올라 보니 정을 품은 듯	飛錫登臨若有情
안개는 가을바람 띠고 먼 숲에 흐릿하고	烟帶秋風迷遠樹
물은 밝은 달 따라 푸른 바다에 이르네	水隨明月到滄溟
금헌[164]에서는 천은에 보답한 뜻에 감사하고	琴軒敬謝酬天意
화주[165]에서는 학처럼 여윈 몸 추억하노라	華柱追懷鍊鶴形
돌아오는 길에 얼마간 흥이 없지 않으니	歸路不無多小興
이번 유람 길에 고찰인 흥왕사에 들르리	興王古寺在今行

망군대[166]
望軍臺

곧바로 우뚝 솟은 금강산 꼭대기에 오르니	直上金剛矗立巓
구름 타고 바다 위 노닒과 견줄 만하구나	乘雲遊海可齊肩
천 봉우리 면면마다 신선의 자취 남았고	千峯面面留仙躅
만 폭포 소리마다 세속의 인연 씻었어라	萬瀑聲聲洗俗緣
법기는 경전 안에서 동쪽에 상주하고[167]	法起住東經內處
봉래산은 선경에서 으뜸을 차지하였네	蓬萊居甲洞中天
용한[168] 연전의 일을 돌이켜 생각해 보건대	追思龍漢年前事
신부로 반드시 그렇게 깎아 내게 했으리[169]	也使神斧鉏必然

석왕사에 적다
題釋王寺

돌이 겹겹이 쌓인 높고 가파른 설봉 옛 동천	巖巖雪峯古洞天
그 가운데 보묵을 남겨 기이한 인연 기록했다[170]	中留寶墨錄奇緣
구름이 용악에 피어오름에 우레가 칩거하는 동물 일깨우고	雲蒸龍岳雷惺蟄
달빛이 향적암에 어림에 경쇠가 참선하는 선객 깨우치네	月鎖香菴磬透禪
세상에 드문 왕사는 참으로 한 부처이니	希有王師眞一佛
공경하였도다 성조의 세 개의 서까래 꿈을[171]	欽哉聖祖夢三椽
돌이켜 생각건대 당시 돌아와 쉬는 많은 사람들 중에	追思多少歸休者
누가 무학 대사와 함께 꿈이 과연 그러할 줄 점쳤으랴	孰與其人卜果然

나한전 판상의 시에 차운하다
次羅漢殿板上韻

조화옹이 몇 개의 그림을 아끼지 않아 　　　化翁不惜數端圖
산천 한 작은 구역에 떨어뜨려 놓았나 　　　落在山川一片區
불석과 성봉에는 상서로운 기운 엉겼고 　　　佛石星峰凝瑞氣
옥류와 금폭에는 진주를 흩뿌리누나 　　　玉流錦瀑散眞珠
구름 헤치고 흰 머리로 승려는 승방으로 돌아가고 　　　披雲偕白僧歸榻
달빛 속에서 맑은 소리로 경쇠는 법을 가르치네 　　　匝月同淸磬訓模
성상의 수명과 부처의 지혜가 격조가 같으니 　　　聖壽佛鑑同格致
은택의 물결 함께 입어서 태평을 즐긴다오 　　　恩波共浴太平娛

청계 접중[172]의 시에 화운하다
和淸溪接中韻

절이 외져 산이 높고 돌길이 비스듬하니	寺僻山高石逕橫
연하 깊은 곳에서 속세 생각 담박해지네	烟霞湥處淡塵情
때때로 교분 맺어 유자와 불승을 잊으니	有時交契忘儒釋
속세 사는 붕우가 찾아옴에 형제 같아라	居外朋來似弟兄
잠 깨자 마음 전일해져 성현의 책 보고	睡覺心精叅卷聖
취했다 깨어 시 지은 뒤 붓을 놓아 둔다	醉醒詩罷閣管城
뜰 가득한 설월에 흥을 거두기 어려우니	滿庭雪月難收興
섬계로 벗을 방문한 일을 항상 생각노라[173]	常憶剡溪訪友行

범어사 규 대사와 이별하다
別梵魚寺奎大師

멀리 선재동자의 오십삼[174]을 본받아	遠則善財五十三
천 리 밖 스승 따라 도남[175]을 배웠네	從師千里學圖南
마음 따라 몸을 닦는 신묘한 계책 결정하고	修身妙策從心決
얼굴 가득 대중 구제하는 깊은 생각 머금었다	濟衆㴱思滿面含
정회를 다하지 못한 채 이별하고자 함에	未盡情懷因欲別
교분을 잊기 어려워 거듭 찾아가려 하네	難忘交契要重叅
종소리 울리는 고찰에 구름이 막 피어오르니	鍾鳴古寺雲初起
남은 뜻 아득하여 말에 있지 않아라	餘意悠悠不在談

성파 장로 대회의 시에 삼가 차운하다
謹次性波長老大會韻

보벌[176]이 항상 환해 가운데 떠 있는데　　　寶筏常浮幻海中
우리 동방에서 생황 한 곡조를 불었어라　　　笙篁一曲吹吾東
하의[177]는 이미 영취산의 이슬에 젖었고　　　霞衣已濕靈山露
명성은 일찍이 보리수의 바람에 인연하였네　　雷響曾緣覺樹風
유람하는 객들은 이 장로의 자취를 우러르고　　遊客瓻瞻此老迹
거처하는 승려는 당시의 웅대함을 가리키네　　居僧指點當時雄
옛 전각 좋은 자리에 아직 그 뜻이 남았으니　　勝筵故閣猶餘意
한 번도 참여하지 못한 것이 몹시도 한스럽네　　曾未一叅恨不窮

석왕사 내원암 현판에 적어 요암 스님을 기리다
題釋王內院庵懸板讚要菴師

산골 물 흐르는 푸른 산 둘러싼 곳	靑山繞處山間流
중간에 가람 있고 골짜기 그윽해라	中有伽藍洞僻幽
난간 곁 꽃향기 한가로이 풍기고	臨檻花香閑起沒
창 너머 나무 색 봄가을로 변하누나	隔窓樹色任春秋
종 울리자 달빛 띠고 승려는 승방으로 돌아가고	鍾鳴帶月僧歸榻
차 마신 뒤 구름 사라짐에 객은 누각을 내려가네	茶罷掃雲客下樓
천년 동안 스님 공력 남은 덕분에	千載賴師功力在
사문의 광채가 한층 더 드러나네	沙門光彩一層浮

풍명 스님에게 시를 주어 이별하다
贈別豊溟師

방금 제비꼬리처럼 나뉘어 이별함은 무슨 마음인가	方今鷰尾是何情
멀리 110성[178] 두루 찾아가려 하는 것임을 알겠어라	知欲遠叅百十城
밝은 달은 수삼 년 동안 함께한 옛 정이고	明月數三年故意
흰 구름은 천만리 새로 떠나는 길이라네	白雲千萬里新程
이별과 만남으로 인하여 형체는 늙어 가고	心因離合形催老
학식은 견문 넓어짐에 반가운 눈빛으로 대하리[179]	學廣見聞眼拭青
비록 인간 세상에 쉬이 있는 일이라 하나	雖曰人間容易事
이별하려니 나도 모르게 눈물이 옷깃에 가득해라	臨分不覺淚襟盈

학포 서역동 만선암에서
鶴浦西域洞萬善菴

옛적에 서역의 기타림[180]에 대해 들었는데	昔聞西域祇陁林
옛 암자인 만선을 서역동에서 찾았어라	萬善古庵西域尋
학포에 자욱한 안개 띠고 배는 떠나가고	鶴浦烟橫船帶去
용산에 종이 울림에 달은 떠오르려 하네	龍山鍾打月將臨
길고 짧은 바람결에 어부들 젓대 소리 울리고	千帆漁笛風長短
얕고 깊은 골짜기에 초동들 노랫소리 들리네	數斧樵歌谷淺深
이틀 묵고 돌아가며 후일의 약속 남기니	信宿歸笻留後約
너 시내의 돌은 오늘을 잊지 말지어다	曰而溪石勿忘今

법순 대사에게 시를 주어 이별하다
贈別法淳大師

정처 없이 행장을 마음대로 꾸릴 수 있으니	得得行裝無定趣
몹시 바쁠 때도 있고 한가할 때도 있어라	有時忙急有時閑
처마 끝에 흰 구름 지나니 고향 기러기인가 하고	簷頭過白疑鄕鴈
베갯머리에서 청산을 바라보니 옛 산을 꿈꾸네	枕上看靑夢古山
석 달 동안 양식 모아[181] 먼 곳에서 와서	三月聚粮來遠地
독원[182]에서 밥을 먹고 현관을 방문했네	獨園飯食訪玄關
그대 전송하는 데 한잔 술이 어이 필요하랴	送君何必一盃酒
희색이 만면한 얼굴로 편히 돌아감 부러울 뿐	只羨歸寧喜滿顏

역산이 스스로 읊다
櫟山自吟

쓸모없는 재목임을 나 스스로 잘 아는지라	自知無用櫟樗材
공명의 재주 넉넉히 주기를 바라지 않았네	不要功名富與才
땅은 강산으로 나의 집을 지어 주었고	地以江山營我宅
하늘은 풍월을 공적인 재물로 허여하였지	天將風月許公財
도처에서 만남과 이별에 시와 술 나누었고	詩樽到處從離合
때때로 오고 가는 길에 꽃과 새를 찾았다오	花鳥有時訪去來
이로움과 해로움 비방과 칭찬에 항상 팔려 가니	利害毀譽常所賣
나귀의 해에야 비로소 기재라 찬탄할 수 있으리라[183]	驢年始得讚奇哉

본관의 시에 삼가 차운하여 평사 한진계[184]에게 올리다
謹次本官韻呈韓評使鎭棨

표연히 조개[185]가 가을바람 띠고서	飄然早盖帶秋風
청반에서 나와 범궁에 이르렀어라	出自淸班到梵宮
옛날 금각[186] 노인의 얼굴을 직접 뵈었더니	昔日瞻顔琴閣老
오늘 수의[187] 입은 공을 모시고 얘기 나누네	今朝陪話繡衣公
꽃비는 시냇물 소리 속에 촉촉이 내리고	溪聲花雨聲中濕
향 연기는 산 그림자 속에 사라지는구나	山影香烟影裡空
이별한 뒤 훗날 장차 관찰사 되리니	別後他年將建節
자고로 삼소[188]가 같음을 응당 알리라	應知三笑古來同

영원 대사에게 주다
贈永源大師

객이 와서 남중에 있다가 왔다고 하니	客來云自在南中
묻노라 남중의 일이 여기와 같은가 다른가	爲問南中事異同
세로는 갈래가 많아 구함이 끝이 없으나	世路多端求不已
마음은 이치가 하나여서 깨달음이 무궁하네	心源一理悟無窮
스승 찾아 가는 곳마다 물고기가 바다에 노니는 격이고	尋師到處魚遊海
걸음 배워 이룰 때[189] 새가 바람에 나는 것 같았네	學步成時鳥擧風
흥이 다하여 돌아감에 후일의 약속이 없으니	與[1)]盡歸節亡有約
다만 시냇가 푸른 봉우리 몇 개만 보이누나	但看溪上數靑峯

---

1) ㉠ '與'는 '興'의 오자인 듯하다.

한 좌수에 대한 만사
輓韓座首

80세의 수명 누림 예부터 많지 않았나니	八十古來亦不多
인간의 오복[190] 중 어느 것이 이보다 좋을손가	人間五福其誰加
나라에 충성 바칠 관직 없음이 한스러웠고	恨無官職忠君國
집안에 효도하는 자손 있음을 흠모하노라	欽有子孫孝自家
쇠잔한 달빛 처량하게 목마를 비추고	殘月凄凉照木馬
찬바람 근심스럽게 버들 꽃에 부는구나	寒風愁殺吹楊花
해가[191] 한 곡조에 붉은 명정 나부끼니	薤歌一曲紅旌拂
이제 영결함에 곡한들 무슨 소용이랴	永訣終天哭奈何

고시, 잡저
古詩雜著

성철 대사와 이별하다
別性徹大師

공이 뜬구름과 함께 고향을 향하니	公與浮雲向故鄕
발아래 강산이 아득히 푸르리라	足下江山渺蒼蒼
구름 다한 산 저편에 학 그림자 날아가고	雲盡山外飄鶴影
닭 우는 촌락 곁에 석양이 넘어가리라	鷄鳴村邊帶夕陽
나루에서 본래 서원 잊지 않았는가	臨津不忘本懷否
다년간 공부하여 당장에 깨달았네	多年學業直下當
원컨대 공은 훗날 장차 우뚝 설 때에	願公他後將立日
아방궁 지은 뒤 도삭鍍鑠[192]을 생각하게나	却憶鞍櫟[1]後阿房
만약 이와 같이 마음을 쓸 수 있다면	若能如此用心已
자신이 부처임을 기어이 보리라	期見自身是覺皇
이별하며 그윽한 심사 다하기 어려우니	臨別難盡幽心事
한 편의 고시로 잊지 않는 정을 표하네	一丈古詩表不

---

1) ㉠ '鞍櫟'은 '鍍鑠'의 오자인 듯하다.

상국부
霜菊賦

내 천축으로부터 내원으로 돌아와 지팡이 짚고 사방 돌아보니 고요하여 사람이 없고 계단과 뜰 사이에 몇 떨기 기이한 화초만 있으니, 이는 바로 전날에 심은 국화로다. 서릿바람에 나뭇잎 떨어질 때 누런 꽃 활짝 피니 내 감격하여 다음과 같이 부를 읊노라.

余自天竺。還于內院。携杖四顧。靜聞無人。階庭之際。惟有數叢奇卉。此前日所種之隱逸花也。霜風木脫之時。黃花滿發。余感而述賦云。

오호라 황국이여	嗚呼黃菊
너는 주인의 마음을 아는가	汝能知夫主人乎
사람이 너를 이별했다가 다시 이 꽃을 보게 되니	人別汝而更見花
흡사 너를 좋아하는 것 같구나	似喜於而
내 이 산의 뭇 화초를 보니	吾覽玆山之羣卉
서릿바람에 꽃을 피운 것이 어느 것인가	孰有花於霜風
풍상을 무릅쓰고 홀로 남아 있는 것은	冒霜風而獨在者
무슨 뜻으로 궁한 데 이르러	以何意而至於窮
청명한 가을 달을 좋아하며	好秋月之淸明乎
슬피 우는 기러기를 좋아하는 것인가	樂鴻鴈之悽悵乎
봄에 태어나 온갖 풀과 함께 나와서	生之於春而偕百草而同出
여름에 잘 자라 온갖 나무와 함께 번성하더니	成之於夏而與萬木而俱盛
겨울에 이르러서는	乃至冬月
또한 모든 화초들과 함께 모두 신령스러운 광채를 가렸거늘	亦與凡卉俱掩其靈光也

| 홀로 서리 내리는 가을에 꽃이 처음 피는 것은 | 獨以霜秋而花始者 |
| 의기가 정수하여 고사의 은일과 방불하기 때문이로다 | 是其義氣精秀而彷彿乎高士之隱逸也 |

주

1 석왕사釋王祠 : 함경남도 안변군安邊郡 설봉산雪峰山에 있는 석왕사釋王寺 내의 무학 대사無學大師의 영정을 봉안한 곳이다. 휴정休靜의 「설봉산석왕사기雪峯山釋王寺記」 에 따르면, 고려 말 무학 대사 자초自超가 이 절 근처의 토굴에서 지내다가 태조 이성 계李成桂의 꿈을 해석해 준 것을 인연으로, 태조가 절을 크게 창건하도록 하였다고 기록하고 있다. 이 절에는 여말 선초의 건물로 알려진 응진전應眞殿, 호지문護持門과 1732년(영조 8)에 개수한 대웅전, 영월루暎月樓, 흥복루興福樓, 범종루梵鐘樓, 용비루 龍飛樓, 조계문曹溪門 등이 있다. 태조와 깊은 인연이 있어 조선 왕실로부터 상당한 보호를 받았다.
2 토굴에는 신령스런~흔적 남았네 : 함경남도 안변에 있는 석왕사는 태조 이성계가 서 까래 세 개를 등에 지는 꿈을 꾸고 난 뒤 무학 대사로부터 왕이 될 것이라는 해몽을 받고 기도를 올린 장소이다. 신령스런 대사의 자취란 바로 무학 대사의 자취를 가리 키는 것이며, 성주의 꿈의 흔적은 바로 이성계가 왕이 될 꿈을 꾼 것을 가리킨다.
3 무생곡無生曲 : 생주이멸生住異滅함이 없이 현현하는 그 자체로 완전한 삼라만상의 불성佛性을 형용하는 말로, 밑 없는 바리때(無底鉢), 줄 없는 거문고(無絃琴), 구멍 없 는 젓대(無孔笛) 등의 유사한 표현들이 있다. 여기서는 달빛을 형용한 말이다.
4 남명 구붕南溟九鵬 : 자세한 사항은 미상이나, 『역산집』 권말의 문도 명단에 들어 있 다.
5 구만리 남쪽~날아가려 하니 : 붕새가 나래 치고 오르는 듯한 큰 뜻을 품는다는 뜻이 다. 『장자莊子』 「소요유逍遙遊」에서 "붕새가 남쪽 바다로 날아갈 때는 물을 3천 리나 박차고 회오리바람을 타고 구만리나 날아오른 뒤에 여섯 달을 가서야 쉰다.(鵬之徙於 南冥也。水擊三千里。搏扶搖而上者九萬里。去以六月息者也。)"라고 하였다.
6 호곡湖谷 : 자세한 사항은 미상이나, 『역산집』 권말의 문도 명단에 있는 호곡 일성湖 谷一性을 가리키는 것으로 보인다.
7 운문雲門에게 부채 하나 있었더니 : 『무문관無門關』에 다음과 같은 내용이 있다. 건봉 乾峰 화상에게 어떤 승려가 시방세계의 부처님이 열반에 이른 길이 어디에 있는지 묻 자, 건봉 화상이 허공에 한 획을 긋고 이 안에 있다고 하였다. 승려가 운문에게 설명 을 부탁하니, 운문은 부채를 들고 말했다. "부채가 삼십삼천에 뛰어올라 제석천왕의 콧구멍을 쑤시고 동해의 잉어를 한 방 때리면 비가 동이를 기울인 듯 쏟아진다."
8 천강월인千江月印 : 하나의 달빛이 수많은 강물에 비친다는 뜻으로, 원만한 불성의 진리가 온 시방세계에 두루 비치는 모습을 형용한 말이다. 여기서는 호곡의 절 주변 에 둘러 있는 강물을 표현한 것이다.

9 문담文潭 : 생몰년은 미상이다. 법명은 원장元長이며, 문담은 그의 법호이다. 영허 스님을 은사로 하여 출가하였다. 황해도 황주 서원사西院寺에 머물며 2년 동안 표충사 총섭을 역임한 바가 있고, 만년에는 북쪽으로 설봉산 석왕사로 들어가 은사를 시봉하며 지내다가 은사 영허 스님보다 먼저 입적하였다.
10 성해性海 : 자세한 사항은 미상이나,『역산집』권말의 문도 명단에 있는 성해 보관性海普寬을 가리키는 것으로 보인다.
11 총상總相 : 마음을 말한다.『대승기신론』에 부처와 중생이 공유하는 일심一心을 '일법계대총상법문체一法界大總相法門體'라고 하였다.
12 헛됨도 없고 실다움도 없네 :『금강경金剛經』에서 "수보리야, 여래가 증득한 이 법은 실다움도 없고 헛됨도 없느니라.(須菩提. 如來所得法. 此法無實無虛.)"라고 하였다.
13 정송강鄭松江(1536~1593) : 정철鄭澈. 송강은 그의 호이다. 본관은 연일延日, 자는 계함季涵, 시호는 문청文清이다. 도승지, 함경도 관찰사, 좌의정 등을 역임하였으며, 인성부원군寅城府院君에 봉해졌다. 〈관동별곡關東別曲〉, 〈사미인곡思美人曲〉 등의 가사 작품과 수많은 시조 작품을 남겼다. 저서로『송강집』등이 있다.
14 낙민루樂民樓 시 : 낙민루는 함경도 함흥에 있는 누각. 이 누각에서 함흥의 명승인 만세교萬歲橋가 내려다보인다. 송강 정철이 지은 원래 시는 운자를 따져 볼 때『송강집』권1에 실려 있는 〈의월정宜月亭〉을 가리키는 것으로 보인다.
15 연월蓮月 : 자세한 사항은 미상이나,『역산집』권말의 문도 명단에 있는 연월 희찬蓮月熙燦을 가리키는 것으로 보인다.
16 이석莒石 심응태沈膺泰(1803~?) : 이석은 심응태의 호이다. 본관은 청송靑松, 자는 원림元林・윤림允林・사원士元이다. 성균관 대사성, 이조참의 등을 역임하였다.
17 기심機心 : 기회를 노리며 자기의 사적인 목적을 이루기 위해서 교묘하게 도모하는 마음을 말한다. 즉 의도적인 마음을 가리킨다.
18 줄 없는~거문고 하나 : 상권 주 3 참조.
19 철요 문철鐵鷂文 : 서문의 주 2 참조.
20 돌사람이 나무~듣는다 하리라 :『금강경오가해설의金剛經五家解說誼』에서 "만일 경중에서 무엇이 가장 핵심이냐고 묻는다면, 돌사람이 밤에 나무 닭 울음소리를 듣는다 할 것이다.(若問經中何極則. 石人夜聽木鷄聲.)"라고 하였다. 이는 시비분별을 여의고 제상諸相의 여여한 실체를 보아야 함을 말한 것이다.
21 정기원鄭岐源(1809~?) : 본관은 연일延日, 자는 봉수鳳叟, 시호는 장숙莊肅이다. 전라좌도 수군절도사, 충청도 병마절도사, 평안도 병마절도사, 삼도 수군통어사 등 무관으로서 주요 외직을 편력한 뒤 어영대장, 훈련대장, 총융사, 지삼군부사 등을 역임하였다. 신미양요 때 강화도에 침입한 미군 부대를 퇴치하기도 하였다.
22 이건필李建弼(1830~?) : 본관은 전주全州, 자는 우경右卿, 호는 석범石帆이다. 의주

부윤을 지냈고, 서화로 명성이 있었다. 석왕사釋王寺의 편액扁額과 주련柱聯들은 모두 그의 필적이다. 그가 그린 초상화에 대해 추사秋史 김정희金正喜는 소동파蘇東坡에 비길 만큼 훌륭하다고 칭찬하기도 하였다.

23 돌산에 비록~없음 한스러워라 : 부처님이 설법하신 영취산靈鷲山에 가 보고 싶으나 먼 동방의 물굽이 지역에 살고 있어 그럴 수 없음이 한스럽다는 뜻이다. 영취산은 정상에 독수리 모양의 바위가 있으므로 붙여진 이름으로 이곳에서 부처님이 설법을 하셨다. 즉 돌산은 영취산을 가리키는 것이다. 만수灣水라는 것은 지금 영허가 거하고 있는 안변安邊의 석왕사를 가리키는 것으로, 안변은 영흥만永興灣과 맞붙은 지역으로 육지 사이로 바다가 들어온 만灣 지형이다.

24 마음은 청량한~진공을 설하는도다 : 대사의 법호와 법명이 월여 범연月如梵演인 까닭으로 첫 구절에서 여如와 월月, 세 번째, 네 번째 구절에서 범梵과 연演을 각각 따서 시를 지었다. 범언은 인도의 말인 범어梵語를 가리키는데, 본디 대범천왕大梵天王이 만들었다고 전해진다.

25 내원암內院庵 : 석왕사 서쪽 편의 깊숙한 곳에 자리한 암자이다.

26 환몽 청幻夢淸 : 자세한 사항은 미상이나, 『역산집』 권말의 문도 명단에 있는 환몽 대청幻夢大淸을 가리키는 것으로 보인다.

27 격외格外에 청풍~백월 밝네 : 격외와 구句 중은 모두 불법을 깨달은 도리를 가리키는 말이다. 또한 청풍과 백월은 환몽幻夢 선사와 영허暎虛 스님 사이의 돈독한 관계를 표현한 말이다. 즉 청풍은 환몽 대청의 청淸에서, 백월은 달의 의미를 지니고 있는 영허 선영暎虛善影의 이름에서 가져온 표현이다. 그리고 『금강경오가해설의金剛經五家解說誼』에서 "청풍과 명월은 따로 떼어 놓을 수 없으니, 청풍이 불 적에 명월이 비치고, 명월이 비칠 적에 청풍이 분다.(淸風明月不得別會。淸風拂時明月照。明月照時淸風拂。)"라고 하였다.

28 진주 목사 송계수宋啓洙 : 송계수에 대한 자세한 사항은 미상이나, 『청선고淸選考』에 따르면 1832년(순조 32)에 진주 목사로 부임한 것으로 되어 있다.

29 진실하고 청정하여~듯이 앉았어라 : 원문의 '眞淨'은 여래가 증득한 법의 진실하고 청정한 모습을 나타내는 단어이다. 선정에 들어 진실하고 청정한 법을 증득하여 공의 경지에 들어갔다는 뜻이다.

30 학의 꿈 : 속세를 벗어나는 꿈을 가리킨다.

31 남쪽 성곽에서는~소리를 듣고 : 대자연 본연의 소리를 듣는다는 말이다. 『장자莊子』「제물론齊物論」에서 남곽자기南郭子綦가 안성자유顔成子游에게, "너는 인뢰는 들었어도 지뢰는 듣지 못했고, 지뢰는 들었어도 천뢰는 듣지 못했을 것이다.(女聞人籟而未聞地籟。女聞地籟而未聞天籟夫。)"라고 하면서 천뢰에 대해 장황하게 설명하는 이야기가 나온다. 인뢰는 사람이 울리는 소리로 악기의 소리이고, 지뢰는 대지가 일으키

는 소리로 바람 소리이고, 천뢰는 인뢰와 지뢰의 근본이 되는 대자연의 소리를 가리킨다. 남곽자기는 '남쪽 성곽에 사는 자기라는 사람'이라는 의미이다.

32 동쪽 울타리에선 국화를 따네 : 자연 속에 은거하며 지냈던 도연명陶淵明의 〈음주飮酒〉 시에서 "동쪽 울타리 밑에서 국화를 따다가, 하염없이 남산을 바라보노라.(採菊東籬下。悠然見南山。)"라고 하였다.

33 소양정昭陽亭 : 춘천 봉의산 기슭에 있는 정자 이름이다.

34 삼연三淵의 시 : 삼연은 김창흡金昌翕(1653~1722)의 호이다. 김창흡은 본관은 안동安東, 자는 자익子益, 시호는 문강文康이다. 기사환국己巳換局으로 부친 김수항金壽恒이 사사되자 벼슬을 그만두고 초야에 은거하였다. 불전佛典을 탐독하기도 하였으나 후에는 유학에 전념하여 형 농암農巖 김창협金昌協과 함께 성리학과 문장으로 이름을 떨쳤다. 저서로 『삼연집』 등이 있다. 본 운자에 해당하는 김창흡의 원래 시는 『삼연집』 11권 〈소양정경차선조류제운昭陽亭敬次先祖留題韻〉이다.

35 그 누가~줄을 알았던가 : 그 누가 세속의 분주함으로부터 벗어날 줄 알았느냐는 말이다. 『장자』 「어부漁父」에서 공자가 이리저리 곤궁하게 떠도는 자신의 신세를 한탄하자, 어부 노인이 "심하구나. 그대가 깨닫지 못함이여. 어떤 사람이 자기 그림자를 두려워하고 자기 발자국을 싫어하여 그것을 떨쳐 내려고 달려 도망친 자가 있었는데, 발을 들어 올리는 횟수가 많으면 많을수록 그 만큼 발자국도 더욱 많아졌고, 달리는 것이 빠르면 빠를수록 그림자가 몸에서 떨어지지 않았는데, 그 사람은 스스로 자신의 달리기가 아직 더디다고 생각해서 쉬지 않고 질주하여 마침내는 힘이 다하여 죽고 말았다. 그는 그늘에서 그림자를 쉬게 하고 조용히 멈추어 발자국을 쉬게 할 줄 몰랐으니(不知處陰以休影。處靜以息迹。) 어리석음이 또한 심하다. 그대는 인의도덕仁義道德의 세계를 자세히 따지고, 같음과 다름의 경계를 분명하게 살피고, 출처진퇴出處進退에 따르는 정세의 변화를 관찰하고, 물건을 주고받는 절도를 합당하게 하고, 좋음과 싫음의 감정을 잘 다스리고, 즐김과 성냄의 절도를 조화하려 하니, 그래 가지고서야 위해危害를 면치 못하는 데 가까울 것이다."라고 한 우화가 있다.

36 신령스런 앎을~남쪽에서 묻도다 : 원문의 '靈知'는 본성을 가리키는 말이다. 『명추회요冥樞會要』에서 "앎이라는 한 글자는 온갖 오묘한 이치로 통하는 문이니, 이와 같이 신령스러운 앎의 마음을 열어 보이면 바로 참 성품이라 부처와 다를 바가 없다.(知之一字。衆妙之門。如是開示靈知之心。卽是眞性。與佛無異。)"라고 하였다. 물 남쪽이라고 한 것은 순淳 대사가 지리산에 있었으므로 낙동강 남쪽이라는 뜻으로 쓰인 듯하다.

37 선림에도 손을~잘 펼쳤네 : 순 대사가 선교禪敎에 모두 능통했음을 형용한 말이다.

38 고개 위의~거의 익었고 : 순 대사의 공부가 높은 경지에 도달했다는 말이다. 매실이 익었다는 표현은 마조 도일馬祖道一 선사의 말에서 유래한 것으로, 당나라 때 대매 법상大梅法常 선사가 마조 선사의 문하에서 득도한 후 대매산大梅山에 은거하였는

데, 마조 선사가 한 스님을 보내 그의 경지를 시험하게 하였고, 그의 견처가 투철함을 전해 들은 마조 선사는 "매실이 익었구나.(梅子熟)"라고 말했다고 한다.

39 병 속의~이미 달구나 : 고사에 대해서는 미상이나, 그 의미는 앞 구와 동일한 듯하다.

40 뜻은 비록 악목惡木을 꺼리더라도 : 『관자管子』에서 "개결한 마음을 품은 선비는 악목의 그늘에서는 쉬지도 않는다.(夫士懷耿介之心。不蔭惡木之枝。)"라고 하였으며, 육기陸機의 〈맹호행猛虎行〉에서도 "목이 말라도 도천의 물은 마시지 않고, 더워도 악목의 그늘에서는 쉬지 않는다.(渴不飮盜泉水。熱不息惡木陰。)"라고 하였다. 뜻을 맑게 가지고자 하는 자는 그 이름이 좋지 않은 샘물은 마시지도 않고, 보기 좋지 않은 나무 아래에서는 쉬지도 않을 정도로 지조를 지킨다는 말이다.

41 말은 반드시~삼가야 하네 : 뜻을 개결하게 가지더라도 말을 삼가고 자신을 감추어서 너무 두드러지거나 과격하게 하지 말라는 뜻이다. 『장자』 「산목山木」에서 "동해에 의태意怠라는 새가 있는데, 그 새는 본성이 느릿느릿해서 얼른 보면 아무런 능력이 없는 듯하지만, 날 때에는 동무를 이끌어 날고 쉴 때는 동무와 함께 쉬며, 나아갈 때에는 앞에 서지 않고, 물러설 때에는 뒤에 서지 않으며, 먹이를 먹을 때에는 먼저 맛보지 않고 반드시 그 나머지를 먹는다. 이 때문에 그 행렬에서 배척 받지 않고 사람들이 해치지 못하므로 화를 면하는 것이다. 대개 곧은 나무는 먼저 베이고, 맛난 샘물은 먼저 마르는 법이다.(直木先伐。甘井先竭。)"라고 하였다.

42 홍경모洪敬謨(1774~1851) : 본관은 풍산豊山, 자는 경수敬修, 호는 관암冠巖 또는 운석일민耘石逸民, 시호는 문정文貞이다. 대사성, 이조참의, 이조판서, 판돈녕부사 등을 역임하였다. 문장에 능하고 글씨가 뛰어났다. 저서로 『관암전서冠巖全書』 등이 있다.

43 내원암 영각에 쓴 시 : 운자를 고려할 때, 『관암전서』 3책 〈증뇌묵선사贈雷默禪師〉를 가리키는 듯하다.

44 머리 들면~음성 발하는도다 : 이는 물레방아에서 방아의 모습을 형용한 것으로 방아가 오르내리면서 곡식을 빻는 모습을 나타낸 것이다.

45 바다로 흘려보낸~자인 듯하여라 : 이는 물레방아에서 물레의 모습을 형용한 것으로, 물레가 쉴 새 없이 돌면서 쏟아 보내는 물이 천 말에 가깝다 한 것이고, 물레의 위에서 아래로 떨어지는 사이를 하늘과 땅으로 비유해 그 길이가 여덟 자 정도라고 표현한 것이다.

46 김보근金輔根(1803~1869) : 본관은 안동安東, 자는 중필仲弼, 호는 삼송三松, 시호는 문헌文憲이다. 이조참판, 대사헌, 예조판서, 함경도 관찰사, 병조판서, 광주 유수 등을 역임하였다.

47 호계虎溪에서 웃으며 이별하기 어려워라 : 김보근과 헤어지기가 어렵다는 말이다. 동진 시대 여산廬山 동림사東林寺의 고승 혜원 법사慧遠法師가 호계虎溪를 건너지 않

을 것을 맹세하였는데, 당시의 명유名儒인 도잠陶潛, 육수정陸修靜과 함께 노닐다가 그들을 전송할 때, 그들과 서로 의기가 투합한 나머지 이야기에 마음이 팔려 자기도 모르는 사이에 호계를 건너가 범 우는 소리를 듣고서야 비로소 정신을 차리고 세 사람이 서로 크게 웃었다(三笑)는 고사에서 온 말이다. 『여산기廬山記』 권2.

48 석장을 날리자니 : 승려의 유람을 나타내는 말이다.

49 토관土官 : 변경 지역인 평안도와 함경도의 부府, 목牧, 도호부都護府 등에 특별히 따로 설치한 벼슬로 향리 사람만을 임용하였다.

50 섬계剡溪의 달빛에 흥이 다하고 : 인위적이지 않고 자연스레 흥이 일어났다 다함을 가리키는 말이다. 진晉나라 때 산음山陰에 살던 왕휘지王徽之가 어느 날 밤에 큰 눈이 막 개고 달빛이 휘영청 밝은 것을 보고는 홀로 술을 마시면서 좌사左思의 〈초은시招隱詩〉를 읊조리다가 갑자기 섬계에 사는 친구 대규戴逵가 생각났다. 그는 즉시 거룻배를 명하여 타고 밤새도록 가서 다음 날 아침에야 대규의 집 문 앞에 당도해서는 그 집에 들어가지 않고 다시 뱃머리를 돌렸다. 어떤 사람이 그 까닭을 묻자, 왕휘지가 대답하기를, "내가 본래 흥겨워서 왔다가 흥이 다해서 되돌아가는 것이다. 굳이 대안도를 만날 것 있겠는가.(吾本乘興而行。興盡而返。何必見戴安道耶。)" 하고는 그대로 되돌아왔던 고사에서 온 말이다. 안도安道는 대규의 자이다. 『진서晉書』 권80 「왕휘지열전王徽之列傳」.

51 한산사寒山寺 종소리에 사념 깊어라 : 한산사는 중국 소주蘇州에 있는 절로, 소주팔경蘇州八景 가운데 하나가 한산사의 저녁 무렵 종소리(寒山暮鍾)이다. 당나라 장계張繼의 〈풍교야박楓橋夜泊〉 시에서 "고소성 밖의 한산사의 한밤중 종소리가 나그네 배에 들려오네.(姑蘇城外寒山寺。夜半鐘聲到客船。)"라고 하였다.

52 선비는 자기를~위해 움직이나니 : 『전한서前漢書』 권63 「사마천전司馬遷傳」에서 "선비는 자기를 알아주는 사람을 위하여 움직이고, 여인은 자기를 좋아하는 사람을 위하여 용모를 꾸민다.(士爲知己用。女爲說己容。)"라고 하였다.

53 걸음걸이 배움은 젊은이를 징계하고 : 남을 따라 하지 말고 자기의 주견을 올곧게 세우라고 경계한 말이다. 『장자莊子』 「추수秋水」에, 수릉壽陵에 살던 젊은이가 조趙나라 서울인 한단邯鄲에 가서 그곳의 세련된 걸음걸이를 배우려고 따라 걷다가 미처 배우기도 전에 자신의 본래 걸음걸이마저 잊어버리고 기어서 고향으로 갔다는 고사가 있다.

54 말을 삼감은~금인金人에 보이네 : 『설원說苑』 「경신敬愼」에, 공자孔子가 주周나라 태묘太廟에 가서 보니, 태묘의 오른쪽 계단 곁에 금인金人이 있는데, 그 입을 세 번 봉하였고, 그 등에는 "옛날에 말을 삼간 사람이다.(古之愼言人也)"라고 새겨져 있었다는 이야기가 있다.

55 빈방에 흰빛이 생기고 : 『장자』 「인간세人間世」에서 "저 뚫린 벽을 보면 빈방에 흰빛이 생기고, 거기에는 길한 징조가 깃든다.(瞻彼闋者。虛室生白。吉祥止止。)"라고 하였

다. 여기서는 산사의 경관이 맑고 깨끗하며, 두 사람의 마음 또한 청허하여 욕심이 없음을 말한 것이다.

56 송 진주宋晉州 : 상권의 주 28 참조.

57 퇴계退溪 선생의 선비화仙飛花 시 : 박지원朴趾源의 『열하일기熱河日記』 「피서록보避暑錄補」와 이중환李重煥의 『택리지擇里志』 등에 이 시가 소개되어 있는데, 다음과 같다. "옥인 양 높이 솟아 절 문에 기댔으니, 석장이 변화한 신령스러운 뿌리라 승려가 말하네. 그 가지 머리에는 조계수 있으니, 천지간 우로 은택 빌리지 않네.(擢玉亭亭倚寺門。僧言錫杖化靈根。枝頭自有曹溪水。不借乾坤雨露恩。)" 선비화仙飛花는 선비화禪扉花로도 표기하며, 현재 영주 부석사 조사당祖師堂 옆에 자라고 있다. 낙엽관목의 일종인 골담초로, 전설에 따르면 의상 대사義湘大師가 짚고 다니던 석장을 땅에 꽂으면서 이것이 변하여 나무가 되어 꽃이 계속 피면, 자신 역시 죽지 않은 것이라 하였다 한다.

58 삼성사三聖祠 : 환인, 환웅, 단군을 모신 사당을 가리킨다. 황해도 구월산九月山을 비롯하여 전국 곳곳에 있었는데, 여기서는 정확히 어느 곳의 삼성사를 가리키는지 미상이다.

59 호계행虎溪行 : 상권의 주 47 참조.

60 옥련꽃 : 백련白蓮 또는 설봉雪峰을 형용하는 말인데, 여기서는 문맥상 후자를 가리킨다.

61 만폭동萬瀑洞 : 금강산 내금강에 있는 명승지로 계곡의 절경을 대표하는 구역으로 수많은 폭포들과 소沼들이 있는 곳이다.

62 선랑仙郎 : 해금강 지역에 있는 삼일포三日浦에서 노닐었던 선랑들을 가리킨다. 신라시대 때 이곳에서 영랑永郎, 술랑述郎, 안상安祥, 남랑南郎의 네 선랑이 3일 동안 노닐다 갔다는 전설이 있다.

63 중향성衆香城 : 금강산 내금강의 영랑봉 동남쪽을 병풍처럼 둘러싸고 있는 하얀 바위들을 가리킨다.

64 옥경玉京 : 도가道家에서 옥황상제가 사는 곳을 가리킨다.

65 몇 군데서나~아래 거닐었던고 : 영허 스님의 고향을 그리는 마음을 표현한 것이다. 두보杜甫의 〈한별恨別〉 시에서 "고향 집 생각하며 달 아래 거닐다 맑은 밤에 서 있고, 아우를 그리워하며 구름 보다가 한낮에 조노라.(思家步月淸宵立。憶弟看雲白日眠。)"라고 하였다.

66 진사進士 김정희金正喜 : 여기서 김정희가 추사秋史 김정희를 가리키는지는 분명치 않다. 영허 스님과 추사는 서로 연대가 비슷하나, 추사 김정희는 진사시를 본 적이 없고 생원시를 보았다. 그런데 『완당전집阮堂全集』 10권에는 〈노련이 역산을 위하여 요승이 잘못 찾았다는 사설을 보여 주고 그대로 산중에 남겨 두어 고사에 대비하다

(老蓮爲櫟山示之以妖僧枉尋之邪說仍留山中以備故事)〉라는 시가 있어 혹 시제에서의 역산이 영허 스님을 가리키는 것은 아닌가 한다. 그러나 이 시의 제목 또한 불명확한 부분이 많다.

67 세 사람~호계 가 : 상권의 주 47 참조.
68 무생계無生界 : 무위열반無爲涅槃의 묘리에 계합하여 생멸을 영원히 여읜 경계를 가리킨다.
69 삼동三冬이면 충분할 텐데 : 농한기인 겨울 석 달 동안 열심히 공부하면 충분한 성과를 이룰 수 있을 것이라는 말이다. 『한서漢書』 65권 「동방삭전東方朔傳」에서 동방삭이 무제武帝에게 글을 올려, "신 동방삭은 어려서 부모를 여의고 형수에게서 양육을 받았는데, 나이 13세에 글을 배우기 시작하여 삼동에 배운 문사만으로도 쓰이기에 충분합니다.(臣朔少失父母。長養兄嫂。年十三學書。三冬文史足用。)"라고 하였다.
70 적송자赤松子 : 전설상의 선인仙人으로, 장량張良이 유방劉邦을 도와 한漢나라를 세운 뒤에 권세에 미련을 두지 않고 적송자를 찾아 노닐며 신선술을 닦겠다고 떠났던 고사가 전한다. 『사기史記』 권55 「유후세가留侯世家」.
71 중봉암中峯庵 : 함경도 안변의 남보현사 동쪽 황룡산에 있던 절이다.
72 반 게偈의 마음 : 석가여래가 설산 대사雪山大士의 몸으로 과거생에 설산에서 보살행을 닦을 때였다. 제석천帝釋天이 그 의지를 시험해 보려고 나찰羅利의 몸으로 변화해 '제행무상諸行無常 시생멸법是生滅法 생멸멸이生滅滅已 적멸위락寂滅爲樂'이라는 게송에서 앞의 여덟 글자만을 들려주었는데, 설산 대사가 기뻐서 그 후반부를 듣고자 하였다. 나찰이 알려 주지 않자 자신의 몸을 나찰에게 주기로 약속하고 후반부를 마저 들었다. 『대반열반경大般涅槃經』에 나오는 이야기이다. 즉 구도를 위해 자신의 몸까지 아끼지 않는 투철한 마음을 가리킨다.
73 표표연정飄飄然亭 : 함경도 안변의 남대천南大川 용담소龍潭沼 옆에 세워진 정자이다. 옛날에 신선이 이곳에서 학을 타고 날아올라갔다고 하여 붙여진 이름이라고 한다.
74 조봉진曹鳳振(1777~1838) : 본관은 창녕昌寧, 자는 의경儀卿, 호는 신암愼菴이다. 이조참의, 형조판서, 전라도 관찰사 등을 역임하였다. 관찰사 시절에 허위 보고를 하였다는 죄목으로 함경도 명천明川으로 유배를 간 일이 있는데, 아마 이때 영허 스님과 만남이 있었던 듯하다.
75 정원용鄭元容(1783~1873) : 본관은 동래東萊, 자는 선지善之, 호는 경산經山, 시호는 문충文忠이다. 대사간, 예조판서, 이조판서, 영의정 등을 역임하였다. 저서로 『경산집』 등이 있다.
76 다기망양多岐亡羊 : 갈림길이 많아 잃어버린 양을 찾지 못한다는 뜻으로, 여기서는 진리를 추구하기 어려운 어지러운 속세를 비유한 말이다.
77 삼수암三邃菴 : 함경도 안변군 문산면 상탑리 설봉산에 있던 암자로, 석왕사의 부속

암자이다.

78 추구芻狗 : 풀로 만든 개다. 고대에 제사 때 이 개를 사용했다가 제사가 끝나면 내다 버렸으므로, 소용이 있을 때만 이용하고 소용이 없을 때는 버리는 물건의 비유로 쓰인다.

79 10현十玄 : 화엄종의 중요한 교의敎義로 십현연기무애법문十玄緣起無礙法門이라고도 한다. 십十은 만수滿數, 현玄은 심현深玄이라는 뜻이다. 온갖 법이 따로따로 고립된 존재가 아니고, 하나를 취하면 어느 것이든지 모두 전일全一의 관계가 있음을 열 가지 부문으로 관찰하는 것이다.

80 삼현三玄 : 임제臨濟 선사가 학인들을 제접할 때 쓰던 법으로, 일구一句 가운데 삼현을 갖추고, 일현一玄 가운데 삼요三要를 갖춘다.

81 태화太和 : 천지간에 가득 차 있는 충화沖和한 기운을 가리킨다.

82 성담性潭 : 조선 후기의 선승인 수의守意(?~1847)의 법호이다. 전라남도 해남 출신으로 어려서 두륜산 대둔사大芚寺로 출가하여 담연湛演의 제자가 되었고, 인곡仁谷의 법맥을 이었다. 언제나 계를 엄격하게 지켰고, 수행에 철두철미하였다. 가지산迦智山 내원암內院庵에서 입적하였다.

83 해가薤歌 : 해로가薤露歌이다. 부추 위에 맺힌 이슬처럼 덧없이 지는 인생을 슬퍼하는 노래로, 초상 때 부르던 만가이다. 한 고조漢高祖에게 반기를 들다 패망한 전횡田橫의 죽음을 두고 그 무리가 지은 만가 2장 중 1장에서 "부추 위의 아침 이슬 어찌 그리 쉬이 마르는가. 이슬은 말라도 내일 아침 다시 내리지만, 사람은 죽어 한 번 가면 언제 다시 돌아오나.(薤上朝露何易晞。露晞明朝更復落。人死一去何時歸。)"라고 하였다. 『고금주古今注』「음악音樂」.

84 해 지는 상유桑榆 : 해가 질 때 햇살이 뽕나무와 느릅나무 끝에 비치는 것으로, 『회남자淮南子』에서 "해가 서산으로 떨어질 때 햇빛이 나무의 꼭대기에 비치는 것을 상유라고 한다."라고 하였다. 보통 인생의 만년 또는 죽음을 가리킨다.

85 뜰 앞의~결실 많아라 : 모두 마음으로 불법을 증득하였다는 뜻이다. 뜰 앞의 잣나무는 가장 잘 알려진 화두 공안公案의 하나이며, 영취산의 꽃 역시 석가여래의 교외별전敎外別傳 심심상전心心相傳의 대명사격인 염화미소拈華微笑를 가리킨다. 겁 외의 춘풍은 시간을 비롯한 모든 구속을 초월함을 가리키는 것으로, 『금강경金剛經』「묘행무주분妙行無住分」에 대한 함허涵虛의 설의說誼에서 "원래부터 그림자 없는 나무 있으니, 겁 외의 봄날에 생장하도다. 신령스러운 뿌리는 빽빽이 항하사恒河沙 세계에 서려 있고, 차가운 가지는 그림자 없어 새 깃들지 않도다. 무하유향無何有鄕에 재배한다 말하지 말라. 겁 외의 춘풍에 꽃이 흐드러지게 만발했나니. 꽃이 흐드러지게 만발함이여, 너를 따다 법왕에게 바치리로다.(有樹元無影。生長劫外春。靈根密密蟠沙界。寒枝無影鳥不棲。莫謂栽培何有鄕。劫外春風花爛熳。花爛熳。從他採獻法中王。)"라고

한 것이 좋은 예이다. 결실이 많다는 것은, 깨달음이 무르익는 것을 매실이 익는다고 흔히 표현하는 것과 같은 말이다. 매실이 익는 것과 관련해서는 상권의 주 38 참조.
86 억제하고 드날림 : 『금강경』에는 공사상空思想에 입각하여 상相을 깨뜨리면서 보시바라밀 등의 보살행을 강조한다. 전자를 '억제'라 볼 수 있고, 후자를 '드날림'으로 볼 수 있다.
87 주인과 짝이~보광普光을 노래하네 : 주인과 짝이 원만하고 밝다는 것은, 화엄십현문華嚴十玄門의 열 번째인 주반원명구덕문主伴圓明具德門을 가리킨다. 이는 간단히 말하면, 모든 만법은 홀로 존재하는 것이 아니라 어떤 하나가 주체가 되면 다른 것들은 그 주체의 짝이 되는 식으로 서로서로 인연에 따라 주체가 되기도 하고 짝이 되기도 하여 서로 대립하지 않고 원만하고 밝게 덕을 갖춘다는 뜻이다. 보광은 보광명대삼매普光明大三昧를 가리키는 것으로 진리의 빛이 삼라만상에 두루 비치어 삼라만상의 여여한 실체를 보게 되는 삼매이다. 여기에서는 주인과 도반의 관계인 영허와 용해가 서로 의지하여 원만하고 밝은지라 보광삼매에 든다는 말이다.
88 도처에 태평가~궁상각치우宮商角徵羽를 연주하노라 : 궁상각치우는 동양의 전통 음계로 여기서는 일반적인 곡조를 지칭하였다. 불법이 자유자재하게 현현하는 모습을 형용한 말로, 야보 도천冶父道川의 〈금강경송金剛經頌〉에서 "그저 구멍 없는 젓대 하나로, 그대 위해 태평가를 연주하노라.(只把一枝無孔笛。爲君吹起太平歌。)"라고 하였다.
89 만월滿月의 모습 : 만월은 원만하게 불법을 성취한 모습을 형용하는 말이며, 부처를 지칭할 때도 사용하는 말이다. 은담 화상이 극락왕생하여 불법을 성취하기를 기원하는 것이다.
90 범허範虛 : 자세한 사항은 미상이나, 『역산집』 말미의 문도 명단에 있는 범허 관호範虛觀浩를 가리키는 듯하다. 시에서 호연지기浩然之氣와 홍범洪範을 언급한 것은 법호와 법명의 '범範'과 '호浩'를 연역한 것이다.
91 홍범洪範의 유풍 : 홍범은 홍범구주洪範九疇, 즉 천하를 다스리는 아홉 가지의 큰 요체를 말한다. 본래 우禹가 만들었는데, 기자箕子가 주周나라 무왕武王의 질문에 부연敷衍하여 답하였다고 한다. 이후 기자는 무왕에 의해 조선에 봉해졌다. 여기서 홍범의 유풍이라는 것은, 옛날의 성현인 기자가 남긴 유풍이 아직도 이 땅에 전해져 오고 있다는 뜻이다.
92 시 완성되니~귀신을 울리고 : 시가 잘 지어진 것을 형용한 말로, 두보杜甫의 〈기이백寄李白〉 시에서 "붓 들어 쓰면 비바람을 놀래키고, 시 지으면 귀신을 울렸네.(筆落驚風雨。詩成泣鬼神。)"라고 하였다.
93 마주 앉음에~것도 잊고 : 마주 앉아서 시간이 가는 줄도 모른다는 뜻이다. 북두칠성은 북극성을 중심으로 시간이 지남에 따라 회전하게 된다.
94 길을 감에~넘어가며 웃네 : 상권의 주 47 참조.

95 강물 따라가고 구름 흩어지니 : 강물을 따른다는 것은 속세 사람인 김 진사가 가는 곳을 가리킨 것이고, 구름이 흩어진다는 것은 영허가 머무는 산중을 가리킨 것이다. 당唐나라 시인 가지賈至의 〈송이시랑부상주送李侍郞赴常州〉 시에서 "눈 개이고 구름 흩어짐에 북풍이 차가우니, 초나라 물 오나라 산 도로 험난하리라. 오늘 그대 보내면서 실컷 취해야 하고말고. 내일 아침엔 서로 그리워하며 가는 길 아득하리라.(雪晴雲散北風寒。楚水吳山道路難。今日送君須盡醉。明朝相憶路漫漫。)"라고 하였다.

96 초수楚水와 운산雲山에서~자유로이 지내세나 : 상권의 주 95 참조.

97 뇌묵雷默 : 조선 후기의 승려인 등린等麟(1744~1825)의 법호이다. 등린은 속성은 김씨金氏이고, 안변安邊 출신으로 12세 때 역병으로 부모를 함께 잃고 출가하여 1757년(영조 33) 석왕사釋王寺의 명혜明慧에게 구족계를 받았다. 그 뒤 궤홍軌泓, 성안聖岸, 성규聖奎 등에게 화엄학을 배웠고, 1771년(영조 47) 궤홍의 법을 이었다. 여러 사찰에서 주석하며 법을 펴다가 만년에 석왕사에 거처하며 당호堂號를 뇌묵당이라 하였다. 그의 법풍은 선교쌍수禪敎雙修를 지향하였다. 만년에는 법회에 항상 천여 명의 대중이 운집하였다고 한다.

98 이시우李時愚(1804~?) : 본관은 연안延安, 자는 노수魯叟이다. 1836년(헌종 2)에 문과에 급제하였고, 우승지, 이조참의, 자인 현감慈仁縣監 등을 역임하였다. 『승정원일기承政院日記』에 따르면, 1837년(헌종 3)에 강계적간어사江界摘奸御史로 차출되었다.

99 계곡 어귀~숨었나 의심하고 : 표범이 숨어 있다는 것은 은자隱者가 은둔해 살고 있음을 나타낼 때 자주 쓰이는 표현이다. 유향劉向의 『열녀전列女傳』에서 도답자陶答子의 처가 답자에게 말하기를, "첩은 들으니, 남산에 검은 표범이 있어 안개 속에서 7일을 내려오지도 않고 먹지도 않는데, 그것은 그 털을 윤택케 하여 무늬를 만들려고 함이며, 숨어서 해를 피하려는 것이라고 합니다."라고 하였다.

100 산마루 하늘~날아오름을 보도다 : 솔개가 날아오름을 본다는 것은 자연을 완상하면서 천리를 느낀다는 뜻이다. 산수의 자연을 완상하는 중에도 천리가 드러나는 것을 깨닫고, 학문의 근원처를 찾는다는 의미이다. 『시경詩經』〈한록旱麓〉에서 "솔개는 하늘 높이 날아오르고, 물고기는 못 속에서 뛰어논다.(鳶飛戾天, 魚躍于淵)"라고 하였는데, 『중용장구中庸章句』 제12장에서 이를 인용하면서 만물의 화육化育의 이치가 유행하여 자연에서 밝게 드러나는 것이라고 하였다.

101 권돈인權敦仁(1783~1859) : 본관은 안동安東, 자는 경희景羲, 호는 이재彝齋·우랑又閬·우염又髥·번상촌장樊上村庄·과지초당노인瓜地草堂老人, 시호는 문헌文獻이다. 이조판서, 함경도 관찰사, 우의정, 좌의정, 영의정 등을 역임하였다. 서화에 능하여 추사秋史 김정희金正喜와 교유가 깊었다.

102 성천강城川江 : 함흥의 낙민루 앞으로 흐르는 강이다.

103 감당甘棠의 소식은~북으로 오고 : 서울에 있던 권돈인이 함흥에 와서 선정善政을 펼

친다는 뜻이다. 주 무왕周武王 때 소공召公 희석姬奭이 서백西伯으로서 선정을 베풀었으므로 백성들이 그를 추모한 나머지 그가 잠시 그늘 아래 쉬었던 감당나무를 기념하여 잘 가꾸며 보존하는 한편, 이를 노래로 지어 불렀다는 고사가 전한다. 『시경詩經』 「소남召南」 〈감당甘棠〉.

104 성근 잣나무~지금과 다르네 : 본래 자질이 너무 높은 인물은 쓰이기 어려운 법이지만 권돈인은 자질이 매우 높음에도 등용되어 선정을 펼치고 있다는 뜻이다. 두보杜甫가 촉蜀 땅에 들렀다가 제갈량을 제사하는 사당을 참례한 뒤 그 앞에 있는 오래된 잣나무를 두고, 재목이 너무 크면 쓰이기 어렵다는 뜻으로 지은 〈고백행古柏行〉이라는 시가 있다.

105 꼬리 끌면서 : 속박 없이 자유로운 몸으로 소요한다는 뜻이다. 『장자莊子』 「추수秋水」에 초楚나라에서 죽은 지 3천 년 되는 신령스러운 거북의 뼈를 묘당廟堂에 모셔 놓은 것을 두고, "죽어서 뼈다귀로 남아 귀하게 되려 하겠는가, 아니면 살아서 흙탕물 속에 꼬리를 끌고 싶어 하겠는가.(寧其死爲留骨而貴乎. 寧其生而曳尾於塗中乎.)"라고 하였다.

106 진시황秦始皇 사당~절로 뜨누나 : 진시황은 평생토록 부질없이 봉래산에 사는 신선을 찾아 불사약을 구했으나 만나지 못하고 죽었고, 한나라 사신은 자신이 의도한 적이 없으나 저절로 신선 세계에 도달했다는 뜻이다. 한 무제漢武帝 때 장건張騫이 사명使命을 받들고 서역에 나갔던 길에 뗏목을 타고 황하의 근원을 한없이 거슬러 올라가다가 한 성시城市에 이르러 보니, 한 여인은 방 안에서 베를 짜고, 한 남자는 소를 끌고 은하銀河의 물을 먹이고 있었다. 그래서 그들에게 "여기가 어느 곳인가?"라고 묻자, 그 여인이 지기석支機石 하나를 장건에게 주면서 말하기를, "성도成都의 엄군평嚴君平에게 가서 물어보라."라고 하므로 과연 그가 돌아와서 엄군평을 찾아가 지기석을 보이자, 엄군평이 말하기를, "이것은 직녀織女의 지기석이다. 아무 연월일에 객성客星이 견우牽牛와 직녀성을 범했는데, 지금 헤아려 보니, 그때가 바로 이 사람이 은하에 당도한 때였도다."라고 하였다. 『형초세시기荊楚歲時記』.

107 금류동金流洞 : 금류폭포가 있는 수락산水落山의 계곡 이름이다.

108 여연如淵 김대근金大根(1805~1879) : 여연은 김대근의 호이다. 본관은 안동安東, 자는 일원一原, 초호初號는 초계苕谿이다. 이조판서, 좌찬성, 우찬성 등을 역임하였다. 저서로 『여연유고』가 있다.

109 돌아온 정리는~길이 없어라 : 돌아온 정리는 다시 자신을 만나러 산중으로 찾아온 김대근을, 날린 석장은 역산 자신을 가리킨다. 즉 오랜만에 재회한 김대근은 신선의 풍골이 되었지만, 자기 자신은 신선처럼 될 길이 없다는 겸사이다. 화학華鶴은 화표주華表柱에 내려앉은 학이라는 뜻이다. 한漢나라 때 요동 사람 정영위丁令威가 영허산靈虛山에서 도를 닦아 신선이 되었는데, 천년 뒤에 학으로 변하여 다시 고향으로

날아와 화표주에 앉자, 마을의 소년들이 보고 활을 쏘아 잡으려고 하였고, 이에 훌쩍 날아 공중에서 배회하다가 하늘 높이 날아올라 갔다고 한다. 『수신후기搜神後記』 권1. 갈룡葛龍은 갈피葛陂의 용이라는 뜻이다. 갈피는 하남성河南省 신채현新蔡縣에 있던 늪의 이름이다. 후한後漢 때 시장에서 약을 팔던 한 노인이 자기 점포 머리에 병 하나를 걸어 놓고 있다가 시장을 파하고 나서는 매양 그 병 속으로 뛰어 들어가곤 했는데, 당시 시장 관리로 있던 비장방費長房이 그 사실을 알고 노인에게 청하여 노인을 따라 병 속에 들어가 화려한 집에서 좋은 술과 맛있는 안주를 실컷 마셨다. 그가 돌아올 때 노인이 대지팡이 하나를 주면서, "이것만 타면 저절로 집에 갈 수 있다."라고 하여 비장방이 그 지팡이를 타니, 과연 잠깐 사이에 홀연히 집에 당도하게 되었다. 그런데 그 지팡이를 갈피 속에 던지니, 그것이 바로 청룡靑龍으로 변화하였다고 한다. 『후한서後漢書』 권82 하 「방술열전方術列傳」〈비장방費長房〉.

110 동주東州 : 강원도 철원의 옛 지명이다.
111 어사 심 공沈公 : 심응태沈膺泰를 말하는 듯하다. 상권의 주 16 참조.
112 향설헌香雪軒 : 청음淸陰 김상헌金尙憲(1570~1652)의 백형 선원仙源 김상용金尙容(1561~1637)이 안변 부사로 있을 때 아헌衙軒을 지은 다음 빙 둘러서 배나무를 심고는 향설헌이라고 명명하였다. 『청음집淸陰集』 권3 〈증안변사군심자순贈安邊使君沈子順……감회부차感懷賦此〉.
113 영춘사永春社 : 안변의 학성鶴城 남쪽 8리 지점에 있던 고을이다. 사社는 북변北邊 지역의 고을 단위이다.
114 비운령飛雲嶺 : 안변과 통천通川을 잇고 있는 고개 이름이다.
115 가학루駕鶴樓 : 안변 객사의 부속 건물로서 1486년(성종 17)에 건립되었다.
116 향찰香利의 바리때~유마힐이 기뻐하고 : 향찰은 향적불香積佛의 세계인 중향국衆香國을 가리킨다. 이곳은 향기가 가득한 세계인데, 어느 날 유마힐 거사가 신통력을 발휘하여 보살을 만들어 내 중향국으로 보내어 향적불에게 안부를 전하고, 향적불이 먹고 남은 향적반香積飯을 얻어서 그것을 사바세계의 작은 법을 좋아하는 중생들에게 베풀어 대도大道를 얻게 하고자 한다고 청하였다. 그러자 향적불이 향적반을 주었고, 유마힐이 신통력으로 만들어 낸 보살이 그 향적반을 얻어 중향국의 보살들과 함께 사바세계로 돌아왔다. 이에 유마힐의 집에 모든 천신과 보살들을 비롯한 대중이 모여 설법을 듣고는 아뇩다라삼먁삼보리심을 내고 무생법인을 얻었다. 『유마힐소설경維摩詰所說經』「향적불품香積佛品」. 향적반을 언급한 것은 석왕사에 있었던 향적암과 관련이 있는 것이 아닌가 한다.
117 용산龍山의 검~여동빈呂洞賓이 슬퍼하누나 : 용산은 중국의 황룡산黃龍山을 가리킨다. 여동빈은 당唐나라 때 태어나 도를 깨우쳐 신선이 된 인물로 본명은 여조呂祖이다. 검법을 터득하여 악귀들을 물리쳤으므로 검선劍仙으로도 유명하다. 신선이 된

그가 어느 날 황룡산으로 날아가 그곳에 주석하고 있던 고승인 황룡 회기黃龍晦機 선사와 법 대결을 펼쳤는데, 그가 지니고 있던 신통력으로 자유롭게 움직일 수 있는 보검寶劍이 회기 선사의 법력에 의해 기둥에 꽂힌 채 움직이지 않게 되었고, 이에 여동빈이 지난날을 참회하고 불법에 귀의하게 되었다는 전설이 있다.『인천보감人天寶鑑』. 여동빈의 고사를 가져온 것은 석왕사가 있던 안변에 황룡산이 있었기 때문이 아닌가 한다.

118 운한각雲漢閣 : 석왕사의 부속 건물로 태조를 비롯한 임금이 내린 글을 보관하던 곳이다.
119 만전萬錢과 기화奇貨를~개로 여기니 : 많은 돈과 진귀한 보배를 천하게 여긴다는 뜻이다. 풀로 만든 개인 추구芻狗에 대해서는 상권의 주 78 참조.
120 산골짝의 구름과~나는 새 : 도연명陶淵明의 〈귀거래사歸去來辭〉에서 "구름은 무심히 산골짝에서 나오고, 새는 느릿느릿 날아 돌아올 줄 아누나.(雲無心而出岫。鳥倦飛而知還。)"라고 하였다.
121 연사蓮社 : 정토淨土의 업을 닦기 위한 결사結社로, 동진東晉의 혜원 법사慧遠法師가 여산廬山의 동림사東林寺에서 혜영慧永·유유민劉遺民·뇌차종雷次宗 등 18명을 모아 염불하는 결사를 하면서 백련사白蓮社라고 하였는데, 사영운謝靈運·도연명陶淵明·육수정陸修靜 등이 참여하였다. 여기서는 선영 대사가 수락산의 절에서 결사를 하고 있었으므로 이른 말인 듯하다.『연사고현전蓮社高賢傳』.
122 송문松門 : 소나무 숲으로 문을 삼은 곳으로, 여기서는 선영 대사가 머물고 있는 수락산의 산사를 가리키는 듯하다.
123 호계虎溪에서 석별을~하지 말라 : 선영 대사가 참판 김보근과 직장 안응수에게 이별을 아쉬워하지 말라는 뜻으로 말한 것이다. 상권의 주 47 참조.
124 중향衆香 : 금강산의 명승지로 마하연암摩訶衍庵의 뒤를 병풍처럼 에워싼 바위 봉우리들인 중향성衆香城을 가리킨다.
125 웃음 띤~취령에서 따고 : 상권의 주 85 참조.
126 울음 달래는 누런 잎 : 여래如來가 중생을 제도하기 위해서 만든 방편행方便行을 비유한다. 여래가 중생이 갖가지 악행을 지으려고 할 때 그들을 위해 삼십삼천三十三天의 '상락아정常樂我淨'을 설하여 듣는 자들이 즐거워하는 마음을 일으켜 선업善業을 짓고 악행을 끊어 버리게 하였지만, 실제로 인간의 생사의 문제는 상常도 없고 낙樂도 없고 아我도 없고 정淨도 없다. 여래가 '상락아정'을 말한 것은 중생을 제도하기 위한 방편일 뿐인 것이다. 이것은 마치 아이가 울 적에(嬰兒啼哭時) 부모가 버드나무의 누런 잎(黃葉)을 황금이라고 속이면서 아이에게 주어 그 울음을 그치게 하는 것(止其啼哭)과 같은 것이다. 또 선종禪宗에서는 경론가經論家의 설법은 모두 빈손에 든 누런 잎(空拳黃葉)과 같은 방편설方便說로써 겨우 우둔한 이를 속이기 위한 것이라고

생각한다. 북본 『대반열반경大般涅槃經』 권20 「영아행품嬰兒行品」과 『종용록從容錄』 제7칙에 이 내용이 나온다.

127 용악龍岳 : 안변의 황룡산黃龍山을 가리킨다. 이곳에 안변의 거찰이었던 보현사가 있었다.

128 곡탑鵠塔 : 사리탑을 가리킨다. 곡림鵠林은 곧 부처님이 세상을 떠난 곳인 쌍림雙林인데, 부처님의 사리를 간직한 탑을 세웠다.

129 금빛 실과~아울러 갖추었으니 : 진리의 안목과 학인을 제접하는 수단을 함께 갖추었다는 뜻이다. 『선문염송禪門拈頌』에서 취암 종종翠嵓宗宗이 다음과 같이 송하였다. "일면불 월면불이여, 금바늘에 옥 실이로다. 교묘한 원앙을 수놓으니, 쌍쌍을 뉘라서 부러워하지 않으리. 달을 이고 갈대밭에 자다가, 물결 따라 물 위에서 노니네. 갑자기 날아올라 푸른 하늘 치솟으니, 머리를 들매 흰 비단에 은하수가 비껴 있네.(日面月面。金針玉線。繡出巧鴛鴦。雙雙誰不羡。戴月宿蘆花。隨波戲水面。瞥然飛起碧霄空。擧首銀河橫素練。)"

130 내원궁內院宮 : 석가釋迦가 원래 도솔천兜率天 내원궁에 있다가 인간 세상에 내려왔다고 한다.

131 10지十地 : 불교에서 말하는 수행의 단계와 그 경지를 뜻하는데, 성문聲聞·연각緣覺·보살菩薩·불佛의 10지가 각각 있으나, 보통은 대승보살大乘菩薩의 10지, 즉 『화엄경華嚴經』의 「십지품十地品」에 나오는 환희지歡喜地·이구지離垢地·발광지發光地·염혜지焰慧地·난승지難勝地·현전지現前地·원행지遠行地·부동지不動地·선혜지善慧地·법운지法雲地를 말한다.

132 화우花雨 : 부처님이 설법할 때 제천諸天에서 꽃비가 내린 고사에서 유래하여 부처님이나 고승의 설법을 의미한다.

133 단연檀烟 : 전단나무의 연기이다. 전단나무는 남인도南印度의 마라야산摩羅耶山에서 나는데, 이 나무로 만든 향을 피우면 종기를 치료하고 몸을 편안하게 하여 즐거움을 주기 때문에 여약與藥이라고도 하며, 전단나旃檀那라고도 한다. 또 더울 때에 몸에 바르면 시원하게 느껴진다. 『화엄경』에서 "백전단향을 몸에 바르면 일체의 열뇌를 물리쳐서 청량한 마음을 얻을 수 있다.(以白旃檀塗身。能除一切熱惱而得清涼也。)"라고 하였다.

134 하나로 어우러진~성대하게 나왔어라 : 온 우주의 모든 존재는 서로 연기緣起하는 존재로서, 서로 의지하고 서로 어우러져 존재하며, 곧바로 부처님의 성품을 구현하고 있다. 능인, 즉 석가모니부처님의 해인삼매海印三昧에서 출현한 존재들이다. 『화엄경』에서 설하는 바가 바로 그것인데, 신라의 의상 스님의 〈법성게法性偈〉의 한 구절, "능히 해인삼매에 들어가서 마음대로 할 수 있는 자자유재함을 구현하노라.(能入海印三昧中。繁出如意不思議。)"를 노래한 것으로 보인다.

135 용궁에서 외워~한어로 번역하였고 : 『화엄경』은 원래 용수보살이 용궁에서 가져온 것이라고 한다.

136 영취사에서 소초를~해동으로 전하였네 : 영취사는 현재 중국 오대산五臺山의 현통사顯通寺를 가리킨다. 이곳은 화엄학으로 유명하여 대화엄사大華嚴寺로도 불렸으며, 처음의 이름은 대부영취사大孚靈鷲寺였다. 이곳에서 징관澄觀(738~839)이 『화엄경소華嚴經疏』를 저술하였다. 현재 봉은사에 있는 소초 판본이 바로 징관의 주석서이다.

137 기奇 스님 : 봉은사의 화엄경판 불사를 이루어 냈던 남호 영기南湖永奇(1820~1872)를 가리킨다.

138 사상四象이 은혜를~진찰塵刹을 받들었네 : 『능엄경楞嚴經』에서 "이 깊은 마음으로 진찰의 중생들을 받드는 것, 이것을 일러 부처님 은혜를 갚는 것이라 하네.(將此深心奉塵刹。是則名爲報佛恩。)"라고 하였다. 고승대덕을 용상龍象이라고 하는데, 사상은 바로 네 명의 고승대덕을 말한다.

139 심돈영沈敦永(1809~?) : 자는 경서景紓, 본관은 청송靑松이다. 1836년(헌종 2) 문과에 급제하였다. 승지, 대사성 등을 역임하였다.

140 연사에 혹~보기 어렵다오 : 사또 심돈영沈敦永이 선영 스님이 계신 절을 방문하였는데, 그 모습이 신선 같았다는 말이다.

141 한바탕 남화의 꿈속 나비였어라 : 나비의 꿈은 보통 인간의 굴레를 벗어나서 자유롭게 노니는 것을 비유하는데, 여기서는 선영 스님이 사또 심돈영과 봄날에 즐거운 모임을 가진 것을 비유하였다. 장자莊子, 즉 장주莊周의 『남화경南華經』「제물론齊物論」에서 "언젠가 장주가 꿈속에서 나비가 되었다. 나풀나풀 잘 날아다니는 나비의 입장에서 스스로 유쾌하고 만족스럽기만 하였을 뿐 자기가 장주인 것은 알지도 못하였는데, 조금 뒤에 잠을 깨고 보니 몸이 뻣뻣한 장주라는 인간이었다.(昔者莊周夢爲胡蝶。栩栩然胡蝶也。自喻適志與。不知周也。俄然覺則蘧蘧然周也。)"라고 하였다.

142 돌아보아 올바르게 하고 : 증자曾子가 이르기를, "자신을 돌아보아 올바를 경우에는 비록 수천 수만 명이라도 나는 가서 대적할 것이다.(自反而縮。雖千萬人。吾往矣。)"라고 하였다. 여기서 '축縮' 자는 '직直' 자와 뜻이 같다. 『맹자孟子』「공손추公孫丑 상」.

143 난야蘭若 : 아란야阿蘭若의 준말로 촌락村落에서 멀리 떨어져 있어 수행修行하기에 알맞은 한적한 곳이라는 뜻이다. 여기에서는 사찰과 암자를 가리킨다.

144 춘성春城 : 함경도 덕원德源의 옛 이름이다.

145 조휘림趙徽林(1808~?) : 본관은 양주楊州, 자는 한경漢鏡이다. 1829년(순조 29)에 문과에 급제하였다. 대사성, 이조참판, 형조판서를 역임하였으며, 1864년(고종 1)에 교정청 당상관이 되어 『동문휘고同文彙考』를 속간하였다.

146 혜원慧遠과 사영운謝靈運 : 상권의 주 121 참조.

147 반 게偈 : 상권의 주 72 참조.

148 삼경三經 : 유가의 경전인 『시경詩經』, 『서경書經』, 『주역周易』을 말한다.
149 고기 뛰고~바로 도심일세 : 상권의 주 100 참조.
150 매월당梅月堂 : 김시습金時習(1435~1493)의 호이다. 자는 열경悅卿, 또 다른 호는 동봉東峯·청한자淸寒子·벽산청은碧山淸隱·췌세옹贅世翁이다. 생육신生六臣의 한 사람으로, 승려가 되어 방랑 생활을 하며 절개를 지켰다. 한문 소설 『금오신화』를 지었고, 저서에 『매월당집』이 있다. 김시습이 거처하던 옛터가 수락산水落山 동봉에 있었는데, 서계西溪 박세당朴世堂이 동봉사우東峯祠宇를 세워 김시습의 영정을 봉안하고 석채례釋菜禮를 행하였다. 『서계집西溪集』 권22 「연보年譜」.
151 고사리 캐~기미가 같았어라 : 주周나라 무왕武王이 은殷나라를 정벌하자, 백이伯夷·숙제叔齊가 주나라 곡식을 먹지 않고 수양산首陽山에 숨어서 고사리를 캐 먹고 세상을 마쳤다. 『사기史記』 권61 「백이열전伯夷列傳」. 김시습이 수양대군首陽大君, 즉 세조가 왕위 찬탈을 했다는 소식을 듣고 3일 동안 통곡하고 보던 책들을 모두 모아 불사른 뒤 스스로 머리를 깎고 승려가 된 것이 백이·숙제와 정취가 같다는 뜻이다.
152 정양사正陽寺 : 금강산에 있는 절로 전망이 매우 좋기로 유명하다. 이곳에서 마하연암摩訶衍庵 뒤를 병풍처럼 둘러싼 바위 봉우리들인 중향성衆香城이 보인다고 한다.
153 공겁空劫의 뼈 : 삐죽이 솟은 바위산을 형용한 말이다. 공겁은 사겁四劫의 하나로, 이 세계가 파멸해서 일체가 공으로 돌아가 공허의 상태가 계속되는 시기를 말한다.
154 별 세계에~연꽃이 가득하여라 : 산봉우리를 연꽃에 비유한 것이다.
155 취령鷲嶺의 건곤이~것을 보고 : 취령은 부처님이 『법화경』을 설한 영취산으로, 여기서는 금강산을 가리킨다. 정양사에서 보면 내금강의 전경이 한눈에 들어오는 것을 이렇게 표현한 것이다.
156 요지瑤池에 일월이~것을 감상하노라 : 요지는 곤륜산崑崙山 위에 있는 못으로, 선녀仙女인 서왕모西王母가 사는 선경仙境이다. 여기서는 금강산을 요지에 비긴 것이다.
157 수미암須彌庵 : 신라 시대 원효가 창건한 절로, 금강산 안에서는 영원암靈源庵과 함께 인적이 거의 미치지 않는 수도처로 알려져 있다. 창건 이후 여러 차례의 중수를 거쳤으나 조선 후기에 불타 버린 것을 1888년(고종 25)에 호옹浩翁이 중건하였다.
158 도옹陶翁이 말한~한가로이 보고 : 상권의 주 120 참조.
159 두자杜子가 읊은~고요히 듣네 : 두자는 당나라의 시성詩聖인 두보杜甫를 말한다. 두보의 〈저물녘에 사안사 종루에 올라 배십적에게 부치다(暮登四安寺鐘樓寄裴十迪)〉라는 시에서 "저녁에 높은 누각에 기대 설봉을 마주하니, 승려는 와서 말이 없는데 종소리 절로 울리네.(暮倚高樓對雪峰, 僧來不語自鳴鐘.)"라고 하였다.
160 은왕殷王이 들에서 기도하던 날 : 은나라 탕왕湯王이 하夏나라 걸桀을 정벌한 후 7년 동안 혹독한 가뭄이 들었는데, 태사太史가 점을 치고 말하기를, "사람을 희생으로 하여 비를 빌어야 한다."라고 하였다. 탕왕이 이에 자신이 희생이 되겠다고 자청하여

재계齋戒하고 모발과 손톱을 자르고 소거素車에 백마白馬를 타고서 자신의 몸을 흰 띠풀(白茅)로 싸서 희생의 모양을 갖추고 상림桑林의 들에 가서 세 발 달린 정鼎을 놓고 산천에 기도하면서 아래 여섯 가지 일로써 자책하기를, "정사에 절도가 없었는가, 백성들이 생업을 잃었는가, 궁실이 높은가, 부녀자의 청탁이 성한가, 뇌물이 행해지는가, 아첨하는 무리가 많은가.(政不節歟. 民失職歟. 宮室崇歟. 女謁盛歟. 苞苴行歟. 讒夫昌歟)"라고 하자, 그 말이 끝나기도 전에 수천 리 지방에 큰비가 내렸다. 『십팔사략十八史略』 권1 「은殷」.

161 태수가 정자를 짓던 때 : 송나라 소식蘇軾이 28세 때 봉상부鳳翔府 첨판僉判으로 부임하였다. 가뭄이 들어 백성들이 모두 걱정을 하던 중 큰비가 내려 가뭄을 면하게 되었다. 이 무렵 소식은 관아의 동북쪽에 정자를 짓고 있었는데, 마침 비가 온 뒤에 낙성이 되어 정자의 이름을 비를 즐거워한다는 뜻으로 '희우정喜雨亭'이라고 명명하였다. 『고문진보후집』 권9 「희우정기喜雨亭記」.

162 김매순金邁淳(1776~1840) : 본관은 안동安東, 자는 덕수德叟, 호는 대산臺山, 시호는 문청文淸이다. 1795년(정조 19)에 문과에 급제하여 예조참판, 강화부 유수 등을 역임하였다. 당대의 문장가로 홍석주洪奭周 등과 함께 명성이 높았으며, 여한십대가麗韓十大家의 한 사람으로 꼽혔다. 저서로는 『대산집』, 『대산공이점록臺山公移占錄』, 『주자대전차목문표보朱子大全箚目標補』, 『궐여산필闕餘散筆』, 『열양세시기洌陽歲時記』 등이 있다.

163 표연정飄然亭 : 상권의 주 73 참조.

164 금헌琴軒 : 수령의 정사당政事堂을 말한다. 공자孔子의 제자인 복자천宓子賤이 선보單父의 수령으로 있으면서 단지 비파(琴)를 타고 노래만 부를 뿐 공당公堂에 내려간 적이 없는데도 고을이 잘 다스려졌다는 고사에서 유래한 것이다. 『여씨춘추呂氏春秋』 「찰현察賢」.

165 화주華柱 : 상권의 주 109 참조.

166 망군대望軍臺 : 금강산 정양사正陽寺 헐성루歇惺樓 오른쪽에 있는데, 신라의 왕자가 군사를 바라보던 곳이다.

167 법기法起는 경전~동쪽에 상주하고 : 금강산에 법기보살이 상주하므로 이른 말이다. 『화엄경華嚴經』(80권본) 권45 「보살주처품菩薩住處品」에서 "바다 가운데 보살이 머무르는 곳이 있는데, 그 이름은 금강산이다. 옛날부터 수많은 보살들이 거기에 머물렀는데, 지금은 법기보살이 그에게 딸린 1천2백 인의 보살과 함께 상주하면서 설법을 하고 있다."라고 하였다.

168 용한龍漢 : 도교道敎에서 받드는 최고의 천신天神으로, 태원太元에 앞서 생겨난 원시천존元始天尊의 연호年號 가운데 하나인데, 천지가 생겨났을 때를 가리킨다.

169 신부神斧로 반드시~내게 했으리 : 신부는 우임금이 9년 동안 홍수를 다스리면서 용

170 보묵寶墨을 남겨~인연 기록했다 : 태조가 무학 대사와의 인연을 친필로 기록하였다는 뜻인 듯하다. 상권의 주 118 참조.
171 성조聖祖의 세~서까래 꿈을 : 상권의 주 2 참조.
172 접중接中 : 같은 목적으로 함께 머물러 사는 동아리를 말한다.
173 뜰 가득한~항상 생각노라 : 상권의 주 50 참조.
174 선재동자善財童子의 오십삼 : 구도 보살求道菩薩인 선재동자가 처음에 문수보살文殊菩薩을 찾아갔다가 다시 깨달음을 얻기 위해 남쪽으로 여행하여 110성城 53선지식善知識을 찾아다니며 법문을 구하여 마침내 미진수微塵數의 삼매문三昧門에 들어섰다고 한다.『화엄경華嚴經』「입법계품入法界品」.
175 도남圖南 : 깨달음을 구함을 비유한 말이다. 자세한 내용은 상권의 주 5 참조.
176 보벌寶筏 : 보석으로 만든 뗏목이란 뜻으로, 미혹迷惑의 바다를 건너 깨달음의 피안彼岸으로 이르게 하는 불법佛法을 비유한 것이다.
177 하의霞衣 : 신선은 꿰맬 필요가 없는 노을로 옷을 삼는다고 한다. 여기서는 성파 장로性波長老의 옷을 비유하였다.
178 110성城 : 상권의 주 174 참조.
179 반가운 눈빛으로 대하리 : 풍명豐溟 스님의 학식이 진보한 것을 반가워할 것이라는 뜻이다. 진晉나라 완적阮籍이 반가운 사람을 만나면 청안靑眼을 뜨고, 미운 사람을 만나면 백안白眼을 떴던 고사에서 나온 말이다.『진서晉書』권49「완적전阮籍傳」.
180 서역西域의 기타림祇陀林 : 석가釋迦가 머물던 기수급고독원祇樹給孤獨園을 말한다. 이 절은 원래 인도 사위국舍衛國 바사닉왕波斯匿王의 태자인 기타祇陀의 원림園林이었는데, 급고독장자給孤獨長者가 그 땅을 사서 석가에게 바쳤기 때문에 두 사람의 이름을 병칭한 것이다.
181 석 달~양식 모아 :『장자』「소요유逍遙遊」에서 "가까운 교외에 가는 자는 세 끼 밥만 가지고 갔다가 돌아와도 배가 여전히 부르고, 백 리를 가는 자는 전날 밤에 양식을 찧어서 준비해야 하고, 천 리를 가는 자는 3개월 전부터 양식을 모아야 한다.(適莽蒼者。三飡而反。腹猶果然。適百里者。宿春糧。適千里者。三月聚糧。)"라고 하였다.
182 독원獨園 : 상권의 주 180 참조.
183 나귀의 해에야~수 있으리라 : 당나라 때 고령 신찬古靈神讚 선사가 대중사大中寺에서 불경을 공부하다가 행각行脚하여 백장百丈 선사를 만나서 개오開悟하였다. 그리고 본사로 돌아오니 옛날에 불경을 가르치던 스승이 아직도 경전만 읽고 있었다. 하루는 그 스승이 창 아래에서 불경을 읽고 있는데, 벌 한 마리가 창문의 종이에 부딪치며 밖으로 나가려 하였다. 이에 신찬 선사가 말하기를, "세계가 이렇듯 광활한데

그쪽으로 나가려 하지 않고 낡은 종이를 뚫고 있으니, 나귀의 해에나 나갈 수 있을 것이다.(世界如許廣闊。不肯出。鑽他故紙。驢年出得。)"라고 하였다. 나귀는 십이간지 十二干支에 들어 있지 않은 동물이므로 나귀의 해는 영원히 오지 않는 해이다. 즉 영원히 깨달음을 얻을 수 없다는 뜻의 겸사이다. 『전등록傳燈錄』 권9 「홍주백장회해선사법사洪州百丈懷海禪師法嗣 고령신찬선사古靈讚神贊禪師」.

184 한진계韓鎭棨(1814~?) : 본관은 청주淸州, 자는 대림大臨이다. 1849년(헌종 15)에 문과에 급제하였다. 북평사北評事, 교리, 춘천 부사春川府使, 은산 현감殷山縣監, 금천 군수金川郡守 등을 역임하였다.

185 조개皁盖 : 검은 일산을 씌운 수레로 옛날에 높은 관원이 탔다. 『후한서後漢書』 「여복지輿服志 상」에서 "중이천석中二千石과 이천석二千石이 조개를 탄다."라고 하였다. 여기서는 평사評使 한진계韓鎭棨가 타는 수레를 가리킨다.

186 금각琴閣 : 지방 수령의 정사당을 뜻한다. 금당琴堂 또는 금헌琴軒이라고도 한다. 상권의 주 164 참조.

187 수의繡衣 : 옛날 지방에 파견하는 어사들에게 수놓은 옷을 입혔던 데서 전하여 어사를 가리킨다. 여기서는 평사 한진계를 가리킨다. 한 무제漢武帝 때에 처음으로 조정에서 각 지방 정사政事의 순시巡視, 처리處理를 전관專管할 관원을 두어 그를 직지사자直指使者, 또는 직지수의사자直指繡衣使者라고도 칭하였다.

188 삼소三笑 : 상권의 주 47 참조.

189 걸음 배워 이룰 때 : 깨달음을 얻은 때를 비유한 말이다. 자세한 내용은 상권의 주 53 참조.

190 오복五福 : 다섯 가지 복으로, 첫 번째는 장수(壽), 두 번째는 부유(富), 세 번째는 건강(康寧), 네 번째는 덕망(攸好德), 다섯 번째는 천수天壽를 마치는 고종명考終命이다. 『서경書經』 「주서周書」 〈홍범洪範〉.

191 해가薤歌 : 상권의 주 83 참조.

192 아방궁阿房宮 지은 뒤 도삭鍍鑠 : 도삭은 진시도삭찬秦時鍍鑠鑽을 말한다. 도삭찬은 진시황이 만리장성을 쌓을 때 쓰던 커다란 송곳이다. 그 뒤에는 너무 커서 쓸 수가 없었다. 아무 쓸모없는 것을 비유하는 말로 쓰인다. 여기에서 아방궁이라고 한 것은 만리장성의 착오인 듯하다.

역산집 하권
| 櫟山集 卷之下 |

관찰사觀察使 권돈인權敦仁[1] 공에게 올림

두루 순무巡撫할 적에 기체후氣體候가 강왕康旺하실 것이라 삼가 생각하니, 송축하는 마음 그지없습니다. 그리고 교중敎中과 격외格外의 풍속에 이르기까지도 공께서 다스리는 범위에서 벗어나지 않으실 것입니다. 선종禪宗과 교종敎宗이 하나이고, 진제眞諦와 속제俗諦가 둘이 아니니, 어찌 배 상국裵相國, 장 승상張丞相과 같은 분이 아니겠습니까.[2]

소석小釋은 전세의 인연이 박잡駁雜하여 지금 용렬하고 우둔한 자질로 보응報應를 받았으니, 어찌 감히 사람의 부류에 끼일 수 있겠습니까. 단지 깊은 산에 웅크리고 숨어 지내며 재주 없는 인생을 마치기를 기약할 뿐입니다. 그런데 이런 저를 버리지 않아 주셔서 며칠 밤 모시고 담소하니, 마치 취잠鷲岑에 올라 꽃 아래에서 웃는 듯하였습니다.[3] 그렇지만 운산雲山이 멀리 가로막혀 있고, 공사公私 간에 자기 자리가 있으므로 헤어져 물러나온 뒤로 귀로는 그나마 대감의 소식을 듣고 있지만, 구름 서린 창, 달빛 비추는 자리에서 한번 앉아 인생 백 년을 보내지 못함이 한스럽습니다.

경에서 말하기를, "응당 법계의 성품을 관해야 할 것이니, 일체 사물은 오직 마음에서 빚어지는 것이다."[4]라고 하였으니, 비단 승려 또한 한번 보시는 가운데 교화할 중생일 뿐만 아니라 또한 법계法界로 살펴보면, 저 또한 상공의 마음속의 다를 것 없는 물건이니, 비록 삼사백 리나 멀리 떨어져 있지만, 교화의 밖에 치지도외하지 않는 것이 대감의 뜻에 어떠하십니까. 이러한 이야기는 반문班門에서 도끼를 놀리는 것[5]일 뿐임을 모르는 것이 아닙니다. 이 밖에 한 바리때 생계와 석 자의 허깨비 몸뚱어리야 어찌 대방大方[6]께 말씀드릴 것이 있겠습니까.

上巡相權公敦仁

伏惟氣候旬宣康旺。頌祝無已。以至敎中之風。格外之俗。亦不外乎其間。禪敎一致。眞俗不二。豈不是裵相國張丞相一般人乎。小釋前緣駁雜。今受庸愚之報。何敢齒列於人類。但塊蟄嚴壑。期終不材之年。伏蒙不棄。數霄陪話。如登鷲岑。花下破顔。然雲山隔遠。公私有所。辭退以來。耳猶法音。恨未能雲窓月席一坐百年。經曰應觀法界性。一切由[1]心造。非但僧亦一視中化物。亦以法界觀之。我亦相公心中不異之物。雖在三四百里之遠。勿置化外。於尊意如何。如此說話。非不知班門弄斧而已。其外一鉢生計。三尺幻軀。何足聞大方也。

---
1) ㉑ '由'는 '唯'의 오자인 듯하다. 『화엄경』에 '唯'로 되어 있다.

지계芝溪 석사碩士 황대려黃大呂에게 답함

　편지 가득한 가르침과 3수의 아름다운 시는 꿈도 꾸지 못한 일이었습니다. 모시고 담소하며 전별한 이후로 어찌 우러러 사모하며 그리워하는 마음 없었겠습니까. 그렇지만 거처하는 곳이 반천 리나 떨어져 있고, 도道 또한 같지 않아 늘 귀공자께서 산승山僧을 대하는 의례적인 가르침으로 알았습니다. 그런데 지금 보내 주신 편지를 삼가 받고, 처음에는 한 단락의 문장이 저의 눈에 휘황찬란하게 빛나는 듯하였는데, 오랫동안 자세히 음미하고서야 당신의 친밀한 정을 느꼈습니다. 서신을 보내 주신 이후로 많은 시간이 지나 봄의 따스한 절기가 되었는데, 삼가 기체후가 안락하신지 모르겠습니다. 우러러 사모하는 마음 적지 않습니다. 산사람인 저는 한결같이 삼상三常[7]을 어지럽히고 있어 세상일에 맞지 않습니다. 몇 가닥 백발 드리운 인생이 한 조각 청산靑山 속에 있으니, 이 밖의 일들이야 어찌 감히 번거로이 말씀드리겠습니까. 보내 주신 시편에서 보잘것없는 제 이름을 지나치게 일컬어 주시니 제 마음 절로 불안하고 얼굴도 따라서 붉어집니다. 게다가 산사람인 저는 본래 이 일에 기예가 있지 않은 데다 무망無妄한 질병[8]이 휘감아 항상 고통에 신음하는 가운데 있어 받들어 수답酬答하기가 어렵습니다. 그렇지만 보내 주신 시가 있는데 화답하는 시가 없으면 예의에 맞지 않는 일이기에 '어찌하여 빨리 죽지 않느냐(胡不遄死)'[9]라는 책임은 면하려고 하므로 체율體律의 좋고 나쁨을 살피지 않고, 성격聲格의 맞고 안 맞고를 헤아리지 않고서[10] 함부로 차운하여 삼가 드리오니, 시가詩家의 기준으로 비평하지는 말고 단지 소홀하지 않은 산사람의 정성을 가상하게 여겨 주시기를 삼가 바랄 뿐입니다.

答芝溪黃碩士大呂

滿幅敎誨。三首瓊琚。出在夢外。陪話餞別已後。豈無斗仰注誠。然地隔牛千。道亦不同。每以貴公子對山人例指知矣。今伏承下書。初疑一段文章。光人眼目。詳味久之。方覺情密。謹伏未審信後多時。當春和節。氣體侯[1]安樂。仰慕不淺淺。山人一味。汨亂三常。不足世事。數莖白髮生涯。一片靑山。其外何敢煩告。下送詩篇。過穪賤名。心自不安。面隨赧然。況山人本無有工於此事。亦纒無妄之疾。常在叫苦中。難可奉酬。然有贈無答。於禮不合。要免胡不遄死之責。故不觀體律之善否。不料聲格之當違。妄次伏呈。勿以詩家事評責。只尙山人不忽之情。伏望耳。

---

1) ㉠ '侯'는 '候'의 오자인 듯하다.

초의당草衣堂[11]에게 답함

학림鶴林[12]에서 자리를 함께하였던 일이 어제처럼 여겨졌는데 어느새 벌써 40년이 지나 버렸습니다. 수천 리나 떨어져 지내고 있어 소식이 아득히 끊어져 버렸으니 멀리서 그리워하는 마음 반드시 저와 마찬가지일 것이라고 생각합니다. 우러러 생각하고 있던 중에 보내 주신 안부 편지를 받고 겸하여 두서너 개 형외形外의 신물信物까지 있었으니, 감격하고 하례 드리는 마음 그지없습니다. 게다가 변변찮은 상좌 너댓이 연이어 귀 원院의 직임을 맡게 되었으니, 어찌 문정門庭께서 깊이 신경써 주신 덕분이 아니겠습니까. 스님이나 저나 칠순을 넘은 나이인지라 몸소 찾아가 만나 뵙고 감사드리지 못함을 한스러워할 뿐입니다.

答草衣堂

鶴林合席。於焉如昨。已過了四十春秋。相去數千里。音容復絶。遠慕之心。想必一般。而仰念中。得承垂問。兼有數三般形外之信物。感賀無地。又況賤嗣四五人。連臨貴院之任席。豈非門庭厚念之致。彼此年跨七旬。恨未得躬徃面謝而已。

봉은사『화엄경華嚴經』간행소刊行所에 답함

지난 가을 며칠 밤의 일은 평생 있었던 일들보다 오히려 나았으니, 일대사一大事의 인연일 뿐만 아니라, 또한 바로 세제世諦[13]로 볼 때도 쉽게 얻을 수 없는 좋은 모임이었습니다. 돌아가신 뒤로 그저 남녘의 구름을 바라볼 뿐이었습니다. 그런데 요사이 보내 주신 소식을 받으니, 자리를 함께하며 가르쳐 주시는 것보다 조금도 못하지 않았습니다. 또 이를 통해 무더위에 찰해제망刹海帝網[14]의 관념觀念이 날로 더욱 나아지고 계심을 알았으니, 우러러 위안되는 마음 적지 않습니다. 저는 반천 리나 먼 곳에 있으면서 몸은 비록 속진俗塵에 물들어 있지만 마음은 청정淸淨하고자 할 뿐입니다. 국가에서 마음을 쏟고 사대부들이 밖에서 호위하여 공역工役을 마칠 기한을 연내로 잡고 있다고 삼가 들었습니다. 몹시도 기쁜 마음 어찌 그칠 수 있겠습니까. 어찌 관석觀席에 다시 들어가 참여하여 공역을 분담할 마음이 없겠습니까. 그렇지만 돌아보건대 제 자신의 책임은 무겁고 일의 형편은 이와 같아 뜻한 바를 이루지 못하고 있으니, 한스러워한들 어이하겠습니까. 그저 무사히 성취하시기를 바랄 뿐입니다. 이만 줄입니다.

答奉恩寺華嚴刊所

前秋數夕。猶勝平生。不啻大事因緣。亦乃世諦邊不易得之好會。歸錫之後。徒望南雲矣。際玆承叙。小不下合筵撕眉。憑審庚炎。刹海帝網之觀念。日愈珍勝。慰仰不淺淺。影半千遠地。身雖染塵。心欲淸淨而已。欽聞邦家傾心。縉紳外護。畢役之期。期於年內云。抃躍何已。豈無再入觀席。叅坐分役之心。然顧自擔重。事勢若此。未遂所意。恨如之何。只望無魔成就。不備。

김 첨정金僉正에게 답함

　우러러 사모하던 차에 보내 주신 서찰을 삼가 받으니, 마치 존귀한 얼굴을 직접 뵙는 것만 같아 마음에 기쁨이 가득하였습니다. 더구나 이 엄동설한에 기체후 안녕하시다니 삼가 매우 깊이 하례드립니다. 노승은 잠시 편안히 지내며 죽지 않고 있으니, 쓸모없는 천한 여생이 어찌 이리도 심하게 오래 산단 말입니까. 대체로 사람이 세상에 태어나 이제삼왕二帝三王의 도[15]에 임금을 이르게 하고, 몸을 닦고 집을 바르게 하며, 어버이를 봉양하고 효도를 지극하게 한다면, 신하와 자식으로서의 행실은 이와 같이 할 뿐이고, 몸을 마친 후에 사책史冊에 이름 하나를 남기는 것입니다. 그런데 이미 그 인도人道가 아니어서 이와 같이 할 수 없다면 공문空門에 의탁하여 머리를 깎고 승려가 되어 궁벽한 골짜기에 족적을 맡기고 세간에서 이름을 숨겨 여산 원廬山遠,[16] 미천 안彌天安[17]과 시대는 비록 같지 않지만 자취를 앞뒤로 나란히 한다면, 또한 좋은 소식이라고 이를 만할 것입니다. 그렇지만 노승의 경우에는 짐승들과 거처를 함께하고 초목과 세월을 함께하면서 단지 『시경詩經』에서 '어찌하여 빨리 죽지 않느냐'라고 노래한 장章만 부르니, 때때로 누군가와 서로 화답함이 있으리오. 시구詩句에서 이르기를, "호계에서 있었던 삼소의 즐거움 향모向慕하지 말지니, 나는 혜원과 같은 승려가 아니라네."[18]라고 하였습니다. 단지 반천 리 변방 밖에서 서신 보내 경향京鄕 이역異域의 소식을 묻습니다. 눈물 흘리며 굽어 헤아려 주시는 마음 생각하며 멀리서 감사하며 축원 드립니다.

答金僉正

斗仰之際。伏承下書。如瞻尊顏。喜盈于中。矧玆寒沍。氣候安寧。伏賀萬萬。老僧姑安而不死。無用之賤庚。何其長遠之若此甚乎。大凡人生於世。致君於二帝三王之道。修身齊家。養親至孝。則人臣人子之行事。如此而已。身後一名垂於竹帛也。旣非其人道。不若是。則寄於空門。剃髮爲僧。托跡窮壑。名遁世間。與廬山遠彌天安。時雖不同。跡相前後。亦可謂好消息也。然至於老僧。與麋鹿同行止。與草木同春秋。但唱胡不遄死章。有時與何人相和。詩句云。莫向虎溪三笑樂。吾非慧遠一般僧。第控半千塞外書。以來問京鄉異域。念以垂淚下恤之心。遠謝感祝。

상주尙州 김룡사金龍寺 대성암大成庵의 초청하는 글에 사양함

옛날 정년丁年과 무년戊年 사이 당신의 산문山門에서 선지식善知識을 차례로 참알參謁할 적에 당신이 계신 암자의 장려壯麗함을 한번 보았고, 그 뒤로 연이어 학자들이 왕래함을 인하여 또한 당신이 계신 암자의 성대한 명성을 들었습니다. 그리하여 한 달 정도 자리를 함께하여 길한 광명의 한 조각 그림자나마 부르고 잡으며 인연 맺지 못함을 매양 한스러워하였습니다. 그런데 뜻밖에 당신의 서한이 멀리 궁벽한 골짜기에 이르니, 마치 어두운 곳에 등불을 놓은 것과 같았습니다. 곧바로 편지를 펼쳐 여러 차례 자세히 읽어 보니, 제가 재주 없다고 버리지 않으시고 한곳에 모이기를 바라는 초청의 편지임을 족히 알 수가 있었습니다. 외람되이 이런 은혜를 받은 뒤로 춤출 듯이 기쁜 마음 어찌 그칠 수 있겠습니까. 후한 은혜에 멀리서나마 감사드립니다만 당신의 뜻을 받들어 부응하지 못하는 것은, 제가 회음후淮陰侯가 기식寄食하던 일에 핍진한 형편이고,[19] 팽택 영彭澤令이 관직을 버린 일을 본받지 않기에[20] 몸이 속세의 그물에 묶여 있어 맡고 있는 일들을 놓기가 어려우니, 참으로 이유가 있습니다. 삼가 보중하시기 바랍니다.

辭尙州金龍大成庵請狀

昔在丁戊間。歷叅知識於貴山門。一見貴庵之壯麗。厥後連因學者之來往。亦聞貴菴之盛聲。每恨不匝月同榻。吉光片影。呼携結緣矣。想外華翰。遠及窮壑。如暗得燈。忽邊披緘。細讀數過。足知不以無才棄之。要會一處之邀書也。叨蒙已來。舞蹈何階。遙謝厚賜。然不得奉副者。勢盡淮陰之寄食。不效彭澤之去官。身纒世羅。難釋推尋。良由以也。伏惟珍重。

계동桂洞 석사碩士 이정의李正誼에게 올림

우연히 신흥新興의 뜰에서 얼결에 만났다가 곧바로 헤어지니, 번개 불빛에 실을 바늘에 꿰는 것과 비슷하였습니다. 매서운 추위 속에 고아高雅한 체후가 청정하고 상서祥瑞로우시리라 삼가 생각합니다. 함께 공부하려고 모인 접중接中[21]이 또한 모두 큰 도움을 받아 고인의 삼동三冬의 충분함[22]에 부끄럽지 않음에 이르러서이겠으며, 또 눈을 씻고 마주 바라보는 경지에 이르러서이겠습니까.[23] 저는 10여 명의 납자衲子들과 함께 『화엄경華嚴經』과 『능엄경楞嚴經』을 토론하면서도 아직 차안遮眼에 이르지 못하였으니,[24] 경經을 보는 것이 부족해서이겠지요. 대혜大慧가 하 운사夏運使에게 답한 편지[25]에 이르기를, "도道가 같으면 하늘과 땅처럼 멀리 있어도 함께 있는 것과 같고, 의취意趣가 다르면 얼굴을 보고 있어도 초楚나라와 월越나라처럼 멀리 떨어져 있는 것과 같다."라고 하였으니, 눈을 마주치는 것은 말할 것도 없고, 일산을 기울인 채 얘기를 나누었으니,[26] 어찌 단지 아양峨洋의 사귐[27]일 뿐이겠습니까. 마음이 합하면 불인佛印이 이른바 대천사계大千沙界가 하나의 선상禪床이라는 말[28]이 족히 특이할 것이 없고, 성정性情이 어긋나면 선유先儒가 이른바 도道가 같지 않으면 함께 도모하지 않는다고 한 말[29]이 오히려 너그러운 말이 됩니다. 작별할 때 간곡하게 하신 말씀 가운데 『금강경金剛經』을 가지고 빈도貧道에게 물으셨는데, 이른바 '금강金剛'이라는 말은 비유이니, 자심반야自心般若를 비유합니다. 반야般若에 이리·지智·행行이 있는 것이 저 금강金剛에 견堅·이利·명明이 있는 것과 비슷한 까닭에 금강이라 말한 것입니다. 얽매여서 보면 한평생 낡은 옛 종이를 꿰뚫고 있을 뿐이지만, 통오通悟하여 보면 책을 펼치기도 전에 심화心花[30]를 발명하여 마치 손바닥을 뒤집는 것처럼 환해집니다. 어찌 굳이 울음을 그치게 하는 황엽黃葉[31]에 대해 일개 면목도 없는 이 사람에게 수고로이 물으실 것이 있겠습니까. 비록 이러하지만 손지현

孫知縣처럼 글자를 삭제해서는 안 되고,³² 또 『금강경』에서 말한 "응당 머무는 바 없이 그 마음을 낸다.(應無所住而生其心)"라는 말을 가지고 "『주역周易』의 도는 자주 옮긴다.(易之道屢遷)"라는 말에 조화 회통시키려다 대혜大慧에게 웃음거리가 된 것처럼 해서도 안 됩니다.³³ 그러하니 부디 왼쪽으로 떨어지지도 말며, 오른쪽으로 떨어지지도 말고, 정면으로 나아가서 120근 무게의 물건을 짊어지고 외나무다리(獨木橋)를 지나갈 수 있다면 향산香山 백거이白居易와 동파東坡 소식蘇軾이 선사禪師의 한마디 말에 귀의할 곳을 알았던 1만 미담美談이 되지는 않을 것입니다.³⁴

또 듣자 하니 당신의 접중接中에 화담華潭에게 도호道號를 받는 것을 허여 받은 자가 있다고 하는데, 근세 이래 귀공자貴公子 가운데 어찌 저와 같은 자가 있겠습니까. 우담발화優曇鉢花³⁵가 때로 한 번 피는 것과 같습니다. 비록 그렇지만 이미 그 도호道號와 설법說法, 게문偈文을 받았다면 소홀히 해서는 안 됩니다. 소홀히 해서는 안 됩니다. 바라건대 영공께서는 빈도貧道를 위해 도호를 받은 이에게 다음과 같이 말씀을 전해 주십시오.

"무상無常은 신속하고 생사生死는 일이 크니 만약 헛되이 일생을 지내 보내고 섣달 30일이 도래하면³⁶ 어떻게 저 염라대왕에게 항거할 수 있으랴. 장성했던 모습은 멈춰 있지 않고 마치 불이 재가 되듯이 변하여 재촉하는 세월이 오히려 산천보다 빠르다. 인의仁義 속에서 입신양명立身揚名하고 적멸寂滅 가운데서 수심오성修心悟性한다면 몹시도 만족스러운 일로 두 방면의 학문을 겸하였다고 이를 만하겠지만, 만약 혹시 단지 그 글만을 받는다면 비록 선생의 문하에 들어가더라도 잃어버린 양을 찾을 길은 깨우치지 못하며, 한갓 선우善友의 집을 지나침이니, 옷 속의 진주를 찾아 헤매는 것과 같을 뿐이다.³⁷ 평소 교분이 없는 사람 앞에서 이처럼 슬퍼하고 근심하면서 갈등葛藤³⁸이 너무 많은 것은 허물을 부르는 방법이다. 그렇지만 이미 불법佛法의 호를 받았다면 이 가운데 사람이기 때문에 이 가운데 일(箇中事)과 함께 한길로 통하는 것이다. 이와 같은 이 이야기(一絡索)는 또 한 자루의 섣달 부채와 비슷한 말이지만 근래 추위와 더위(寒暄)가 일정하지 않을 듯하기에 또한 없어서는 안 될 것이다. 한번 웃는다."[39]

上桂洞李碩士正誼

偶於新興庭畔。乍逢乍別。彷彿然電光影裡穿針相似也。伏惟寒威。雅履淸祥。一會接中。亦皆得鼎重。而至於不愧古人三冬之足乎。又至於拭靑看對之境乎。影與十數介衲子。相論華嚴楞嚴。猶未至遮眼。看經欠哉。大慧答夏運使書云。道契則霄壤共處。趣異則覿面楚越。目擊不直。傾盖甞音。豈但峨洋。心合則佛印所謂大千沙界一禪床。不足奇特也。情違則先儒所謂道不同不相爲謀者。猶爲緩徐語也。臨別叮嚀云。以金剛經。來問貧道。所謂金剛。喩也。喩於自心般若。般若有理智行。類彼金剛之有堅利明故也。局看則百年鑽古紙而已。通之則未開卷時。發明心花。如返諸掌矣。何須止啼之黃葉。勞問於一介無面目漢乎。然雖[1]如是。無以削字同孫知縣。又不以經中所言應無所住而生其心。和會於易之道屢遷。笑殺於大惠。[2] 幸須不落左不落右。正面而去。如擔得百二十斤重物。過獨木橋上。則不全美於白香山蘇東坡一言下知歸者也。又聞貴接中。有華潭許受號者。挽近以來貴公子。豈有如彼者。如優曇鉢花時一現矣。雖然旣受其道號。及說法偈文。不可忽不可忽。願令公爲貧道。傳說於受號者曰。無常迅速。生死事大。若空過一生。臘月三十日到來。如何抗彼閻家老子乎。壯色不停。如火成灰。年事促急。猶勝山川。立身揚名於仁義之中。修心悟性於寂滅之上。則可謂千足萬足。學兼兩輟。如或但受其文。則雖入先生之門。不曉亡羊之路。徒過善友之舍。猶迷衣內之珠耳。素昧平生人前。如許怛怛忉忉。葛藤太多者。招尤之道也。然旣受佛法之號。便是箇中人。故以箇中事。一線通之也。如上遮[3]一絡索。又如一柄臘月扇子。恐近來寒暄不常。也小不得。一笑。

---

1) ㉮ '然雖'는 '雖然'의 오자인 듯하다.　2) ㉮ '惠'는 '慧'의 오자인 듯하다.　3) ㉮ '遮'는 '此'의 오자인 듯하다.

흥국사興國寺[40] 만월보전滿月寶殿과 시왕十王 중수기重修記

금상今上께서 즉위하신 지 18년 되는 가경嘉慶 무인년(1818, 순조 18) 봄에 기허당騎虛堂 탄학 대사坦鶴大師께서 만월보전滿月寶殿을 중수重修하였다. 처음 창건한 것은 어느 시대인지 알 수 없지만 중수한 것은 뒤에 살펴보니, 네 차례일 뿐이었다. 그 새고 떨어진 것을 보수하고, 또 명부전冥府殿에 있는 시왕十王의 단청을 다시 칠하였다. 낙성하는 날 삼륜三輪[41]을 두루 걸어 훗날의 실증이 되게 하였다. 변변찮은 내가 재주 없음을 헤아리지 않고 그 실제를 창도唱導하여 이 일을 서술하고자 한다.

살펴보건대 무상無上의 법왕法王은 드넓은 찰해刹海를 넉넉히 소유하고 커다란 법계法界를 몸소 두루 다니신다. 더구나 자심自心의 법당法堂은 용한龍漢[42] 연간 이전에 경영되고 건립되었으며, 성색聲色 너머에 있으므로 견고하여 무너지지 않는다. 그러하니 어찌 우전왕于闐王이 부처님을 사모하여 불상을 만든 일을 빌리겠으며,[43] 어찌 황금을 주고서 맞이하여 헌납하기를 기다리겠으며,[44] 또한 어찌 음광 대사飮光大師가 일월日月을 삼킨 보응이 있겠는가.[45] 그렇지만 한번 심왕心王[46]을 배반하면 육도六道[47]가 대부분 어긋나 버리기 때문에 부처님께서 팔상八相으로 나투셔서[48] 달(月)이 천 개의 강에 비치듯이 두루 살펴 중생의 병원病源에 맞게 약품藥品을 베풀어 만 가지 처방을 내리신 것이다. 그래서 석가와 약사藥師라는 다른 호칭이 있고, 만월滿月[49]과 감인堪忍[50]이라는 다른 세계가 있게 된 것이다.

게다가 지옥이니 명부니 하는 것은 권면하고 징계하기 위해서임에랴. 대체로 상像像을 세워 존경하고 각閣을 세워 숭모하여 특별히 절하는 자로 하여금 장수하게 하고, 비는 자로 하여금 복을 받게 하며, 분향焚香하는 자로 하여금 재앙을 없애 주고, 공양을 올리는 자로 하여금 온갖 일마다 길상吉祥이 있게 하면서 그 유래한 바를 잊지 않는 데 이르게 하고, 또한 자심自心을 깨닫지 못하는 자들로 하여금 상계像季[51]의 후오백년[52] 중에 발심發心하고 기신起信하게 한 것이다. 비유하자면 빈 고을에 나아가면서 의심할 것이 없는 것과 같다.[53] 그렇지만 공덕功德과 행사行事의 훌륭함을 칭송하고 찬양하는 것은 족히 기록할 것이 못 되므로 다시 긴요한 말을 다하지 않고 훗날을 기다린다.

興國寺滿月寶殿與十王重修記

當宁涖阼之十八年嘉慶戊寅春。有騎虛堂坦鶴大師。乃重修滿月寶殿。盖始創不知何代。而但得重脩後考之四度而已。補其漏落。又改彩冥府十王。其落成之辰。普揭三輪。要爲後實。不伎不揆不才。欲唱其實。以叙此事也。觀夫無上法王。富有利海之廣。身遍法界之大。況自心法堂。經營建立於龍漢年前。聲色那畔。堅固不壞。何假于闐之慕成。何待布金而迎獻。亦何有於飮光大師呑之日月之報也。然一背心王。六道多差。由是八相化身。月照千江。稱衆生之病源。設藥品而萬方。故有釋迦藥師之異號。滿月堪忍之別界。況至於地府。所以勸懲者乎。盖設像尊之。建閣崇之。特使拜者壽。禱者福。焚香者滅灾。獻供者。隨萬事而吉祥。以至乎不忘其所從來。而亦使不能覺自心之者。發心起信於像季後五百歲之中也。譬夫昇虛邑之無疑矣。然稱讚功德行事善美。不足爲記。而又未盡要辭以待後日焉。

석왕사釋王寺 대웅전大雄殿 중수기重修記

 옛날의 임금 궁실은 흙 계단이 세 단이었고 띠풀을 다듬지 않고 이었다. 그렇지만 그 광채가 온 누리에 미쳤으며 위아래로 하늘과 땅에 이르렀으니,[54] 그 당시에 어찌 붉은 난간이며 푸른 기와, 채색한 기둥이며 아로새긴 섬돌이 있었겠는가. 무릇 문장文章으로 귀천貴賤을 표시하고 예의禮義로써 존비尊卑를 구별하나니, 이는 인간 세상에서 없을 수 없는 것이다. 베푸는 데 싫증내지 않고 고독한 이들에게 보시한 것[55]은 다른 나라의 풍속이고, 청원靑園에 번개가 치고 백련白蓮의 꿈을 꾼 일[56]은 천고千古에 한 번 있었던 일이니, 모두 오늘날의 선비들과 함께 논할 수는 없거니와, 본사本寺의 연기緣起에 대해 헤아려 보면 사찰들 가운데 우뚝한 것은 우리 성군聖君(태조 이성계)께서 남기신 글이 분명한 증거이다. 드넓은 천하 수만 리에 걸쳐 그 안에 가득한 창생들이 혹여 꿈속에서라도 누가 감히 헤아리고 말하면서 비판할 수 있겠는가.

 무릇 이 대웅전의 창건은 홍무洪武 27년 갑술년(1394)에 있었으니 실로 성조聖祖께서 창업하신 세 번째 해였고, 보광전普光殿이라고 명명한 것을 숭정崇禎 기원 17년 갑신년(1644, 인조 22)에 벽암 대덕碧巖大德이 중건하면서 대웅전이라고 개칭하였다. 앞뒤로 성쇠盛衰의 곡절과 이 훌륭한 일을 주간한 여러 명류들의 명첩名帖은 모두 선인先人의 서술에 실려 있거니와 지금 기록하는 것은 단지 지금 막 중수하게 된 사실일 뿐이다. 그런데 다시 화갑花甲이 돌아오기 전 기유년(1669, 현종 10)에 행정 장로行淨長老가 또다시 중건하였다. 근세 이래로 사찰의 모습이 쇠락하였으되 이 대웅전의 퇴락은 예전에 비해 더욱 심하여 차마 폐허로 방치하기가 어려웠으므로 정미년(1847, 헌종 13) 겨울부터 사찰의 승려 원여元如와 상률尙律 등이 시주를 모으는 일을 자원하여 풀길과 돌길 사이에서 비바람을 무릅쓰고 얼음 물가와 진흙 비탈에서 손발이 부르터 가면서 수백 성星의 동銅을 모아다가 무신년(1848, 헌종 14) 초여름에 대웅전을 중수하고 서너 곳에서 공역을 이어 가 무너진 것들을 바로 세우고 훼손된 것들을 완성하였으니, 처음 창건할 때의 성덕聖德을 저버리지 않고 앞 시대를 이어 완공했던 성공盛功을 실추하지 않았다고 이를 만하다. 옛날의 면목이 이에 다시 새로워졌으니 과연 이제二帝의 강역에서 임금을 받들고 삼대三代의 세상에서 중생을 제도할 수 있다면, 비록 화려한 당에서 비단 옷을 입고 지내더라도 또한 인의도덕仁義道德의 경계에 무슨 해가 되겠는가.[57] 아!

釋王寺大雄殿重修記

古之人君。土階三等。茅茨不剪。然光被四表。格于上下。那時豈有朱欄碧瓦。畫楹彫砌。夫文章以表貴賤。禮義以別尊卑。此人世之所不能無者也。施無厭。給孤獨。殊方異俗。靑園電。白蓮夢。千古一事。皆不足與時士論。原於本寺之緣起。則拔出萃類。聖文明證。普天下幾萬里。滿中蒼生。其或夢寐間。誰敢擬寓語會以議之哉。夫此殿之創。在於洪武二十七年甲戌。實聖祖創業之第三年。而號曰普光殿。崇禎紀元之十七年甲申。碧巖大德重建。改號曰大雄殿。前後盛衰之候。幹善諸名之帖。悉載於前人之述。今之所記。只以方今重脩之事實而已。然再周花甲前己酉歲。行淨長老又復重建。挽近以來。寺樣凋殘。此殿之頹毀。比前尤甚。難忍廢置。故自丁未冬。寺僧元如尙律等。自願化行。餐風沐雨於草巷石逕。手龜足璽於冰涯泥坂。鳩得數百星銅。以其戊申肇夏。重修大雄殿。繼役三四處。頹者正。毀者成。可謂不負初創之聖德。不墮繼完之盛功。昔日面目。於斯叓新。果能奉君於二帝之域。濟衆於三代之世。則雖玉堂錦衣。亦何傷乎仁義道德之境也。吁。

석왕사釋王寺 명부전冥府殿 중수기重修記

선성宣聖(공자)께서 『춘추春秋』를 지으시자 소인小人들이 두려워하였고, 능인能仁(부처)께서 천당과 지옥을 설법하시자 완우頑愚한 이들이 겁을 먹었다. 그들로 하여금 두려워하고 겁을 먹게 한 까닭은 선으로 옮겨 가게 하는 데 있었다. 그래서 "몽둥이(棒杈)를 마음대로 번갈아 사용하지 않는다면 깨달음의 땅에 오히려 한 사람도 보기 어려우리라."라고 한 것이다. 비유하자면 오형五刑[58]이 제정되자 윤상倫常이 행해지고, 삼장三章[59]이 요약되자 강유綱維가 펼쳐진 것과 같다. 명부冥府의 설은 불경佛經에 나오고, 승사僧史에 실려서 감응感應한 사적에 자주 나오니, 비록 어리석은 사람이라고 하더라도 믿지 않은 적이 없다. 이 가운데 본사本寺의 명부전冥府殿은 옛적에 창건되어 흥폐興廢가 무상無常하였다. 근년 이래로 다른 법우法宇들과 함께 퇴락된 지가 자못 오래되었는데, 내수사內需司를 통해 대궐에 전달하여 성조聖祖께서 불법을 숭앙崇仰하시는 까닭으로 중수하라는 은전을 후하게 내리셨다. 그렇지만 손댈 곳은 많은데 물자가 여전히 부족하여 절을 맡은 상인上人 보기寶機가 대철大哲과 유신有信 등으로 하여금 악공樂工 수십 명을 거느리고 다니며 인연을 모으고 재물을 모아 일정에 맞추어 일을 마치었다. 이 사람들은 많은 데에서 취하여 적은 데에 보태 주어[60] 용재用財에 졸렬하지 않다고 이를 만하다.

釋王寺冥府殿重修記

宣聖作春秋。小人懼。能仁說堂獄。頑愚怵。其使懼且怵之致。在乎遷善也。故曰棒杈若不橫交用。覺地猶難見一人。譬夫五刑制而倫常行。三章約而綱維陳。冥府之說。現於佛經。載於僧史。頻出於感應傳蹟之間。雖愚夫愚婦。未嘗不孚信。于中本寺之冥府殿。創在昔時。興替無常。挽近以來。與他法宇。同爲圮破。時有暫久。緣內需司。轉達于重宸。以聖祖崇仰。厚賜重修。然役處夥而物猶欠。知寺上人寶機。使大哲有信等。領樂工數十人。募緣鳩財。克日竣事。若人也。其可謂裒多益寡。不拙於用也已。

석왕사釋王寺 범종각泛鍾閣 중수기重修記

내가 사실私室에서 병으로 칩거하며 문을 닫고 교유를 끊었는데, 홀연 어느 날 모일에 계수契首 보관 상인普寬上人이 문을 두드리며 고하기를, "본사本寺에서 계契를 둔 것을 계고稽考해 보면 민일旼日에게서 시작되었으니, 유래된 세월이 오래입니다. 그 당시 얼마나 넉넉하였는지는 알 수가 없지만, 제가 귀로 듣고 눈으로 본 것을 가지고 말해 보면 뇌묵 선사雷默先師[61]께서 살아 계시던 말년에 약간의 재물을 저희들에게 전해 주시어 저희들이 받아 불렸습니다. 재물을 불렸던 뜻은 절을 보수하려는 데 있었는데, 하늘이 반드시 보우하시어 재물이 이에 여유 있게 되었습니다. 그래서 먼저 범종루泛鍾樓를 수리하고, 그 다음에 시왕재十王齋에 바치고서 불후不朽하게 해 달라는 뜻으로 사람들에게 알리고, 뒤에 저희를 잇는 이에게 준행하여 폐기하지 않도록 하고자 하니, 원컨대 선사께서 한마디 말씀으로 기문을 지어 주시기 바랍니다."라고 하였다.

내가 이에 응답하여 "아! 나는 평소 문장을 익히지 않은 데다 겸하여 병까지 있어 필연筆硯을 놓아 버린 지 이미 오래되었으니, 어찌 기문을 쓸 수 있겠는가. 그렇지만 성조聖祖께서 이 절을 창건하신 덕과 선사先師께서 절을 지키신 공력을 추념해 볼 때 의리상 끝내 사양할 수가 없다. 삼가 율시 한 수를 제題하고 작은 서문을 앞에 두어 후인들이 듣고 볼 수 있도록 하노라."라고 하였다.

釋王寺泛鍾閣重修記

余病蟄私室。杜門濶交。忽於一日甲子。契首普寬上人。敲門以告曰。稽考本寺之有契。始於旼日。而歲所由來久矣。未知那時豊約之如何。然以我所耳目者言之。雷默先師末年。以如干物。傳於我輩。我輩受而殖之。殖物之意。在於補寺。天必佑之。物玆有裕。先修泛鍾樓。次獻十王齋。以其不朽之意。塗諸耳目。要後繼我者。遵而勿替。願師一言以記之也。余應之曰。噫。我素不閑文墨。況兼以病。撥置筆硯已久。何足記爲。然追念聖祖建寺之德。先師保寺之功。義不可以終辭也。謹題一律。弁以小叙。以爲後人之耳目焉。

벽송대기 碧松臺記

무릇 진세塵世의 즐거움은 부귀영달富貴榮達보다 더 좋은 것이 없다. 그렇지만 간혹 그 즐거움을 버리고 산중의 삶을 기약하여 초가를 짓고서 일생을 보내는 자가 있으니, 무슨 즐거움을 즐거워하여 그러한 것인가. 그 즐거워할 바를 즐거워한 것이니, 중인衆人들의 즐거움을 즐거워한 것이 아니다. 이원李愿은 속세의 선비였는데, 반곡盤谷에서 즐거워한 일[62]은 그 그윽이 묻혀 사는(幽潛) 즐거움을 즐거워한 것이었고, 원 공遠公은 개중箇中(불가)의 사람이었는데, 여산廬山에서 즐거워한 일[63]은 그 현허玄虛의 즐거움을 즐거워한 것이었다.

도광道光 갑오년(1834, 순조 34) 여름에 석암碩巖 선사께서 그 승도僧徒 묘협妙洽과 함께 설봉산雪峰山의 원통암圓通菴에 한 터를 얻어 대나무 몇 개를 바위 모서리 사이에 잇대고 엮어서 거처를 만들고는 평소 품고 있던 즐거움을 이루려고 생각하였다. 그런데 산사람 경한擎瀚 역시 작은 손길을 내어 도우니, 사람들이 모두 벽송대碧松坮라고 일컫는 곳이다. 이보다 30년 전에 설송 태전雪松太顚 스님이라는 분이 북방에서 와서 터를 잡고 암자 하나를 지었는데, 암자가 오래되어 저절로 무너져 내려서 나뒹구는 돌들과 뒤엉킨 칡덩굴 사이에 오직 상고할 수 있는 한 조각 비석만이 있었다. 거기에는 '강희병오사월일康熙丙午四月日'[64]이라고 새겨져 있었는데, 오랫동안 완미해 보니 의문점이 없을 수가 없었다.

벽송碧松 스님[65]은 남방 부안扶安 출신으로, 황명皇明 천순天順 갑신년(1464, 세조 10) 3월 15일에 태어나시고, 가정嘉靖 갑오년(1534, 중종 29) 11월 초하루에 입적入寂하셨으니, 대청大淸 강희 병오년에서 거슬러 헤아려 보면 130여 년이 된다. 남북으로 천 리나 떨어져 있는 거리야 혹 인연을 따라와 주석하여 처소가 일정함이 없으니 그럴 수도 있겠지만, 그 백 년이나 차이가 나는 시간은 어찌 서로 어긋나지 않겠는가. 어떤 이가 "표석表

石을 새긴 이 일은 반드시 중건하였을 때일 것이니, 벽송대라고 전해 오는 이야기는 응당 창건한 일을 가리키는 것이다."라고 하였다. 비록 그렇지만 사실을 기록한 것마저도 없어서 흐릿하게 마치 상고시대에 끈을 엮어(結繩) 의사를 표시하던 때[66]와 같으니, 아득하여 궁구할 수가 없다.

천 개의 봉우리가 병풍처럼 둘러 있고, 한 시내가 문빗장처럼 집에 임해 있으니, 속진俗塵의 화복은 백 년 인생이 한바탕 꿈인 것과 같다. 한나절 일정이 걸릴 만큼 높이 자리한 곳에서 약간의 경치를 굽어보니, 눈 아래의 안개 너머 너른 들판이 어느새 봄가을이 바뀌는 듯하고, 손가락 끝의 하늘가 뭇 산들이 문득 사라졌다 드러나니, 이것들이 모두 이 벽송대의 기이한 볼거리이다. 아, 즐거움은 즐거워하는 이에게 돌아가고, 공로는 공을 세운 이에게 돌아가니, 내가 이 벽송대에 올라 그 옛사람이 그 즐거움을 즐거워한 일에 느낌이 있어 기문을 짓는다.

碧松臺記

夫塵世之樂。莫有過於富貴榮顯。然間或有背其樂。而約於山而結其廬。以送其天年者。樂何樂而然歟。樂其所樂。非夫衆人之樂之樂也。李愿俗士也。盤谷之樂。樂其幽潛之樂。遠公箇人也。廬山之樂。樂其玄虛之樂。道光甲午夏。碩巖禪師。與其徒妙洽。相得一基於雪山之圓通菴。數箭道巖角間。結以爲捿。擬作素懷之樂。山人擎瀚。亦出一隻手相助。人皆稱碧松坮也。前此三十年。有雪松太顚師者。自北方來。卜搆一菴。庵久自壞。雜石蕆葛之間。惟有一片石可考者。刻曰康熙丙午四月日。翫味久之。不可無疑。盖碧松師翁。南方扶安産也。皇明天順甲申三月十五日生。嘉靖甲午十一月初一日寂。自大淸康熙丙午歲泝計。則百有三十餘年。南北千里之遠。或恐隨緣甁錫。處所無定。其百年之隔。豈不相違。或曰表石之刻。此必重建也。相傳之稱。應指草創也。雖然幷無記實。依俙若結繩時事。紗莫可究也。千峯屛圍。一溪扃臨。塵間禍福。一夢百年。高當半日之程。俯觀若干之景。眼底之烟外大野。於焉春秋。指頭之天畔羣山。斯忽晦明。皆此臺之奇觀也。噫。樂歸樂人。功歸功人。余登斯坮也。感其古人之樂其樂而記之。

승선교기 升仙橋記

승선升仙이라는 말은 비比이다.[67] 하늘은 텅 비고 땅은 그윽하며, 꽃은 활짝 피고 새들은 날아오르는데, 생애는 한 바리때 물에 부치고, 신세는 한 조각 구름과 같으니, 어찌 천년 뒤에 신선으로 화하여 화표華表 위에서 훨훨 날던 백학白鶴과 비슷하지 않겠는가.[68] 승선이라는 말은 흥興이다. 봄에는 바람을 쐬고 가을에는 달을 구경하며 앞에 가는 자는 읊조리고 뒤따르는 자는 춤을 추면서 종일토록 돌아갈 줄 모르니, 이 어찌 또 조물주의 화로 속에 천기天機를 노닐게 한 것이 아니겠는가. 승선이라는 말은 부賦이다. 속심俗心을 끊고 피안彼岸에 올라 불이문不二門에 들어가[69] 조계曹溪의 방[70]에 앉으니, 또한 어찌 금선씨金仙氏[71]의 커다란 환상의 경계에 몸이 오르는 것이 아니겠는가.

옛날 전성기에는 석홍교石虹橋가 있었는데, 순묘純廟 경오년(1810)에 거센 물살에 무너져 묻혀 이곳을 지나는 이들의 근심거리가 된 지 거의 30년이 되었다. 금상今上 계묘년(1843, 헌종 9) 가을 경오에 갑수甲首[72] 완성玩城 스님이 제일 먼저 이에 대한 논의를 꺼내 계원契員들을 모아 개미처럼 한마음으로 도모하고 벌떼처럼 열심히 공역에 종사하여 무너져 내린 것을 보수하고 일으키려고 생각하였는데, 석재石材는 위태롭고 토사土砂는 무너져 내리기에 목재木材로 하는 것만 못하였다. 그래서 돌을 빼내어 터를 다지고 나무를 베어 다리를 만들어 옛날의 돌을 대신하여 시내를 건너는 고생을 덜게 되었다. 뒤에 혹 앞서와 같은 폐단이 생기는 것이야 죽루竹樓의 옛일[73]을 기약하고, 이어 승선升仙이라 명명하고서 율시律詩 한 수를 붙여 내가 소홀히 여기지 않는 뜻을 보인다.

升仙橋記

升仙之言。比也。天空地幽。花開鳥飛。生涯一鉢水。身勢一片雲。豈非類夫華表上翩翩白鶴羽化於千載乎。升仙之言。興也。春而風。秋而月。前者咏。後者舞。終日忘返。此豈又非造化爐中游泳天機乎。升仙之言。賦也。斷俗心。登彼岸。入不二門。坐曹溪室。則亦豈不是身登於金仙氏一大幻域乎。昔在全盛時。有石虹橋。純廟庚午。刢水圮沒。爲行人之所憂者。殆三十寒暑矣。當宁癸卯秋。有庚午甲首玩城師。首出其議。與合契員。蟻謀蜂役。思欲補圮興廢。而石則危。土則解。不如木之爲愈。故驅石以築基。伐木以造橋。代其昔日之石。以濟越川之苦。後或如前之弊。則以竹樓古事期之。仍以升仙名之。續以一律。示余不忘之意也。

단풍원기 丹楓園記

　임신년(1872. 고종 9) 9월 보름 달밤에 수락산인水落山人 영허자暎虛子가 그 동포同袍의 손님 서너 사람과 함께 차를 마시고 운자韻字를 부르며 높은 산속 붉게 물든 나무 사이에 모였다. 맑은 바람은 구름을 움직이고, 이지러진 봉우리는 달을 토하여 산 그림자는 달빛 아래 고요하고, 기러기 소리는 찻잔 속으로 들어왔다. 소매를 잡고 서로 읊조리자 맑은 바람과 밝은 달은 돈을 쓰지 않아도 절로 찾아왔다. 지팡이를 들어 돌을 두드리니, 졸던 새와 꿈에 든 학이 외로운 구름과 함께 쌍쌍으로 날아올라 북두성에 이르러 그 자루를 맴돌았다. 달빛이 바야흐로 환히 비추고 있으니, 비록 시와 잔은 이미 다 끝났다고 하더라도 남은 흥은 아직도 사랑할 만한 서리 맞은 단풍과 가을 달을 저버리지 않았다. 이어서 손님들과 함께 읊조리니, 그 노래는 다음과 같다.

　　가을 달이 고요하고 어여뻐라.
　　품에 안고 노닐 만하고
　　서릿바람이 쓸쓸하고 서늘해라.
　　좋기도 하다가 시름겹기도 하구나.
　　차는 다 떨어지고 시도 다 읊조리니
　　밝은 달과 함께 늘 벗이 되네.
　　달빛 아래 긴 지팡이를 멈추고
　　돌 의자를 쓸고 스스로 기대어라.
　　일생의 덧없음을 생각하노라니
　　한가로이 노닐지 않고 어디로 가랴.
　　내 평소 한스럽게 여기는 바는
　　바로 그때에 만끽하지 못하는 것이라네.

세상에 오래도록 백락이 없으니
비록 말이 있어도 누가 알아주리.[74]

丹楓園記

壬申菊望之月夕。水落山人暎虛子與其同袍之客三四人。携茶呼韻。卜會于高岑紅樹之間。淸風撥雲。缺峯吐月。山影靜於月色。鴈聲侵於茶舠。把袖相吟。淸風明月。不用錢以自來。擧節鳴石。睡鳥夢鶴。與孤雲以雙飛。以至乎斗星回魁。月光方明。雖曰詩樽已傾。然而餘興。猶不負於霜楓秋月之可愛也。仍與客而吟之。其歌曰。

秋月窈窕兮。可抱可遊。霜風蕭瑟兮。且好且愁。茶已盡兮詩亦盡。與明月以恒朋。停長節於月下。掃石榻而自憑。思一生之容易。不閑遊而何之。吾常日之所恨。不得全於當時。世久無於伯樂。雖有馬以誰知。

내원암內院庵의 범종을 주조한 일에 대한 기문

종鍾이라는 물건은 몸체가 둥글고 가운데는 비어 있어 두드리면 응하여 소리를 낸다. 음악에서 금음金音이라 명명하니, 비록 알밀遏謐하는 때[75]라도 그치지 않는다. 무신년 암자가 불타기 전은 내가 감히 자세히 알지 못하거니와 기유년에 암자를 중건重建한 뒤에 함월涵月,[76] 완월翫月,[77] 뇌묵雷默[78] 등 여러 선사들이 종을 주조하려는 뜻이 있었지만 이루지 못했는데, 지금 비로소 화로火爐 하나로 주조하니, 무게가 1백 근斤이었다. 이때는 바로 숭정崇禎 기원후紀元後 네 번째 임진년으로 순묘純廟 32년(1832) 가을 8월이었다. 송頌은 다음과 같다.

    소리가 동쪽에 울려 퍼지니
    푸른 바다 만 리에 뻗어 천공에 닿았어라.
    봉래산 1만 2천 봉의 경색이
    달 따라 바람 타고 이곳으로 들어오누나.

    소리가 서쪽에 울려 퍼지니
    무량수불처럼 성상께서 장수하시리.
    수마제국[79]은 지금 어디에 있느뇨.
    기후 알맞고 순조로우니 다시 무엇 바라리.

    소리가 남쪽에 울려 퍼지니
    백 개의 성 다니며 쉰세 명 선우善友를 참알하네.[80]
    그 길에서 먼 나라 사신을 만난다면
    우리 임금님 성덕도 말해야 하리.

소리가 북쪽에 울려 퍼지니
본래 이곳은 함산 풍패의 나라라네.[81]
변방의 비와 먼지에도 근심 없어
촌야의 술자리 노랫가락 질펀하기도 해라.

소리가 가운데 울려 퍼지니
오운 자욱한 곳에 자미궁이 있네.[82]
감반[83]과 같은 신하들이 보필하니
이제二帝의 천지요 삼대의 풍속이로다.

소리가 하늘에 울려 퍼지니
요지의 연회[84]에 뭇 신선이 취했어라.
베풀고 받는 이가 똑같이 자리에 참여하여
누쇠漏衰한 사바세계[85] 드러나지 않게 하네.

소리가 땅에 울려 퍼지니
지옥 중생들이 모두 이로움을 얻었네.
말하노니 삼도와 팔난[86] 속에서
심지를 스스로 봄에 둘이 아님을 알리라.

소리가 나에게 울려 퍼지니
세속에서 임금께 충성하고 어버이께 효도해야 하리.
세간 떠나 중생 구제함도 다 이미 공이니
모두 회향하여 원만히 과를 이루게 하노라.

쯧, 이 무엇인고? 곧바로 알아야 한이 없으리.

內院庵鑄鍾記

鍾之爲物。體圓中虛。敲之則應。樂名金音。雖遏謐之時。不止焉。戊申菴火之前。余未敢詳矣。己酉重建之後。涵月翫月雷默諸先師。有志未遂矣。今始一爐以鑄。重百斤。時乃崇禎記[1]元後四回壬辰。純廟三十二年秋八月也。頌曰。

聲在東。滄溟萬里接天空。蓬萊萬二千峯色。隨月乘風入此中。聲在西。彌陁佛壽一人齊。須摩提國今何處。時若雨暘夏有奚。聲在南。詢友百城五十三。路上如逢三譯使。吾王聖德亦須談。聲在北。元是咸山酇沛國。塞雨邊塵無處愁。野歌村酒有時劇。聲在中。五雲多處紫微宮。時臣有若甘盤類。二帝乾坤三代風。聲在天。瑤池筵上醉羣仙。等同施受粲其席。使彼漏衰不現前。聲在地。金水鐵山俱得利。爲報三途八難中。自看心地知無貳。聲在我。於世忠君親孝可。出世濟生盡已功。皆令回向圓成果。咄。是箇甚麽。直得無恨。

---

1) ㉠ '記'는 '紀'의 오자인 듯하다.

상량문
上樑文

보개산寶盖山 축성암祝聖庵 상량문

　서술하건대 도인道人의 약포藥圃가 옛적에 열렸으니, 구름 너머 훨훨 나는 백학의 그림자 드리우고, 화상和尙의 정사精舍를 새로이 지으니, 허공 중에 땅땅 지팡이 짚고 노니는 소리 들리네. 명산대천名山大川 가운데 땅을 간택하여 보개산의 성주聖住에 터를 잡았구나. 삼십육동천三十六洞天**87** 가운데 부개浮盖가 제일이라고 일컬어지니 도인導引의 현언玄言을 문득 들은 것이요, 이십팔장봉二十八將峯 가운데 환희歡喜가 가장 높은 봉우리 되니 지장地藏의 진면眞面을 항상 바라보네. 봉래산蓬萊山과 설악산雪嶽山의 승경勝景과 대등하니 비록 깨끗한 바위나 맑은 물은 없지만, 태백산太白山과 청량산淸凉山의 사이에서 명성이 높으니 언제나 깊은 향기와 짙은 풍광이 있네. 승경을 찾아 깊이 들어가 우의羽衣 입은 신선들과 어울리고, 진경眞景을 찾아 돌아갈 줄 잊으며, 장삼 입은 선승들과 소요하네. 이곳에 암자를 마련한 이 누구인가. 기봉당奇峯堂 쾌성快誠과 청신사淸信士 황유晃維로다. 젊은 시절 공명功名의 진구塵臼**88**를 좋아하더니, 만년에 법계法界 도량으로 피하였구나. 그 마음은 녹수綠水와 청산靑山을 사랑하고, 그 성정은 홍진紅塵과 자맥紫陌**89**을 싫어하였네. 우뚝한 뜻 굽히지 않으니, 원 공遠公이 동림東林에서 백련사白蓮社를 결성한 일**90**을 마음으로 사모하였고, 한가로운 즐거움 다하지 않으니, 이원李愿이 반곡盤谷에 은거했던 일**91**과 자취가 같네. 불이문不二門에 대해 입을 닫고 대답하지 않은 이는 바로 10홀笏 크기 방장方丈에 들어앉은 유마維摩 거사였고,**92** 면벽面壁 수행으로 일법一法을 전한 이는 바로 9년 동안 소림少林에 있었던 달마達摩 대사였네.[93] 만금을 바쳐 정성을 표하니 황제가 동태사同泰寺에 거둥하여 참알하였고,[94] 풀 하나 꽂아 사찰을 세우니 제석천왕이 연등불燃燈佛 영접하여 예의를 표하였네.[95]

사람은 예와 지금이 같지 않기도 하지만, 도는 범인과 성인이 무슨 차이가 있겠는가. 지금은 가경嘉慶 12년(1807)이요, 성상聖上(순조) 즉위 후 7년이라. 구름에 닿을 듯 높이 솟은 바위들을 깎아 내고 녹나무며 소나무로 집을 엮었네. 산빛이 그윽하니 급고給孤의 동산[96]이 어렴풋하고, 수풀이 무성하니 조계曹溪의 장실丈室[97]이 아스라하네. 석가께서 세 번 변한 화토化土[98]를 절로 용납하고, 노능盧能의 한 폭의 포단蒲團[99]을 펼 만하구나. 찬미하는 사詞는 강엄江淹의 붓[100]이 없음이 부끄럽고, 들보 올리는 송頌은 이하李賀의 문장[101]을 본받기 어렵구나. 짧은 서문을 삼가 쓰고 긴 들보 드는 일을 돕노라.

들보를 동쪽으로 드니
푸른 물결 가운데 태양이 솟아오르네.
상서로운 빛 항하사恒河沙 세계에 가득 비추니
성상의 장수 늘 일월궁과 같으리.

들보를 서쪽으로 드니
구품연화[102] 가는 길이 하나로구나.
동림의 백련 결사 참여한 선비들을
극락에서 다시 보고 함께하길 바라네.

들보를 남쪽으로 드니
영주봉과 환희봉이 서로 참알하네.

승려가 지장의 원력을 함께하기 바라니
자비희사의 마음[103] 온 얼굴에 머금었네.

들보를 북쪽으로 드니
성상께서 만수 누리시라 조석으로 축원하네.
흩어져 있는 시원市園 곳곳마다 별들이
자미극[104] 맞이하고 경배하며 둘러 있네.

들보를 위로 드니
해와 비가 알맞고 순조롭게 하늘에서 내려오네.
왕후께서 종사[105]처럼 길이 후사를 양육하시니
일월성신 그 빛으로 경하드리네.

들보를 아래로 드니
태평 시절 풍광風光이 조야에 흡족해라.
정명淨名[106]의 뜻 위의 또 다른 세상이니
이것이 우리 불가의 신이한 것이라네.

　삼가 바라건대 들보를 올린 뒤에 밝은 별빛 두루 비추고, 경사스런 구름 때때로 일어나며, 승속僧俗이 한마음으로 정성스레 기원하여 백 대가 지나도 없어지지 않게 해 주시며, 산야山野가 한뜻으로 길복을 축원하여 천겁이 지나도 길이 보존되게 해 주소서.

寶盖山祝聖庵上樑文

述夫道人之藥圃舊開。雲外翩翩白鶴影。和尙之精舍新建。空中鍠鍠飛錫聲。相地於名山大川。得基於寶盖聖住。三十六洞天。浮盖稱第一。即聞導引之玄言。二十八將峯。歡喜爲最尊。常見地藏之眞面。品齊於蓬萊雪嶽之勝。雖無白石淸流。名高於太白淸凉之中。常有沉香濃色。探勝溪入。翩遷羽衣之侶。尋眞忘返。逍遙雨衲之禪。卜居者誰。奇峯堂快誠。淸信士晃濰。早悅功名塵臼。晚逃法界道場。心愛綠水靑山。性厭紅塵紫陌。卓志不屈。心慕遠公之結社東林。康樂無央。迹同李愿之隱居盤谷。杜口不貳門。卽維摩十笏方丈。壁面傳一法。是達摩九歲少林。貢萬金表誠。帝幸同泰寺彖偈。[1] 揷一草建刹。王迎燃燈佛來儀。人或古今不同。道則凡聖何異。今玆嘉慶十二歲。聖上之七年。駕鑿雲石。結搆楠松。山光窈窕。隱現給孤之園。林樾軒昻。[2] 縹緲曹溪之室。自容釋迦之三變化土。可敷盧能之一幅圃團。讚美之詞。慙無江淹之筆。揭樑之頌。難效李賀之文。短引恭疏。脩樑助擧。

抛樑東。金烏湧出碧波中。祥光滿照恒沙界。聖壽常同日月宮。抛樑西。九品蓮花路一齊。結社東林衆衆士。叓看極樂願同居。抛樑南。靈珠歡喜兩相叅。居僧幸共地藏願。喜捨慈悲滿面含。抛樑北。聖壽萬年朝夕祝。散在市園各處星。邀傾環向紫微極。抛樑上。雨暘時若自天降。聖胎長養如蟲斯。日月星辰光慶相。抛樑下。昇平烟月遍朝野。淨名旨上別乾坤。此是吾家神異者。

伏願上樑之後。明星普照。慶雲時興。緇素一心而禱誠。過百代而不滅。山野同致而吉慶。度千刼而長存。

---

1) ㉘ '偈'는 '謁'의 오자인 듯하다. 2) ㉘ '昻'는 '昂'의 오자인 듯하다.

수락산水落山 흥국사興國寺 대웅전大雄殿 중건重建 상량문

서술하건대 가는 것은 반드시 돌아올 때가 있다는 말은 복희伏義의 『주역周易』에 나오는 복양復陽에서 보았고,[107] 황폐해진 옛 건물을 새로 중수한 일은 대씨戴氏의 『예기禮記』에 나오는 윤환輪奐에서 들었노라.[108] 살펴보건대 본사는 국가의 원당願堂이요, 산문山門의 수찰首刹이다. 안개 너머 새소리에 천지가 고요한데 송축하는 범패 소리 언제나 읊조리고, 호리병에 든 승려의 꿈[109]에 세월이 유장한데 예불하는 경쇠 소리 이따금 들리누나. 막힘과 통함은 한결같지 않고, 슬픔과 흥취는 서로 섞인다네. 비록 신라 때 창건했다고 하지만 전혀 남은 기록이 없고, 또 본조에서 중건하였다고 말하지만 역시 그 시기를 알 수가 없구나. 갑자년에 새로 지으니 생각지 못한 다행이었는데, 무인년에 불에 타 버리니 하늘에 사무치도록 서글프도다. 법우法宇와 승료僧寮가 모두 불바다에 들어가 버리니 예불하고 경전 전할 곳이 없고, 누각과 집터가 몽땅 잡초로 무성해지니 발원 올리고 중생 제도할 방도가 없구나. 단지 한 사찰이 탄식할 일일 뿐만 아니라 또한 여러 산문山門이 애석해할 일이로다.

이 사찰의 주지는 호號가 기허騎虛라고 하는데, 심사를 애태우면서 잠시도 편히 쉴 틈이 없었고, 수족을 열심히 움직여 겨우 중건할 기약이 있게 되었네. 먼저 명부冥府의 고당高堂을 수리하고, 다음으로 대웅大雄의 보전寶殿을 세웠네. 옛터를 바탕으로 하여 땅을 다지니 평탄하면서도 완전해졌고, 새 재목을 두루 갖추어 규모를 더하니 넓으면서도 크구나. 이때는 도광道光 원년 신사년(1821, 순조 21)이라네. 길운吉運이 다시 돌아오니 하늘이 돌보아 주는 은택을 다행히 입었고, 조물주가 서로 도와주니 신이 수호한 공로를 볼 수 있겠네. 제비는 새로 중건한 일 하례하고, 햇무리는 옛날처럼 떠가네. 기둥 세운 날은 언제인가. 5월의 초순이요, 들보를 올린 날은 언제인가. 6월의 6일이라네. 그런대로 파곡巴曲[110]을 불러 이에 영근鄄斤[111]을 돕노라.

어영차 들보를 동쪽으로 드니
만월 세계 약사여래가 제도하시는 세상 가운데라네.
은택 함께 입어 시끄러운 일 없어
솔창 아래 게을리 일어나니 붉은 해가 뜨네.

어영차 들보를 서쪽으로 드니
푸른 도봉산 만장봉은 오르기 어려워라.
홍진 세상 가까이에 따로 가람을 여니
노닐러 온 수레며 발자취 보기 드물구나.

어영차 들보를 남쪽으로 드니
폐불감당 노래[112]를 입으로 읊조리네.
이곳에 현인들 많음을 볼 때마다
반드시 소공召公께서 재삼 교화했을 거라 생각하네.

어영차 들보를 북쪽으로 드니
성암聖菴에서 항상 억만년 장수를 축원하네.
태평 시대 옥촉[113]이 길이 쇠하지 않으니
멀리 오색구름 속 구중궁궐 바라보네.

어영차 들보를 위로 드니
중향국 한 바리때 향반香飯[114]을 다 함께 공양하네.
무량한 활불이 중생을 제도하여
길이 시방세계에 환망幻妄 그치게 하시네.

어영차 들보를 아래로 드니
노승은 흉중에 손가락과 말을 잊었네.[115]
맥우麥雨[116]가 갤 무렵 낮잠에 푹 빠져
산 너머에 벌써 여름 온 줄을 모르네.

삼가 바라건대 들보를 올린 뒤에 불천佛天이 복을 드리워 성상의 체후 언제나 강녕하시며, 장애가 사라지고 재앙이 그쳐 사방 중생들이 즐거워하며, 바람 순조롭고 비가 알맞아 만방 백성들이 다 평안하게 하소서.

水落山興國寺大雄殿重建上樑文

述夫無往不返。見義易之復陽。廢古修新。聞戴禮之輪奐。顧惟本寺。國家之願堂。山門之首刹。鳥歌烟外乾坤靜。祝聖之梵唄常吟。僧夢壺中歲月長。禮佛之淸磬時聽。否泰不一。悲與相叅。雖云羅代初營。都無記迹。又曰本朝重創。亦不知時。關逢困敦之經新。驀地幸也。著雍攝提之回祿。蒼天悲夫。法宇僧寮。盡入灰場。禮佛傳經之無所。樓地舍基。渾作荒草。施願濟生之迷方。非但一寺之所嗟。亦乃諸山之可惜。其有寺主。號曰騎虛。焦勞心思。暫無安息之隙。拮据手足。僅得重建之期。先修冥府之高堂。次建大雄之寶殿。仍古基而治地。載坦載完。備新材而添規。且宏且大。時維辛巳道光元年。吉運重回。幸蒙天顧之澤。造物相助。可觀神護之功。燕賀成新。暈飛依舊。立柱何日。蕤賓之初旬。上樑那時。林鍾之六日。聊唱巴曲。爰侑郢斤。
兒郎偉抛樑東。滿月藥師濟世中。共沐恩波無擾事。松窓懶起日輪紅。兒郎偉抛樑西。道峯萬丈碧難躋。紅塵咫尺別開局。罕見遊人輪與蹄。兒郎偉抛樑南。甘棠蔽芾口諵諵。每看此地多賢士。想必召公敎再三。兒郎偉抛樑北。聖菴常祝壽千億。太平玉燭永無殘。遙看九重雲五色。兒郎偉抛樑上。衆香一鉢咸供養。無量活佛度群生。永敎十方消幻妄。兒郎偉抛樑下。老釋胥中忘指馬。麥雨初晴午睡濃。不知山外已生夏。

伏願上樑之後。佛天垂祐。聖體恒安。障盡灾消。四衆快樂。風順雨若。萬方咸平。

수락산 내원암內院菴 지족루知足樓 신건新建 상량문

하늘이 펼쳐 놓은 큰 화폭은 삼십육동천三十六洞天일 뿐만이 아니고, 땅이 열어 놓은 기절奇絶한 구역은 백천억 경계보다 오히려 많다네. 사람들은 혹 드러내 집을 짓지만 귀신은 오직 감추기만 하네. 국내의 명산들을 두루 참방하고 해외의 승지들을 널리 찾아다녔네. 봉래산蓬萊山 삼도三島는 그 자취가 선방仙方에 기이하고,[117] 청량산淸凉山이라 하는 오대산五臺山은 그 이름이 석전釋典에 크게 징신徵信할 수 있네.[118] 곤륜산崑崙山은 황복荒服 지역에 열려 있고,[119] 금강산金剛山은 부상扶桑에 자리잡고 있네.[120] 바닷가 끝에 있는 우리나라는 조선朝鮮이 그 국호라네. 나라에 있는 고을의 숫자는 모두 삼백예순 개인데 기학騎鶴의 주州[121]가 그 안에 있고, 양주楊州에 있는 사찰의 숫자는 모두 마흔여덟 개인데 석출石出의 산[122]이 그 수에 포함되어 있네. 옥류玉流와 금폭金瀑으로 골짝을 장엄하게 하고 불석佛石과 성봉星峯으로 산봉을 둘렀어라. 사봉獅峯은 빼어나고 부계鳧溪는 맑으며, 노석爐石은 앞에 있고 증암甑巖은 뒤에 있네. 지금 내원암內院菴은 산문山門의 청정한 경계요, 방가邦家의 기도하는 선림禪林이라네. 운한雲漢의 보묵寶墨[123]이 찬란하고 자씨慈氏의 진신眞身[124]이 우뚝 서 있네. 도솔암兜率庵 속에 찻잔 연기 그치니, 승려는 선정禪定에 들고 하늘은 꽃비를 내리며,[125] 광응전光膺殿 위에 종소리 울리니, 새는 숲속에 잠들고 구름은 달을 토하네. 시내 흐르고 꽃망울 터지며 학은 울고 하늘은 높구나. 불자拂子를 들면서[126] 삼구三句의 현문玄門[127]을 늘 참구하고, 불진拂塵을 휘두르며[128] 사종四種의 법계法界[129]를 또한 강설하네. 석탑石塔은 밤이 들자 고요해지고, 청경淸磬은 구름 너머 퍼져 가네. 비단 개울은 봄빛이 깊어 가고, 붉은 노을은 동천에서 나오누나. 지대가 높아 여름에도 무더워 얼음 밟고 싶다는 생각 나지 않고, 산림이 깊어 봄에도 떵떵 나무 베는 소리가 많네. 성근 소나무 아래 생황 음악을 연주하고, 떨어지는 꽃잎은 비단 장막을 펼치었네. 깊은 계곡 향한 창문에서 승려는 빗소리를 듣다가 어렴풋이 동녘에 진 무지개를 옆으로 바라보고, 높은 산마루에 걸린 사찰에서 나그네는 구름 속에 묵었다가 깨어서는 신선이 천궐天闕에 조회 왔나 의심하네. 패엽貝葉130을 넘기니 패엽마다 부처를 찬송하고, 범게梵偈131를 음송하니 범게마다 임금을 축원하누나. 전각이며 요사채 아직 남아 있음을 매양 기뻐하면서도 누각이 부족함을 안타까워하기도 하네. 여름비 속에 온방溫房에서 연회를 베푸니 주객主客은 땀이 송글송글 맺히고, 겨울바람 가운데 한지寒地에서 재를 올리노라니 상설霜雪이 몸에 내려앉누나. 일에 닥쳐서는 승속僧俗이 함께 근심하고 여유 있을 때엔 노소가 함께 논의하는데, 어찌해 볼 도리가 없으니, 저 조물주의 손길을 기다리네. 이에 재목을 모은 것이 산처럼 우뚝하여 공역을 일으키니 청원靑猿이 바리때 씻은 해132이고, 터를 완성하고 누각을 이루어 길조에 부합하니 목계木鷄가 사신司晨한 해133라네. 천은天恩 아님이 없거니와 또한 보시 받은 은택을 더하였네. 옛 모습으로 중수한 본 암자의 처음을 탐색하고, 새로 이룬 이 누각의 종말을 궁구하네. 지금 마침 길한 날을 가려서 이에 감히 들보 올리며 찬송贊頌하노라.

> 들보를 동쪽으로 드니
> 용문龍門의 산세 거대하여 중천에 우뚝하도다.
> 한가한 중에 산방의 고요함을 사랑하노니
> 자다 깬 솔창에 석양이 벌써 붉구나.

> 들보를 서쪽으로 드니
> 요지瑤池에서 온 청조靑鳥134가 사람 향해 우는구나.
> 승방에 번뇌 고요하고 단향檀香 연기 그쳤는데
> 입정入定한 고승이 조사祖師의 정령正令 들어 보이네.135

들보를 남쪽으로 드니
기거하는 승려마다 모두 선남자로다.
용녀가 바친 구슬 유리처럼 구르니[136]
영산은 구담에게 절한 곳이라네.[137]

들보를 북쪽으로 드니
부요를 타고 날아오른 새 구름 날개 드리웠네.[138]
저것을 타고 소요유를 할 수 있다면
어찌 다시 횃불 밝히고 말뚝 붙잡고 찾아오랴.[139]

들보를 위로 드니
이십팔천[140]을 차례대로 헤아려 보네.
광응전에서 분향하며 무슨 생각했나.
성군께서 강장康莊하게 만수 누리시라 축원하였네.

들보를 아래로 드니
하안거에 든 스님의 흉금에는 지마指馬를 잊었네.[141]
가소로워라 달빛 가운데 흥이 다한 사람이여,[142]
고개에서 구름 보낸 이를 어찌 알았으랴.[143]

    삼가 바라건대 들보를 올린 뒤에 보배로운 운수 하늘처럼 장구하고 크나큰 복록이 땅처럼 오래되며, 그 덕택으로 화안和安하여 질병이 없어 올라와 찾아오는 자들이 평생 동안 보답을 받고, 장수를 누려 강락康樂함이 끝이 없어 보시를 베풀고, 받는 이가 대계大界[144]를 여유로이 노닐게 하소서.

水落山內院菴知足樓新建上樑文

天恢大幅。不啻三十六洞天。地拓奇堀。猶多百千億界地。人或現宅。鬼惟秘藏。遍叅國內名山。博究海外勝地。蓬萊三島。迹奇異於仙方。清凉五臺。名大孚於釋典。崑崙闢於荒服。金剛鎭於扶桑。海隅玆邦。朝鮮厥號。國有邑者。三百六十。騎鶴之州當中。州有寺者。四十八斯。石出之山叅數。玉流金瀑以莊谷。佛石星峯以列巒。獅峯秀而鳧溪淸。爐石前而甑巖後。今玆內院菴。山門淨界。邦家禱林。雲漢之寶墨燦然。慈氏之眞身屹立。兜率庵中茶烟歇。僧入定而天雨花。光膺殿上夔鍾鳴。鳥宿林而雲吐月。水流花綻。鶴鳴天高。堅拂而常叅三句玄門。揮麈而亦講四種法界。石塔夜靜。淸磬穿雲。錦澗春溪。紅霞出洞。地高而夏無欝欝踏冰之思。山幽而春多丁丁伐木之聲。疎松奏笙篁之音。落花鋪錦繡之帳。窓臨絶澗僧聽雨。推看依俙蝃在東。寺寄高岑客宿雲。覺來彷彿仙朝闕。翻貝葉而葉葉讚佛。誦梵偈而偈偈祝君。每喜殿寮之尙存。間惜樓閣之有闕。夏雨設燕溫房。主客逼汗。冬風營齋寒地。霜雪襯身。臨事緇素俱憂。遑閒老少共論。莫之奈何也。待彼造物焉。於是資材山兀以興工。靑猿洗鉢之歲。完基樓成而叶吉。木雞司晨之年。莫非天恩。亦添施澤。原始本菴之修古。要終斯樓之成新。今屬卜吉簡辰。玆敢揭樑賛頌。

抛樑東。龍門勢大半天崇。閒中自愛山房靜。睡覺松窓日已紅。抛樑西。瑤池靑鳥向人啼。蓮房漏靜檀烟歇。入定紅袈祖令提。抛樑南。箇箇居僧盡善男。龍女獻珠琉璃轉。靈山是處拜瞿曇。抛樑北。扶搖飛鳥垂雲翼。若能乘彼逍遙遊。何叟擧烟勞附杙。抛樑上。二十八天次第量。膺殿焚香是甚思。萬年祝聖壽康壯。抛樑下。休夏肓襟忘指馬。可笑月中興盡人。那知嶺上送雲者。

伏願上樑之後。寶曆天長。鴻祚地久。德而和安無病。登臨者。受應平生。壽而康樂無央。施受者。優游大界。

석왕사釋王寺 수군당壽君堂 중건 상량문

 살펴보건대 팔방을 통틀어 수많은 강산 중에 철령鐵嶺은 북해北海의 제일 관문關門이요, 일국을 통틀어 약간의 사찰 중에 설봉산雪峯山의 석왕사는 동방의 최상의 원당願堂이다. 북쪽으로는 풍패豊沛까지 3일의 일정이요,[145] 남쪽으로는 장안長安까지 5백 리이다. 우리 석왕사는 성조聖祖가 왕운을 연 곳이요, 왕사王師가 머물렀던 곳이다.[146] 세 서까래를 지고 나오는 꿈을 꾸어 길상吉祥이라 해몽하니, 처음은 적부赤符의 상서로운 노래[147]와 부합하고, 왕위王位에 나아가 신덕神德을 펼치니, 끝에는 붉은붓의 표훈表勳이 드러났다.[148] 5백 성인을 옮겨 안치하고 천 일 동안 헌향하니,[149] 영험한 효험이 이미 드러났고, 공로에 대한 보답이 범상치 않았다.

 인료仁寮의 구비龜碑에는 열성조列聖祖의 찬란한 보묵寶墨이 남아 있고, 청사淸祠의 사좌獅座에는 세 분 화상和尙의 당당한 모습이 남아 있으며,[150] 용루龍樓에는 높은 담이 솟아 있고, 학부鶴府에는 새벽 구름이 내려앉았다. 봄과 가을에 폐백을 내려 줌은 일체의 군신이 제사를 지내는 것과 어렴풋이 같고, 전후로 은혜를 입은 것은 칠제七帝의 스승에게 공물을 바치는 예例[151]와 방불하다. 아, 옛날에는 열여섯 개의 건물이 있었는데, 지금은 서너 개의 승방僧房만 남았다. 대개 그중 하나 수군당은 법전의 왼쪽 가장자리 승가僧家의 정면에 있다. 아침에 설교하여 삼승三乘을 모아서 일승一乘으로 회귀시키니[152] 인승因乘의 도저到底가 과승果乘의 위이고, 저녁에 참선하여 삼구三句를 쳐 1구句를 이루니 말구末句[153]는 원래 초구初句의 앞에 있다.

 『반야경般若經』의 색色은 곧 공空이니, 왕사성王舍城 만고의 달이요, 정법안正法眼의 보고 웃는 것은 영취산靈鷲山의 일지화一枝花로다.[154] 고금이 무상하고 성쇠가 일정치 않으니, 이미 이 당이 무너진 데다 더구나 연사蓮社가 화재를 당함에랴. 순영巡營에서 감사監司에게 보고하여 본부本府에서 주선하니, 360개의 고을 중에 매우 드문 성대한 일이로다. 국고國庫에서 재물을 내고 묘당廟堂에서 구획하여 1만 수천 금이 모였으니, 비교할 수 없는 큰 은혜로다. 보고 들었던 과객들도 이를 공경히 생각하거늘, 숙식하며 거처하는 사람들이 윗사람 우러러 체행하기를 어찌 소홀히 하겠는가. 불타고 무너졌던 곳들이 일시에 중건되고, 공실公室과 사실私室은 훼손되는 대로 수리될 것이로다. 이로 말미암아 옛터에 주춧돌을 세우니 묘좌卯坐 유향酉向 오룡午龍 자호子虎의 자리요, 길일에 들보를 올리니 임자壬子 병오丙午 기해己亥 기사己巳의 날이네. 긴 들보는 영근郢斤의 솜씨에 견줄 만하고,¹⁵⁵ 짧은 노래는 파곡巴曲과 어울린다.

> 들보를 동쪽으로 드니
> 황룡이 우뚝이 백운 속에 서 있네.
> 때로 선정 속에 종소리 울려 퍼지고
> 흩날리는 꽃비는 허공에 가득하네.
>
> 들보를 서쪽으로 드니
> 구품연지九品蓮池¹⁵⁶는 길이 어둡지 않네.
> 감히 묻노니 극락은 어디인가.
> 유심정토惟心淨土가 절로 깃든 곳이라오.
>
> 들보를 남쪽으로 드니
> 순임금의 오현금五絃琴을 연주함에 상서로운 구름이 참여하네.¹⁵⁷
> 감당나무¹⁵⁸ 우거진 곳에 백성이 화락하니
> 만인蠻人을 위해 세 번이나 거듭 통역할 필요 있을까.¹⁵⁹
>
> 들보를 북쪽으로 드니

하늘이 일一로 물을 생성하니 능히 육六을 이루네.[160]

만물이 모두 역易의 이치로부터 생겨나니

그대에게 권하노니 선을 따르고 악을 따르지 말지어다.

들보를 위로 드니

냄새 없고 소리 없으니[161] 성대하여 더할 수 없네.

자배炙背하는 어리석은 성심[162]은 스스로 알지 못하니

향을 피워 성군의 무궁한 장수를 축원하네.

들보를 아래로 드니

태평청정은 함이 없는 교화이네.[163]

다만 원컨대 비와 볕이 때에 맞게 내려져

만 리 산야에 두루 풍년 들기를.

삼가 바라건대 들보를 올린 뒤에 옥체玉體가 진중하고 신령神檻스런 이씨李氏 왕조가 길이 궁궐에 무성하며, 금신金身이 늘 보존되어 자혜로운 구름과 비가 속세를 두루 적셔 삼재팔난三灾八難[164]은 모두 종식되고, 사은구유四恩九有[165]가 모두 기뻐하게 해 주소서.

釋王寺壽君堂重建上樑文

詳夫通八垓許多江山。鐵嶺作北海第一關防。遍一國若干寺刹。雪峯爲東方最上願堂。北來豐沛三日程。南去長安半千里。惟我釋王寺。聖祖啓運之地。王師降嶽之場。夢三㯖而解吉祥。初協赤符瑞頌。御九位而敷神德。終見彤管表勳。五百尊之移安。一千日之獻享。靈效旣著。酬勳非常。仁寮龜碑。列聖朝煌煌寶墨。淸祠獅座。三和尙堂堂威儀。屹高埤於龍樓。濕曉雲於鶴府。春秋降幣。依俙然一體君臣祭祀同。前後蒙恩。彷佛焉七帝門師俸貢例。嗚呼。昔之十六室。今存數三房。盖此壽君一堂。法殿左眉。僧家正面。朝而說敎。會三乘歸一乘兮。因乘到底果乘上。暮則叅禪。打三句成一句也。末句元來初句前。般若經色卽空。王舍城萬古月。正法眼視而笑。靈鷲山一枝花。今古無常。否泰不一。旣此堂之頹破。況蓮社之火灾。巡營報司。本府周旋。三百六十州。罕遇之盛事。內帑捐財。廟堂區劃。一萬數千金。莫大之鴻恩。見聞過客。欽惟猶斯。宿食居人。仰體豈忽。玆者灾處破處。一時重建。公室私室。隨毀修新。由是定礎於舊基。卯坐酉向午龍子虎之局。上樑於吉日。壬子丙午己亥己巳之辰。脩樑賽於郢斤。短唱和於巴曲。

抛樑東。黃龍屹立白雲中。有時從定鳴鍾出。片片雨花滿虛空。抛樑西。九品蓮池路不迷。敢問樂邦何處是。惟心淨土自相捿。抛樑南。五鉉節節慶雲叅。甘棠蔽芾民和樂。何必蠻人重譯三。抛樑北。天生一水能成六。萬物皆從易理生。勸君順善莫從惡。抛樑上。無臭無聲浩莫尙。炙背愚誠自未知。焚香祝聖壽無量。抛樑下。太平淸淨無爲化。但願雨暘應若時。豊登萬里遍山野。

伏願上樑之後。玉體珍重。神櫨仙李。永茂於丹墀。金身常存。慈雲慧雨。遍沾於火宅。三灾八難之頓息。四恩九有之咸欣。

내원암內院菴에 새로 건립한 영당影堂에 대한 상량문

자세히 살펴보니 달마達摩가 천축天竺에서 온 뒤로 중화中華에 바야흐로 격외선格外禪[166]이 전해졌고, 태고太古가 호주湖州를 오감에 동국東國에 비로소 중정中正한 도道가 알려졌다.[167] 천 개의 등불[168]을 맡겨서 사방을 비추고, 만 갈래 물결로 나뉘어 팔방으로 흐르니, 살아서는 가르치고 섬기며 죽어서는 부촉하고 이어 받든다. 삼가 생각건대 명을 받들어 바다를 건너니 칠치柒齒가 자항慈航에 복종하고, 자성自性을 길러 입산하니 백액白額이 비석飛錫에 길들여진다.[169] 이로 말미암아 조정에서는 충을 표창하여 사액賜額하고, 산문山門에서는 덕을 숭상하여 공경하니 팔방에 두루 미쳐 더욱 많고, 영겁의 세월 지나도 더욱 유구하다. 석왕사釋王寺 내원암內院菴은 성조聖祖(태조)께서 조선을 건국할 운을 열었던 곳이니 왕사王師(무학 대사)가 사당을 두었고, 선조先祖가 공덕을 쌓던 곳이니 후손이 그 자취를 이었다. 당세에 참선하고 강경講經하며, 오랜 세월 공경히 공양하고 받들어 제사 지냈고, 마음에 보존하여 성심을 다하고 모습을 그려 추모하였다. 옛 건물이 협소함을 꺼려 새로운 당堂을 만들어 규모를 늘리되, 단규丹竅에서 정력을 고갈할까 염려하여 현은玄隱을 들어서 대신 관리하게 하였다.[170] 이때는 함풍咸豊 10년(1860, 철종 11) 경신년이었다. 방춘芳春 2월 4일에 나무를 베고 터를 쌓았고, 3월 26일에 상량上樑을 완료하였다. 뒤쪽을 자방子方으로 하고, 정면을 오방午方으로 하니, 제도는 분명 남향으로 한 것이다. 날은 모인某寅이요, 시時는 모진某辰이니, 경영함은 길일을 택했다 이를 만하다. 짧은 노래를 소리 높여 불러 상량上樑하는 일에 화和한다.

들보를 동쪽으로 드니
죽림정사竹林精舍 호계虎溪[171]의 동쪽이라네.
법회에 모인 고승들 모두 혜원慧遠 같으니

천축天竺과 중화中華와 해동海東에 똑같이 전해졌네.

들보를 서쪽으로 드니
횃불을 들고 뗏목을 타고 온 옛 총령蔥嶺[172] 서쪽이라네.
달마가 험한 지역 지나 몸소 이곳에 임하니
잣나무의 풍성風聲이 서쪽에서 불어오네.[173]

들보를 남쪽으로 드니
서늘한 기운 생겨나는 곳 대웅전 남쪽이라네.
황매黃梅[174]가 열매를 맺는 것 무슨 소식인가.
옛날 조계曹溪가 영남嶺南에 있었던 것[175] 추억하네.

들보를 북쪽으로 드니
암자는 철령 북쪽 설봉산에 기대 있네.
함월涵月[176]은 긴 세월 허공에서 비추니
늘 강남을 비추고 또 강북을 비추네.

들보를 위로 드니
1구句를 깨닫고 또 향상일로向上一路하는구나.
비사문천毘沙門天에 부귀가 같기를 원하는 것 아니라
단지 경복慶福 가지고 군상을 송축하네.

들보를 아래로 드니
집안은 가지런하고 나라는 다스려지며 천하는 균평하네.
도道는 교화를 펴고 덕은 훌륭하였으니
널리 비춤이 끝없어 상하를 즐겁게 하네.

삼가 바라건대 상량上樑한 뒤에 화상의 선덕先德은 사시四時를 흠향하여 이르시고, 문하門下의 후진後進은 천추千秋의 제천을 바치며, 영탱影幀과 전각이 선후로 지어졌으니, 일없는 솔바람에 태평세월을 누리게 해 주소서.

內院菴新建影堂上樑文

詳夫達摩來自天竺。中華方傳格外禪。太古徃還湖州。東國始通中正道。任千燈而千照。分萬派而萬流。生而敎之事之。沒而囑者承者。切念奉命越海。柒齒伏於慈航。養性入山。白額馴於飛錫。由是朝家表忠賜額。山門崇德欽容。遍八垓而彌多。歷浩刦而愈久。惟釋王寺內院菴。聖祖啓運之地。王師有祠。先祖積功之場。後孫繼迹。叅禪講經於當世。敬供奉祀於長時。存心致誠。圖像追慕。憚舊閣之狹制。剏新堂而增規。慮丹竁之疲精。擧玄隱而替管。時維咸豊十載。歲次庚申。芳春二月初四。伐木築基。三月念六。上樑結局。背子面午。制度之分明向陽。日寅時辰。經營之可謂擇吉。高吟短唱。廣和修樑。

拋樑東。竹林精舍虎溪東。會中高釋皆如遠。齊播竺華與海東。拋樑西。擧烟附杙古葱西。達摩涉險躬臨此。栢樹風聲吹自西。拋樑南。微凉生處殿之南。黃梅結果何消息。憶昔曹溪在嶺南。拋樑北。庵寄雪山鐵嶺北。涵月千秋暎碧空。江南常照又江北。拋樑上。一句悟而又向上。不願毘沙富貴如。只將慶福頌君上。拋樑下。齊家治國平天下。道能宣化德兼人。普照無垠樂上下。

伏願上樑之後。圖上先德。享四時而格思。門下後徒。獻千秋之齊薦。而影而閣之後之先。無事松風。太平烟月。

기봉奇峯 노화상老和尙 문계門契에 대한 서문

강물은 비록 만 갈래 지류支流로 흐르나 그 근원은 하나이고, 나무는 비록 천 갈래 줄기로 뻗어 나가나 그 뿌리는 하나이다. 우리 노사老師께서 계시지 않았다면 어찌 우리 문도가 있으랴. 생각건대 우리 노화상께서는 청허淸虛[177]의 제6대 법손이요, 함월涵月의 적손嫡孫이며, 뇌묵雷默의 문인이다. 관북關北에서 도성으로 와서 노니심에 양주楊州의 천보산天寶山과 수락산水落山 사이는 그 발걸음이 이르신 곳이요, 노화상의 법풍을 좇아 귀의한 자가 백여 명이었다. 귀의한 자는 누구인가? 우리 문도들이다. 이에 문계門契를 만들어 한편으로는 노화상께서 살아 계실 때 봉양하는 모임으로 삼고, 한편으로는 입적하신 뒤에 제향하는 모임으로 삼으니, 그 스승을 위하는 마음이 지극한 것이다. 계축契軸을 만들어 문도의 이름을 차례대로 쓰고, 또 나에게 서문을 지으라 하니, 내가 재주 없음을 헤아리지 않고서 이에 계축 머리에 써서 뒤에 살펴볼 수 있게 하는 바이다.

奇峯老和尙門契序

水雖萬派。其源一也。樹雖千枝。其根一也。不有我師。焉有吾徒。惟我和尙淸虛第六代。涵月嫡孫。雷默門人也。自關北而來遊於京。楊天寶水落之間。跡之所至。從風歸依者。以百其數。歸之者誰。吾等門人。仍以設契。一以爲生前之養。一以作身後之享。其爲師之心至矣。成軸第名。又求其序。善影不度無才。仍題其首。以爲考後焉。

인봉仁峯 화상 문계에 대한 서문

　오직 우리 불법佛法은 해탈과 인연을 종지로 삼으며, 부처가 되고 조사가 되는 것을 지향점으로 삼는다. 지향점의 시작에는 반드시 스승이 있으니, 스승은 누구인가? 바로 의혹을 풀어 주는 선교禪敎의 주인이요, 계戒를 설하여 은덕을 쌓아 준 어른이다. 만약 우리 스승이 아니 계셨다면 어찌 우리들이 있으랴. 물에 비유하면 지류支流는 근원 없는 지류가 없고, 나무에 비유하면 가지는 뿌리 없는 가지가 없는 것이다. 서천西天과 중국에서 다섯 종파[178]에 이르고, 우리 동방의 16종[179]에 이르기까지 모두 스승과 제자로 이어지지 않은 사람은 없다. 우리들의 경우에는 청허淸虛의 정맥正脈이요, 함월涵月의 문손門孫이요, 뇌묵雷默의 상족上足이신 인봉 화상의 문도들이다. 우리 문도가 스승을 따른 지도 오랜 세월이 되었으니, 아랫사람의 마음으로 윗사람을 위하는 도리가 어찌 가볍다고 하겠는가. 그 은혜를 헤아려 보면 분골쇄신粉骨碎身하더라도 다 갚기가 어렵다. 그러나 풍진 세상일에 파묻힌지라 스승을 사모하는 마음을 내지 못하고서 때가 오기만을 기다렸다.

　이제 계유년(1873, 고종 10) 중추仲秋에 사형 전밀典密이 문도들과 서로 이 일을 논의하여 낙엽이 뿌리로 돌아가는 뜻을 잊지 않고서 모두 그 정성을 다하여 문계門契를 만들어 정성을 드러내는 방도로 삼으니, 아! 그 정성이 지극하다고 이를 만하다. 이러한 정성스러운 마음으로 윗사람을 받든다면 어버이에게 효도하고 임금에게 충성할 것이요, 아랫사람을 가르친다면 가문을 빛낼 사람이 될 것이다. 어찌 단지 세간 도리만 그러하랴. 부처가 되고 조사가 되는 길도 여기에 있는 것이다. 이제 그 공덕을 기려 권축卷軸을 만들고 문도의 이름을 기록하여 후대의 아랫사람이 될 자들을 가르치고자 하노라.

仁峯和尙門契序

惟我佛法。解脫因緣爲宗。成佛作祖爲趣。趣之所始。必有其師。其師者誰。曰解惑禪敎之主。說戒積恩之長者歟。若無吾師。豈有吾輩。比之於水。則派無無源之派。比之於木。則枝無無根之枝。自西天唐土。以至五派。及於吾東方十六宗。人莫不皆有師弟之續。而至於吾等。淸虛正脉。涵月門孫。雷默上足。仁峰和尙之門徒也。吾等門徒。從師久矣。以在下之心。爲上之道。豈云浪然哉。度其恩則碎骨難盡。然而汩汩塵臼。不能出思師之心。而以待時節矣。時癸酉仲秋。門兄典密。與法族相論此事。不忘以葉歸根之義。而咸馨其誠。建設門契。以爲表誠之道。噫。其誠也可謂至矣。以此誠心。奉之於上。則孝親忠君。敎之於下。則輝門光庭。豈但世諦。成佛作祖。於焉在此。欲讚其功。而成卷錄名。以敎後代之爲在下者云爾。

월암 대덕月巖大德 문계에 대한 서문

세상에 도를 말하는 자가 이르기를, "유교는 인의仁義를 종지로 하고, 도교는 자연自然을 종지로 하고, 불교는 인연因緣을 종지로 한다."라고 하니, 경전에서 이른바, "어떠한 법도 인연에 따라 생겨나지 않는 법은 없다."[180]라는 것이 이것이다. 비록 형체를 지닌 것 가운데 큰 것인 천지라 할지라도 인연으로 생겨남을 피하지 못하며, 형체가 없는 것 가운데 큰 것인 허공에 이르러서도 또한 이에 색色을 인연하여 이름 지어지고 봄(見)을 인연하여 체體가 드러나니, 어찌 모두 일대인연법一大因緣法 가운데로 다 들어가는 것이 아니겠는가. 인륜에 없어서는 안 되는 것이 임금과 스승과 어버이인데, 또한 인연이 아니라면 어찌 세상에 설 수 있을 것이며, 신자臣子와 제자의 무리들이 또 어찌 대중 속에서 나올 수 있겠는가.

우리 동문 월암 대덕은 쌍성雙城[181] 사람으로, 소싯적에 멀리 삼남三南, 양서兩西, 영동嶺東, 관북關北 지방을 유력遊歷하였고, 이제 회갑이 된 때에 석왕사釋王寺 내원암內院菴에 와서 주석하게 되었다. 유력하며 이르는 곳마다 널리 중생을 교화하였는데, 혹은 대덕에게 도를 물어 법을 얻어서 불법의 경지 안으로 들어온 자도 있고, 혹은 활구活句를 참구하여 법맥을 이은 자도 있다. 그리고 혹 대덕이 수계사受戒師가 되어 준 이도 있고, 양육사養育師가 되어 준 이도 있으며, 또 재가의 신남信男 신녀信女로서 염불 참회한 이들도 있다. 이들 모두 대덕을 스승으로 섬겨 그 수가 몹시 많으니, 거북과 용이 섞여 모여 있고, 꽃과 초목이 함께 윤택한 것이라 이를 만하다.

그 문인 심송枕松과 한성漢城 두 도인이 특별히 문계門契를 만들어 스승을 위하고 은혜에 보답하는 바탕으로 삼고자 하면서 나에게 서문을 청하였다. 내가 공경히 응낙하면서 말하기를, "내가 비록 문장이 서툴러 남을 위해 글을 짓기가 어려우나, 물리치지 못하는 것은 어째서인가? 자식이 되어 그 어버이를 위하고 제자가 되어 그 스승을 위하고 신민이 되어 그 임금을 위하는 마음들은 한가지이기 때문에 이 인연의 이야기를 펼쳐서 기록하는 것이다."라고 하였다.

月巖大德門契序

世之語道者曰。儒宗仁義。道宗自然。佛宗因緣。經所謂未曾有一法不從因緣生者是也。雖有形之大者天地。未免于因緣之所生。至於無形之大者虛空。亦乃因色而立名。因見而顯體。則豈非盡入於一大因緣門中乎。人倫之不可無者君師父。而亦非因緣。安能立於世。而其臣子之徒。弟子之屬。又安能出於大衆也哉。我同門月巖大德。雙城人。少時遠遊於三南兩西嶺東關北。今在回甲時。來住於釋王寺內院菴。由來到處。廣化群品。或有問道得法而入室者。或有叅詳活句而受禪者。抑或有受戒者養育者。又有在家之信男信女念佛懺悔者。並皆事師。其數甚多。可謂龜龍混圍花卉同潤也。其門人枕松漢城兩道人。特設一契。而欲爲爲師酬恩之資。請余以序。余恪應之曰。余雖倦於翰墨。難爲人述文。然不可却之者。何也。爲子而爲其父。爲弟子而爲其師。爲臣民而爲君上者。其心則一也。故演此因緣之說而叙之也。

수락산水落山 내원암內院庵 불량록佛粮錄에 대한 서문

남녀의 결합이 없는 집안에 고옹古翁 선생이 있으니, 세상에서 이른바 부처요, 또한 금선金仙이라고도 칭한다. 그 도를 일컫는 자가 말하기를, "말하지 않아도 스스로 믿고, 교화하지 않아도 스스로 행해져서 드넓고 드넓어 백성들이 무어라 이름할 수 없다."[182]라고 하였다. 이 사람으로 말하자면, 형체가 없이 드러나기 때문에 만복萬福이 그 몸에 갖추어져 있으니, 일심으로 믿고 귀의하면 복전福田을 얻을 수 있다. 그리하여 천안제일天眼第一 아나율阿那律 존자가 황금 시체를 얻은 경우[183]와 아이들이 흙을 공양한 경우[184] 모두 복전을 얻지 못함이 없었다. 지금 신심을 지닌 사람이 이 절에 정성을 바쳐 부처를 천추토록 공양하여 만세토록 다함이 없는 복전을 축원하니, 이것이 이른바 말하지 않아도 스스로 믿고, 교화하지 않아도 스스로 행하여 만세토록 복전을 구하는 경우인 것이다. 내가 우연히 이 사람의 이름을 보고 그 공덕을 듣고서 그 공덕을 부러워하여 찬탄하면서 말하기를, "천안제일 아나율 존자는 소승小僧에게 공양하여 가난함이 없게 되었고, 어린아이는 한때의 장난으로 복전을 얻게 되었다. 소승에게 공양함과 한때의 공양으로도 오히려 이와 같을 수 있거늘, 하물며 대각大覺이신 부처에게 천추토록 끊이지 않고 공양을 바치는 경우에 있어서이겠는가. 공덕의 유무는 논할 만한 것이 못 된다."라고 하고는 붓을 던지고서 책을 덮을 따름이다.

水落山內院庵佛粮錄序
無陰陽之家內。有古翁先生者。世所謂之佛。亦稱金仙。稱其道者曰。不言而自信。不化而自行。蕩蕩焉民無能名。曰此人也。無形而形。故萬福嚴身。一信歸依。能得福田。天眼之於金尸。群兒之於土供。莫不皆然。今夫有信之人。獻誠於此寺。供佛千秋。祝萬世無竭之福。此所謂不言而自信不化而自行求福田於萬世者也。余偶覽此人之名而聞其功也。羨其功而讚之曰。天眼供小僧而無貪。小兒弄一時而得福。供小一時。尙能若此。況獻供大覺千秋不絶者乎。功之有無。不足論之。投筆而掩卷而已矣。

석왕사釋王寺 영세불망永世不忘 사실

숭정崇禎 기원후 네 번째 무술년(1838, 헌종 4) 여름에 조정에서 3천4백 전錢을 나누어서 함경도 감영에 맡겨 인지료仁智寮와 용비루龍飛樓와 두 비각碑閣과 삼사원三師院[185]의 기와와 단청을 보수하고, 여기저기 팔린 위토전位土田을 도로 물리며, 흘러 들어온 사채私債를 갚아 주고서 잔금 40금과 감영에서 기부한 5백 민전緡錢을 본사本寺에 주어 다섯 곳을 수리하는 일을 영세토록 민멸되지 않을 기본 바탕으로 삼게 하였다. 아아! 성은이 본사에 미친 것이 전후로 거의 백여 차례인데, 지금 본사가 쇠락한 시기에 또 이와 같이 돌보아 주시는 성의聖意가 있으니, 세상에 드문 특별한 은전恩典이라 이를 만하다. 어느 날엔들 이 은혜를 잊으랴. 관찰사 서경보徐耕輔[186] 공이 조정의 성대한 의사를 우러러 본받아 돈을 지급하여 절을 보수하니, 피폐함을 혁파해 준 덕이 또한 본사에 적지 않다. 이에 본사의 승도들이 마음으로 「보은편報恩篇」을 생각하고 입으로 「축수장祝壽章」을 외우면서[187] 온종일 항시 잊지 않으니, 은혜를 입은 도리가 또한 부질없이 공허한 지경으로 돌아가지 않을 것이다.

釋王寺永世不忘事實

崇禎紀元後四戊戌夏。自朝家劃錢三千四百。付諸咸營。仁智寮龍飛樓兩碑閣三師院。改瓦丹靑。位土之散賣者還退。私債之流來者報給。而餘錢四十金及營門捐下錢五百緡。付之本寺。以五處修理事。爲永世不泯之資。於戲。聖恩之及於本寺者。前後幾百數。而今當凋殘中。又有如此眷戀之聖意。可謂曠世殊典。何日忘之。觀察使徐公耕輔仰體朝家之盛念。給錢補寺。革破固弊之德。亦不小於本寺。居寺之僧徒。心思報恩篇。口誦祝壽章。二六時中。恒然不昧。則受恩之道。亦不虛歸於何有之地矣。

심성정설心性情說

 분명하고 분명하여 항상 알고, 허령하고 허령하여 어둡지 않은 것을 심心이라 하고, 뭇 오묘함을 머금어 어떤 부류든지 간에 바꿀 수 없는 것을 성性이라 하고, 이 심과 성에서 분별이 그치지 않는 것을 정情이라 한다. 성은 심의 체體이고, 정은 심의 용用이다. 심은 성과 더불어 두루하여 만물에까지 이르니, 모두 이것이 없는 경우는 없다. 그러므로 경전에서 이르기를, "심과 부처와 중생 이 셋은 차별이 없다.(心佛及衆生。是三無差別。)"[188]라고 하니, 이 심이란 것은, 마치 달이 허공에 있음에 구름이 없으므로 밝아지고, 구름이 있으므로 어두워짐과 같으나, 범인凡人에 있어서도 오염되지 않으며, 성인聖人에 있어서도 깨끗해지지 않는다는 것을 응당 알아야 한다. 비유하면 강물이 지류로 갈라짐에 비록 청류淸流와 탁류濁流가 되지만, 그 습한 성질은 한가지인 것과 같다.
 유가儒家의 글에서 이르기를, "허령하고 어둡지 않아서 뭇 이치를 갖추어 있고, 만사에 응한다.(虛靈不昧。具衆理。應萬事。)"[189]라고 하니, 우리 불가에 가까운 말이기는 하지만 체體를 가리킴은 같지 않다. 어째서인가? 저들이 하늘이 명한 것을 성性이라 하고, 호연지기浩然之氣가 천지 사이에 가득 차 있다는 것[190]은, 우리 불가에서 이른바 천지를 아우르고 만상萬像을 포함하며, 허공이 대각大覺 가운데서 생겨나 기세간器世間을 건립한다는 것[191]은 아니다. 그리고 도가道家에서는 말하기를, "한 물건이 하늘이 생겨나기 전에 생겨났다."[192]라고 하니, 우리 불가에 가까운 말이기는 하지만 심과 성을 가리킨 말은 아니므로 논할 만한 것이 못 된다.
 대저 우리 불가의 이른바 심이라는 것은 허령하여 헤아리기 어렵고, 정묘하여 수승하며, 고금을 관통하고, 신구新舊가 없고, 내외를 관통하고, 또한 방소方所도 없으니, 만물의 주재요, 삼재三才의 근원이다. 드러나 정각(覺樹)에 있으면 둥근 달이 하늘에 떠오른 것과 같고, 매몰되어 생사고

해生死苦海에 있으면 여의주가 먼지 속에 파묻힌 것과 같다. 천지도 이것이 장구히 존재함에는 미치지 못하고, 귀신도 이것의 신묘함을 헤아리지 못한다. 그 이理를 들자면 소나무는 푸르고 꽃은 붉으며 솔개는 날고 물고기는 뛰어오름이 본디 이와 같고, 사事를 의거하자면 하늘은 높고 땅은 낮으며 말은 굳세고 소는 유순한 것이 부류를 따라 받아서 유전流轉한다. 비록 그러하나 오직 이 한 물건은 금강석으로 만든 당자幢子와 같아서 수없이 생사生死를 거듭하여도 그 경계가 바뀌지 않으며, 육도六道를 윤회하면서 사생四生[193]하여도 그 모습이 변하지 않는다. 깨달았으므로 성인이요 미혹되었으므로 범부이니, 공자와 맹자가 이것을 얻어 유가가 되고, 황제黃帝[194]와 노자老子가 이것을 얻어 도가가 되고, 손자孫子와 오자吳子[195]가 이것을 얻어 병가兵家가 되고, 여상呂尙[196]과 제갈량諸葛亮이 이것을 얻어 지략가가 되고, 이백李白과 두보杜甫와 반고班固와 사마천司馬遷[197]이 이것을 얻어 문장가가 되고, 천지와 하해河海가 이것을 얻어 광대함이 되고, 귀신이 이것을 얻어 영험함이 되고, 산천과 초목과 토석土石과 조수鳥獸와 인물人物이 각기 이것을 얻어 각자의 부류를 따른다. 그리고 우리 불가는 이것을 얻어 대각大覺을 이루는데, 중생을 제도하고 적멸에 드는 것이 비록 광대무변하지만 이 심에서 떠나지 않는다.

혹은 그 일분一分을 얻고, 혹은 그 전체를 얻어 맹렬히 자신이 속한 부류 속에서 소리를 내는데, 혹은 수승하고 혹은 열등하니, 이는 지극히 공변되어 사사로움이 없는 것이다. 이로써 형정刑政에 이르면 선과 악이 절로 나뉘고, 이로써 예악禮樂에 이르면 임금은 임금답고 아비는 아비답고 자식은 자식다워져서 삼강三綱이 밝아지고 오륜五倫이 절로 바루어져 어떤 일을 하든 마땅하지 않음이 없게 된다. 이것이 심과 성과 정이 귀한 까닭이다.

心性情說

了了常知。靈靈不昧之謂心。含於衆妙。萬流不易之謂性。從此心性。分別不息之謂情。性者。心之體也。情者。心之用也。心與性周。以至乎萬物。莫不皆有。故經曰。心佛及衆生。是三無差別。應知此心。如月在空。無雲故明。有雲故暗。然而在凡不染。在聖不淨。比如水派之。雖曰淸濁。濕性一也。儒書曰。虛靈不昧。具衆理。應萬事。近於吾道。而指體不同。何也。彼以天命爲性。而浩然之氣。塞乎天地之間。非吾所謂範圍天地。抱含萬像。空生大覺中。建立器世間者也。道曰一物生於先天之前。雖近於吾道。而不指心性之言。故不足論矣。夫吾所謂心也者。虛靈難測。妙要殊絶。貫古貫今。不改新舊。通中通外。亦無方所。萬物之主。三才之元。現在覺樹。如桂輪之昇天。沒在迷海。若驪珠之隱塵。天地不及其長存。鬼神不測其神妙。擧理則松靑花紅。鳶飛魚躍。本如是也。約事則天高地卑。馬疆牛柔。隨流禀轉。雖然惟此一物。如金剛幢子。千生萬死。不易其境。六道四生。不變其容。覺之故聖。迷之故凡。孔孟得之以儒。黃老得之以道。孫吳得之以兵。呂尙諸葛得之以謀猷。李杜斑[1]馬得之以文章。天地河海得之以廣大。鬼神得之以靈明。山川草木土石鳥獸人物。各得之以從流。乃至吾佛得之以大覺。度生入滅。雖廣大無際。不離於方寸之上。或得其一分。或得其全體。烈烈鳴於門戶之內。而或勝或劣。是知[2]公而無私者也。以至乎刑政。則善惡自分。以至乎禮樂。則君君臣臣。父父子子。而三綱以明。五倫自正。無所事以不當。此心性情所以貴者也。

---

1) 㛐 '斑'은 '班'의 오자인 듯하다. 2) 㛐 '知'는 '至'의 오자인 듯하다.

설봉산雪峰山 석왕사釋王寺의 사계절 풍경에 대한 서문

천지가 개벽하매 어찌 명산名山의 대천大川이 없었겠는가. 산수가 빼어나매 반드시 풍광이 수려한 곳에 자리한 영험한 사찰이 있다. 그러나 산은 땅을 골라서 굴기崛起하고, 사찰은 사람을 말미암아 흥기興起하니, 오악삼산五嶽三山[198]은 모두 빼어난 땅에 있고, 청룡사靑龍寺와 백마사白馬寺[199]는 모두 이인異人에게서 말미암았다.

대저 지금 산사山寺는 학성鶴城[200]의 서쪽과 철령鐵嶺의 북쪽에 있다. 산의 형세는 멀리 있는 산에서 이어져 와서 굴기하였고, 대해大海를 조망하며 스스로 머무르고 있다. 그리고 소나무를 머금고 시냇물을 토해 내며, 들을 감싸고 산줄기를 띠고 있다. 그 풍경은 봉래산蓬萊山과 대등하니 누대 위에서 노니는 신선이 어렴풋이 보이는 듯하여 영묘한 흔적이 밝고 밝으며, 그 이름은 설령雪嶺과 같으니 나무 그늘 아래에서 마구니를 항복시키는 것에 방불하여[201] 신령스러운 위엄이 빛나고 빛난다. 층암層巖의 바위 모습은 봉황이 춤추고 용이 서려 있는 것과 같으며, 절벽 계곡의 흐르는 물소리는 사자가 포효하고 호랑이가 으르렁대는 것과 같다. 부딪쳐 일어나는 물결의 작은 움직임은 우문禹門에서 물고기가 뛰어오르는 소리[202] 같고, 늘어선 산봉우리의 군집은 석실釋室에서 돌들이 고개를 끄덕이는 모습[203]과 같다. 산의 모습은 1천 가지로 다양하고, 산의 풍경은 계절마다 바뀐다. 봄날에 꽃이 산등성이를 단장하니 지저귀는 꾀꼬리 소리는 박자에 맞춰 노래한다. 가을에 낙엽이 계곡을 뒤덮으니 매미의 날개는 햇빛 속에서 춤을 춘다. 여름에 구름이 산봉우리를 끌어안으니 습한 기운은 비가 내린 것과 같다. 겨울에 눈이 나무에 맺히니 차가운 광채는 바람처럼 시리다. 돌아보며 완상할 것이 얼마나 되는가? 빼어난 풍경은 측량하기 어렵도다.

붉은 꽃잎이 시냇물에 점을 찍으며 내려앉으니 계곡물의 수면이 술에 취한 듯 발그레하게 흘러감을 보고, 흰 구름이 산을 덮으니 산봉우리가 백발이 된 듯 서 있는 것을 완상한다. 단풍잎은 불타오르는 듯 색채를 돋우고, 얼음은 구슬인 듯 광채를 더한다. 팔도에서 온 야객野客이 이러한 풍경을 완상하다 돌아가고, 사계절마다 오는 산새들은 노랫소리를 달리한다. 비록 이 산의 풍경이 신비로운 삼십육동천에는 끼지 못하지만, 또한 이름이 알려진 몇몇 명산에게는 양보하지 않는다.

그러나 경치가 비록 빼어나도 사람이 없으면 부질없이 공허한 땅이 되어 버리고, 산이 설령 좋다 하더라도 사찰이 없으면 끝내 공허한 이름이 되어 버린다. 그러므로 빼어난 경치 위에 사람이 있고, 좋은 산 가운데 사찰이 있어야 한다. 이에 석왕사라는 보배로운 사찰이 있으니, 이른바 설봉산의 신령스러운 지역이다.

이 절은 바로 태조太祖 강헌대왕康獻大王께서 해몽解夢 받으시고서 용으로 승천하신 옛 못[204]이고, 무학 묘엄無學妙嚴 존자가 마음을 밝히시고서 호랑이를 조복調伏시킨 신령스러운 터[205]이다. 그러므로 석왕釋王이라 이름하고, 특별히 사원祠院을 내렸다.[206] 이것이 이른바 산은 땅을 고르고, 사찰은 사람을 말미암는다는 것이다.

바깥의 불이문不二門과 조계문曹溪門은 단속문斷俗門과 등안각登岸閣으로 이어지고, 안쪽의 홍복루興福樓와 영월루暎月樓는 범종각泛鍾閣과 사천왕문四天王門이 두르고 있다. 팔상전八相殿과 시왕전十王殿은 모두 불가의 전각이요, 인지료仁智寮와 용비루龍飛樓는 태조께서 머무르시던 곳이다. 응진당應眞堂 안의 5백 나한상은 별처럼 벌여 있고, 석왕사 주변의 12승방僧房[207]은 보필하듯 연이어져 있다. 사자좌獅子座에 엄숙히 앉아 있는 세 진영眞影은 지난날 왕사王師가 되셨던 분들이고, 이수螭首가 우뚝이 솟은 두 비석은 바로 성주聖主의 자취이다.[208] 대웅전 우측에는 또한 바다 깊숙한 곳에 있는 용을 위해 지은 용왕각이 있고, 의중당義重堂 곁에는 연화세계蓮花世界 펼쳐진 극락전을 아울러 세웠다.

훌륭하도다! 구름을 뚫고 나가는 범종과 풍경 소리는 성상의 만년 장수를 길이 축원하고, 연기 자욱한 향불과 등불은 나라의 홍업鴻業에 복이 깃들기를 길이 기원한다. 그러므로 웅장한 도성에서 반천 리里 바깥인 이곳까지 성상의 은혜로운 물결이 길이 흐르고, 영험한 사찰의 12승방에는 아름다운 기운이 항상 가득 차 있다. 그대로 양 무제梁武帝가 세운 광택사光宅寺[209]인 듯하고, 전승 태자戰勝太子의 무성한 숲[210]에 비견되는 듯하다.

그 밖에 태조의 꿈을 해몽해 주고 태조가 사원을 설립해 준 것과 같은 등의 허다한 말들은 서책에 실려 있고, 수해水害를 당한 절을 중수해 주고 공덕을 이룬 것과 같은 등의 한량없는 말들이 인구에 회자되고 있다. 뜰의 배나무와 골짜기의 소나무, 산의 암자와 들의 밭[211]에 대해서는 이미 옛사람의 손에 의해 기술되어 사방의 벽 주변에 두루 걸려 있으니, 다시 번거롭게 말하지 않는다.

雪峰山釋王寺四時景序

天開地闢。豈無名山之大川。山勝水奇。必有景區之靈刹。然而山起擇地。寺興由人。五嶽三山。盡在於勝地。靑龍白馬。悉由於異人。夫今之山寺。鶴城之西。鐵嶺之北。山之爲形也。連遠山而來起。望大海而自留。含松吐溪。呑野帶嶺。景等蓬萊。依俙然遊仙坮上。靈痕昭昭。名同雪嶺。彷彿焉降魔樹陰。神威赫赫。層巖石相。鳳舞龍盤。絶澗流聲。獅吼虎叱。激波微動。禹門魚躍之聲。列岀蹲居。釋室石點之相。形作以千品。景移之四時。春花粧巒。鶯聲歌節。秋葉掩壑。蟬翼舞陽。夏雲擁峯。濕氣如雨。冬雪結樹。寒光似風。顧瞻幾何。秀景難測。紅花印水。觀溪面之醉流。白雲冒山。瓵峯頭之老立。楓如火而熾色。冰如珠而增光。野客自八方而瓵還。山鳥逐四時而奏異。雖不叅三十六洞川[1]之秘訣。亦勿讓三四五山岳之現名。景雖勝而無人。浪歸於虛地。山設好而無寺。終置於空名。故景上有人。山中有寺。玆有釋王之寶刹。所謂雪峯之靈堀。此寺也。乃太祖康獻大王解夢龍飛之舊澤。是無學妙嚴尊者明心虎伏之神基。故名釋王。特賜祠院。此所謂山擇地寺由人。外之不二曹溪。連斷俗登岸之梵閣。內之興福暎月。匝泛鍾四王之天門。八相十王。盡是佛家。仁寮龍樓。皆爲御宇。應眞堂內五百聖尊。如星宿而列羅。釋王祠邊十二僧舍。若補弼而連接。獅座儼若之三影。昔爲王師。龍頭屹然之雙碑。此乃聖跡。大雄殿右。亦有海藏之龍宮。義重堂邊。兼設極樂之蓮界。大哉。徹雲鍾磬。長祝聖壽之萬年。凝烟香燈。永爲國祚之鴻業。故雄都半千里外。恩波長流。靈刹十二房中。佳氣常滿。依若梁武皇之光宅。比如戰勝子之茂林。其餘解夢設院許多之辭。載於方冊。灾水成功無限之說。傳於人口。庭梨洞松。山庵野田。已述古人之手。周揭四壁之邊。夏不煩說也云爾。

1) ㉮ '川'은 '天'의 오자인 듯하다. 『술이기述異記』에 의거하여 교정하였다.

뇌묵雷默 화상 비명碑銘【병서並序】

숭정 기원후 네 번째 을유년(1825, 순조 25) 3월 10일에 삼중전지대부三重傳旨大夫212 삼원213 겸 팔도도총섭三院兼八道都摠攝 뇌묵당雷默堂께서 설봉정사雪峯精舍에서 입적하시니, 세수 82세요, 법랍 69세이다. 법휘法諱는 등린等麟, 자는 군서君瑞, 속성은 김해金海 김씨金氏이다. 부친의 휘는 득종得宗이고, 모친은 안악安岳 조씨曹氏이니, 갑자년(1744, 영조 20) 4월 23일에 방화사訪花社 풍촌豐村에서 태어나셨다. 12세에 정연靜演 스님을 따라 출가하여 14세에 석왕사에서 머리를 깎았고, 취송翠松 스님에게 구족계를 받았으며, 함월당涵月堂의 법맥을 따랐다. 28세에 완월翫月의 문하에서 건당建幢214하니, 실다운 덕의 명성과 임금이 내려 준 은총의 드넓음은 모두 다 열거하기가 어렵다. 입적하던 날 밤에는 흰 구름이 아름다운 색채를 띠었고, 다비하던 날 아침에는 붉은 무지개가 하늘을 가로질렀으며, 바람이 일어나고 우레가 치는 상서祥瑞와 세 개의 영골靈骨이 나타나는 일이 있기까지 하였으니, 학성鶴城의 설봉산 앞에 대사의 비탑碑塔을 세웠다. 불초 법손 선영善影이 향을 사르고 목욕재계하고서 감히 비명碑銘을 지으니, 다음과 같다.

  종지宗旨를 다 소유하시니
  양월兩月215의 연원이셨네.
  마음의 덕 두터우셨고
  선禪과 교敎를 겸전하셨도다.

상서祥瑞 나타나고 꿈에 징조 보이니

찬연한 사리를 얻게 되었도다.[216]

우뚝한 저 비석이여

설봉의 앞이로다.

雷默和尙碑銘【並序】

崇禎紀元後四乙酉三月十日。三重傳旨大夫三院兼八道都摠攝雷默堂。示寂于雪峯精舍。壽八十二。臘六十九。法諱等麟。字君瑞。姓金海金氏。考諱得宗。妣安岳曹氏。甲子四月二十三日。生於訪花社豐村。年十二。從靜演師出家。十四削髮於釋王寺。受具於翠松師。隨宗於涵月堂。二十八建幢于甑月門。實德聲名。天寵巍葉。悉所難擧。而入寂之夜。白雲成彩。火浴之朝。赤虹橫穹。以至有風雷之禎祥。三介之靈骨。碑塔于鶴城雪山之前。不肖法孫善影。焚沐敢銘曰。

奄有宗旨。兩月淵源。心德之厚。

禪敎之全。瑞呈兆夢。舍利燦然。

屹彼有石。雪岀之前。

설송雪松 대사 비문碑文

설송 대사의 문도인 유징有澄이 그 스승이 입적함에 스승의 사적이 민멸되지 않게 하고자 하여 나에게 비문을 써 줄 것을 청하였다. 내가 사양하였으나 끝까지 거절할 수가 없어서 이에 대사의 사적을 기술하니, 다음과 같다.

대사의 법휘는 전순戩栒이고, 설송은 그 법호이다. 속성은 연주延州 현씨玄氏로 대대로 개천价川에서 살았다. 부친의 휘는 대욱大旭이고, 모친은 최씨崔氏이니, 병오년(1786, 정조 10) 10월 초4일에 태어났다. 12세에 신교信敎 선사를 따라 출가하여 용공사龍貢寺에서 머리를 깎았으며, 다년 동안 교설을 탐구하여 이름이 원근에 알려졌다. 유암 최관柳庵最寬 대사에게서 법을 얻었고, 뇌묵 등린雷默等麟 대사에게서 선을 받았다.[217] 불경을 강론하고 현구玄句를 참구하면서 진실함과 겸손함으로 사람들을 제접提接하였고, 신실함과 공경함으로 대중 가운데 거하였다. 계묘년(1843, 헌종 9) 2월 18일에 입적하니, 세수 58세요, 법랍 47세이다. 아! 바름을 잡는 것을 경經이라 하고, 잊지 않는 것을 사史라 한다. 있는 사실을 덮어 버리고 없는 사실을 만들어 현혹시키는 책망을 면하려고 한다. 그러므로 단지 게송 하나를 읊으면서 끝맺는다.

우뚝한 저 설송이여, 조사의 유풍 이었으니
호암虎巖 풍악楓嶽 유암공柳庵公이로다.[218]
누군가 만약 어떤 소식이냐고 묻는다면
안개 낀 만경창파에 달이 가득하다 하리라.

雪松大師碑文

雪松門徒有澄。以其師乘化。要不掩泯。請余以碑之。余辭不獲已。乃述之日。師法諱戢怐。雪松其號。俗姓延州玄氏。世居价川。考諱大旭。妣崔氏。生於丙午十月初四日。十二從信敎禪師出家。剃髮於龍貢寺。多年學海。名聞遐邇。得法於柳庵最寬大師。受禪於雷默等麟大師。講黃卷。叅玄句。允讓接來。信敬居衆。癸卯二月十八日入寂。東年五十八。西臘四十七也。嗟夫。執正之謂經。不忘之謂史。圖免掩有眩無之責。故只以一偈賽之。

卓彼雪松繼祖風。虎巖楓嶽柳庵公。

有人如問何消息。萬頃烟波月滿中。

덕암德巖 대사 비문

대사의 법명은 영제瀛濟이고, 법호는 덕암德巖이며, 속성은 전주全州 이씨李氏이다. 부친의 휘는 종숙宗淑이고, 모친은 공씨孔氏이니, 건륭乾隆 무술년(1778, 정조 2) 3월 20일에 함흥 선덕사宣德社에서 태어났다. 영흥永興 지흥사地興寺의 여관 장로呂寬長老에게서 머리를 깎았으며, 수많은 강원講院을 다녀 그 학식을 넓혔다. 한성瀚星 화상의 문하에서 법을 이어받았으니, 함월涵月의 증손이요, 청허淸虛의 8대 법손이다. 불자拂子를 세우고서 법을 강론함에 학도들이 운집하니, 동방의 강석講席이라 이를 만했다. 중간에는 석왕사와 향산香山[219]의 두 강원의 종정宗正을 거쳤으며, 말년에 석왕사에서 입적하니, 바로 도광道光 을미년(1835, 헌종 1) 6월 16일이다. 내가 동문으로 그 도학道學을 우러러보았으니, 대략 서술하여 다음과 같이 비명을 짓는다.

> 교학敎學의 바다 넓고도 넓고
> 설봉雪峰은 높고도 높아라.
> 법을 강해講解함이 청정하니
> 무리들이 의심을 풀었도다.
> 세수 58세라
> 둥근 달이 푸른 하늘에 떴구나.
> 사적비가 있으니
> 석왕사 동쪽 산마루로다.

德巖大師碑文

師法名瀛濟。道號德巖。俗姓全州李氏。考諱宗淑。妣孔氏。乾隆戊戌三月二十日。生于咸興宣德社。剃髮於永興地興寺呂寬長老。多歷講肆。以廣其學。受法於瀚星和尙門下。涵月之曾孫。淸虛之八代法孫。堅拂說講。學徒雲臻。可謂東方講席。間經釋香兩院宗正。於末年在釋王寺入寂。乃道光乙未六月十六日也。余以同門。仰其道學。畧述於銘曰。

學海汪汪。雪峰巍巍。講解淸淨。

群徒釋疑。年五十八。桂輪碧天。

有蹟記石。釋寺東巓。

뇌묵雷默 노화상老和尙 행장行狀

자세히 살펴보건대 용렬하면서 드러나고자 하는 자는 분수에 넘치는 것이고, 달통하였으면서 한적하게 숨어 지내는 자는 어리석은 것이다. 일찍이 보건대 근래에 제방諸方에 품행이 있는 스님들 가운데, 어떤 경우는 "이름이 조야朝野에 알려지고 학문이 내전內典과 외전外典을 통달하여 송운松雲과 벽암碧巖[220] 이후로는 그 스님이 독보적이다."라고 하기도 하며, 어떤 경우는 "마음이 자타自他에 공空하고 은택이 금수禽獸에까지 미쳐서 소림少林과 조계曹溪[221] 이후로 그 스님만 한 사람이 없다."라고 하기도 한다. 이러한 사실을 귀로 듣고 눈으로 본 자들이 그 말을 익히 겪어 그 허탄함을 즐기면서 실제라고 여긴다. 그러면서 또한 말하기를, "그 스님의 행적이 정말로 그 말과 같다."라고 하니, 후세 사람들이 비록 옥석을 구분하고자 하나 구분할 수 있겠는가?

오직 우리 선사께서는 관북關北 안변安邊 사람으로 법휘는 등린等麟이고, 자는 군서君瑞이며, 그 거처하는 당의 편액은 뇌묵당雷默堂이다. 속성은 김씨金氏이니, 세계世系가 김해金海 수로왕首露王의 후예에서 나왔다. 부친의 휘는 득종得宗이고, 모친은 안악安岳 조씨曺氏이니, 영묘英廟 갑자년(1744, 영조 20) 4월 23일 인시寅時에 안변의 방화산訪花山 풍촌리豊村里에서 태어나셨다.

태어나면서부터 기이하고 준수하여 학문에 매진하였다. 나이 겨우 12세에 친상親喪을 당하여 의지할 바가 없게 되자, 구담당龜潭堂 정인靜演 수좌首座를 따라 출가하였다. 14세 되던 정축년(1757, 영조 33) 석가모니불의 성도일成道日에 석왕사에서 머리를 깎고, 취송당翠松堂 명혜明慧 대사에게 구족계를 받은 후 완월당翫月堂 궤홍軌泓 대사[222]에게 수학하였다. 학업을 넓히고자 하여 취운翠雲, 취송翠松, 영파影波,[223] 영월影月 등의 본분종사本分宗師들을 참방하여 불경과 유가 경전을 공부하면서 법기法器를 예리하게 하였다. 후에 청허淸虛의 제6대 법손 함월涵月의 고제高弟인 완월翫月의 문하에서 입실入室²²⁴하니, 스님의 나이 28세였다. 이때로부터 명성이 멀리까지 펴져 나가 남북에서 와서 스님을 뵈려는 학도들로 항상 방이 가득 찼다. 교화를 펼치신 곳으로는 고원高原의 양천사梁泉寺, 양주楊州의 불암사佛巖寺, 황룡黃龍의 석천사石泉寺, 설봉의 석왕사, 도봉道峯의 원통사圓通寺, 수락水落의 흥국사興國寺와 향적암香積庵, 보문암普門庵, 내원암內院庵²²⁵이다. 만년에는 오랫동안 설봉정사雪峯精舍에서 주석하셨는데, 선禪과 교敎로 법을 전수하고, 비구와 비구니에게 계戒戒를 주어 승속僧俗의 남녀로 제자라 일컫는 자들이 거의 천여 명에 가까웠다. 중간에 특별히 조정의 명령을 받아 용주사龍珠寺에서 증사證師가 되고, 불암사佛巖寺를 개수改修하고, 석왕사를 중건할 때²²⁶ 모두 전지傳旨를 받들어 가자加資되었다. 또 대중들의 중망重望을 받아 석왕사와 향산香山의 총섭摠攝으로 부임하고, 해남 표충사表忠祠²²⁷의 원장院長으로 갔다.

스님은 타고난 성품이 질박하면서 인자하고 위의가 있으면서 공손하였다. 그리고 온전히 부처님을 공양하고 마음을 닦는 것을 주된 일로 삼았고, 공명功名을 초개처럼 보았으며, 이욕利欲을 실오라기 같은 것으로 알았다. 부득이한 뒤에 그런 일을 하게 될 때도 유약하고 두려운 자세와 차분하고 굳건한 태도를 취하여 사람들이 무어라 이름할 수가 없었다.²²⁸ 경전을 강론하는 여가에 매양 인간 세상의 무상함을 탄식하면서 항상 염불을 자신의 업으로 삼았다. 소싯적부터 노년에 이르기까지 몸에 질병이 없고, 입 안에 빠진 치아가 없었으니, 어찌 부처님의 신력神力 때문이 아니겠는가.

지금 성상의 재위 25년째인 도광道光 을유년(1825, 순조 25) 3월 초3일에 가벼운 병증을 보이셨으나 항상 부처님의 명호를 염송하면서 앉거나 눕는 일에 어려움이 없었다. 그러다가 초10일 유시酉時에 입적하시니, 세수 82세, 법랍 69세의 장수하신 나이셨다. 입적하시기 3일 전에 상서로운 구름이 하늘에 가득하였고, 입적하실 때가 되어서는 한 줄기의 흰 구름이 방 위에서부터 일어나 서쪽 하늘을 향해 길게 뻗쳤으며, 그 좌우로 일고여덟 줄의 상서로운 기운이 허공에 서려 하늘거렸고, 밤새도록 찬란하였다. 또 그 다음날에 신령스러운 비가 내려 시내가 불어나고 우렛소리가 산을 진동하였다. 다비하던 당일에는 붉은 노을이 다비하며 피어오르는 연기에 이어졌고, 습골拾骨에 임했을 때에는 향기로운 바람이 깃발을 펄럭였으니, 실로 듣지도 보지도 못한 희유한 일이었다. 이는 쿠시나가라성 근처에서 부처님이 열반에 드실 때 하늘에서 네 가지의 꽃비[229]가 내린 것과 유사하고, 계족산鷄足山에서 가섭 존자가 열반에 들 때 땅이 여섯 가지로 진동한 것[230]과 방불하다.

이때를 당하여 산의 나무꾼과 들의 목동과 무지렁이 남녀들도 비록 스님의 존안을 뵙지 못하였으나 그 입적한 소식을 듣고서 모두 눈물을 훔치며 탄식하며 말하기를, "대사께서 하늘로 돌아가시니 불문에 대들보가 꺾였다."라고 하였다. 만약 생전의 인자한 마음과 두터운 덕이 자연히 구천으로 돌아가는 사이에 화합되지 않았다면, 어찌 이런 일이 있을 수 있겠는가. 다비장에 기이한 광채가 대중의 마음을 깨우치더니, 삼우제를 지내던 밤에 온 절의 사람들에게 현몽하심에 이를 말미암아 세 조각의 영골靈骨을 다비장 서쪽으로 열 걸음 되는 곳의 나뭇가지와 나뭇잎이 쌓인 위에서 찾게 되었다. 신령스러운 광채가 어둡지 않고, 묘한 형체가 특히 빼어나 심상한 사람의 사리와는 동일 선상에서 논할 수가 없었다.

아! 근래에 노숙老宿들로 선백禪伯과 강덕講德이었던 분들이 혹 생전의 이름은 팔도에 두루 퍼졌으나 사후에는 한 점의 기적도 없으면, 이에 오직 "자취를 남기려 하지 않았다."라고 하고, 혹 생전 행적의 실제는 터럭 하나만큼도 우러를 만한 것이 전혀 없어도 사후에 영골이 많이 나오면 이에 오직 "숙세의 인연이다."라고 말한다. 우리 노화상 같은 경우는 이름과 실제가 딱 들어맞아 사바를 떠나 돌아가실 때에 화합되니, 살아서는

이름이 있고, 죽어서는 실제가 있어 천추토록 민멸되지 않을 분은 오직
우리 스님뿐이시리라. 우리 문도들은 오랫동안 대화상의 자애로운 그늘
속에 있으면서 그 입에서 화생化生한 사람들인지라,[231] 대화상의 일동일
정一動一靜을 분명하게 직접 겪어 자세히 알고 있다. 그러므로 감히 이렇
게 대략 기록한다.

雷默老和尙行狀

詳夫庸而欲著者。濫也。達而閑沒者。愚也。嘗見近來諸方有狀者。或曰
名聞朝野。學通內外。松雲碧巖以後。渠師爲獨擅。或曰心空人我。恩及
禽獸。小林曹溪以後。未有如渠師者也。爲耳目者。習歷其說。樂其誕而
爲實也。亦曰厥師果如其言。後世之人。雖欲分玉石。其可得乎。惟我先
師。關北安邊人。諱等麟。字君瑞。顏其所居曰雷默堂。俗姓金氏。系出金
海首露王裔。考諱得宗。母安岳曺氏。英廟甲子四月二十三日寅時。生於
本府訪花山豐村里。生而奇俊。以學爲業矣。年才十二。遭罹親喪。無所
依歸。因從龜潭堂靜演首座出家。十四歲丁丑。以釋師子成道日。剃髮於
釋王寺。受具於翠松堂明慧大師。從學於翫月堂軌泓大師。欲贍學業。訪
諸翠雲翠松影波影月本分宗師。竺墳魯誥。以利其器。後來入室於淸虛第
六傳涵月高弟翫月門下。師年二十八矣。自此名聲遠播。南北學徒之來見
者。常盈其室。其所化之處。則高原之梁泉。楊州之佛巖。黃龍之石泉。
雪峯之釋王。道峯之圓通。水落之興國。香積普門內院矣。其晚年久住雪
峯精舍。禪敎傳法。僧尼受戒。男女道俗。稱爲弟子者。殆近千數。中間特
蒙朝令。龍珠之於證師。佛巖之於改修。釋王之於重建。皆受承傳加資。
又以衆所公望。赴釋王香山之摠攝。行海南表忠祠院長。師之賦性。質而
仁。文而恭。全以聖供修心爲主。視功名於草芥。知利欲於縲結。不得已
後行。焯[1)]約若。夕惕若。恬靜如。儼毅如。人無得以名焉。講經之暇。每
嘆人世之無常。常以念佛爲己業。自少至老。身無疾患。口不缺齒。豈不

是佛神力歟。當宁二十五年道光乙酉三月初三日。示微疾。然常誦佛號。坐臥無難。以初十日酉時入寂。年高八十二。臘長六十九。其入寂之前三日。祥雲滿天。當入寂之時。一道白雲。從其室上而起。向西亘天。其左右有七八朶瑞氣。冉冉盤空。郁郁竟夜。又其翌日。神雨漲川。雷聲振山。放火當日。紅霞接烟。拾骨臨時。香風飄幡。耳目所泊。實爲稀有。依俙然拘尸城畔。天雨四花。彷彿焉鷄足山中。地震六種。當此之際。山樵野牧。愚夫庸婦。雖未見師顔。聞其入寂。皆掩淚嗟歎曰。大師歸天。空門折樑。若非生前之仁心厚德。叶于自然冥玄之間。則何能致此耶。闍維之處。奇光警于衆心。三虞之夜。神夢現於渾寺。因以尋得三片靈骨於西方十餘步柯葉上。神光不昧。妙形特秀。不可與夫尋常人靈珠舍利同日而論也。噫。挽近以來。老老大大禪伯講德。或生前之名。普聞八垓。死後無一點奇跡。則乃惟曰不欲留迹。或生前之實。都無一毛可尙。死後有多介靈骨。則亦惟曰宿世因緣。至於吾和尙。吻然賓實。叶乎寄歸。生而有名。死而有實。亘千秋而不泯者。其惟吾師歟。吾徒久在大和尙慈陰中。從其口而化生也。一動一靜。昭昭親悉。故敢此署記。

---

1) ㉮ '焯'은 '綽'의 오자인 듯하다. 『장자莊子』「소요유逍遙遊」에 의거하여 교정하였다.

영찬
影贊

취암 대사 진찬
翠嚴大師眞贊

대사의 얼굴을 알게 되니	知師之面
대사의 참마음을 보겠어라	見師之眞
진영에 그려진 면목에	七分面目
한 조각 정신 깃들었도다	一片精神
금계 한 굽이 물 위에	錦溪一曲
긴 밤 떠오른 보름달일세	長夜月輪

인월 선사 영찬
印月禪師影贊

선사의 한평생 동정이	一生動靜
화상에 다 드러나니	七分丹靑
둥근 머리 네모진 가사요	圓頂方袍
손에는 염주 책상에는 불경일세	手珠案經
달도 외려 그 빛을 비출 수 있는데²³²	月猶可印
학이 어찌 소리가 없으리오²³³	鶴豈無聲
아득하여라 선사의 아름다운 모습	邈爾休儀
물빛 곱고 산빛 밝아라	水麗山明

환성[234] 사옹 영찬
喚醒師翁影贊

환성이라는 한 이름 온 나라에 중한데   喚醒一名重一國
온 나라가 중한가 한 이름이 중한가   一國重耶一名重耶
도가 티끌 하나에 있으면 티끌 하나가 중하고   道在一芥則一芥重
도가 천하에 있으면 천하가 중한 법이거늘   道在天下則天下重
법계가 더욱 중해지게 못한 것이 내 한이로다   吾恨不使法界夐重耳

영성 대사 영찬
永醒大師影贊

대사가 옴에	師之來也
그 이름이 영성이더니	其名永醒
대사가 감에	師之去也
그 실제가 영성이로다	其實永醒
이름과 실제가 조화로워	名實彬彬
영원히 깨어 있으니	一箇永惺
가고 옴에	去也來也
진영이 형체와 같네	影之與形
온 세상이 혼탁한데	擧世混濁
그 누구를 맑다 하랴	其誰云淸
국태산은 높고	國泰山高
용강의 물은 푸르도다	龍江水靑

용운[235] 선사 영찬
龍雲先師影贊

7척의 건장한 몸으로	七尺形骸
예순의 춘추까지 사셨는데	六旬春秋
덧없는 몸은 꿈 같은 것인지라	幻身夢宅
얼굴은 그림으로만 남았네	素面繪眸
윗사람을 공경하고 아랫사람에게는 자비로우니	敬上慈下
사람들 출중한 분이라 일컬었지	人稱出流
불초한 상좌가	有佐不肖
추모하려 해도 만날 수가 없네	追遠莫求

성담[236] 대사 진찬
性潭大師眞贊

마음이 본디 하나의 참된 것이니	心本一眞
육신이 어찌 또 참된 것이 될 수 있으랴	身何更眞
형체가 원래 헛된 것이니	形元是幻
그림자가 어찌 헛된 것이 아니랴	影豈非幻
육신과 마음 형체와 그림자를 모두 참간한 분은	身心形影都叅看
혼탁한 세상 사람들 중에 오직 성담 대사뿐이라오	混混其惟一性潭
쯧쯧	咄
살아 있을 적에는 그 명성이 북방까지 전해지더니	存以名聲傳北海
죽어서는 그 공덕을 남방에서 노래하누나	去而功德詠南菴

구담당 진찬
九潭堂眞贊

석봉이 연못가에 비껴 있으니	石峰橫潭
백운은 깊고도 고요하고	白雲敻寂
구담이 석봉을 둘러싸고 있으니	九潭繞峯
드넓은 하늘은 맑고 푸르구나	長天虛碧
침개의 인연[237]은	針芥因緣
지금이 아니라 옛적에 있었네	非今是昔
진영을 용산에 거니	掛眞龍山
만세토록 자취 남으리라	萬世留跡

하월당 진찬
河月堂眞賛

지혜는 구슬을 굴리는 듯하고	智能珠運
선정은 주장자인 양 견고하여라	定以杖堅
선정의 강물은 청정하고	定河淸淨
지혜의 달은 하늘에서 밝게 빛나네	智月當天
쯧쯧	咄
이 무슨 경계인가	是何境界
알지 못하겠다 이 무엇인가	未曾伊麽

인봉 선사 진찬
仁峯先師眞贊

양주楊州 수락산水落山 가운데에 한 노숙老宿이 계셨으니, 호號가 인봉仁峰이다. 몸을 닦고 뜻을 성실하게 하였으며, 윗사람을 공경하고 아랫사람을 잘 돌보아 주었으며, 늘 염불을 하고 축성祝聖[238]하였다. 나이 70세가 되었을 때 병으로 방에서 졸하였다. 공을 베푼 이름과 실제를 듣고 본 사람들이 잊지 못하고 있으니, 어찌 꼭 진영이 필요하겠는가마는, 의연한 진영이 당堂에 남아 있다. 찬은 다음과 같다.

> 維楊水落山中。有一老宿。號仁峯。修身誠意。敬上恤下。常以念佛祝聖爲事。年登七十。病卒于室。功施名實。耳目不諼。何須影爲。依然七分。圖像在堂。贊曰。

선사의 마음 씀은	先師用心
백 척의 금류[239]요	金流百尺
선사의 처신은	先師處身
천심의 부봉[240]일세	梟峯千尋
맑은 바람은 얼굴을 스치고	淸風拂面
밝은 달빛은 흉금에 가득하네	明月滿襟

월주 선백 영찬
越洲禪伯影贊

함월 적주 용곡의 뒤에	涵月赤洲龍谷後
월주가 세상에 나와 아름다운 명성을 이었어라	越洲出世繼流芳
일장춘몽 어언간에 깨었지만	一場春夢於焉罷
여전히 광명이 이 당을 비추누나	猶有光明照此堂

만허당 진찬
滿虛堂眞贊

삶은 부침이요	生寄也
부침은 허깨비이며	寄者幻也
죽음은 돌아감이요	死歸也
돌아감 또한 허깨비이니	歸者亦幻也
유전되는 진영이	圖像留傳
어찌 허깨비가 아니리오	何況非幻
허깨비이고 허깨비이니	幻乎幻乎
참을 물을 필요 있으랴	何須問眞
아아	噫
밝은 태양이 하늘에 떠 있으니	杲日麗天
그 빛이 허공에 가득하여라	其光滿虛

화은당 영찬
華隱堂影賛

때로는 화정의 목나한[241]이요	有時華頂木羅漢
때로는 위산의 수고우[242]라네	有時潙山水牯牛
대중은 알겠는가	大衆會麽
말할 수 있다 해도	若也道得
나는 웃고	吾笑之
말할 수 없다 해도	若道不得
나는 또한 웃네	吾亦笑之
웃고 웃은들	笑之笑之
무슨 좋은 것이 있을까	有何長處
이미 이익될 게 없고	旣無利益
또한 어쩔 수 없다네	抑不得已
타니대수[243]하여 한마디 이르노라	拖泥帶水一轉語
복숭아와 오얏에 춘풍 불고	桃李春風
물은 흐르고 꽃은 맑으며	水流花淨
오동나무엔 가을달 비추고	梧桐秋月
학의 울음소리는 하늘에 높아라	鶴響天高
아아	嘻
만일 정법안장을 갖춘 사람이 본다면	假使正眼人看來
또한 껄껄 크게 웃음을 면치 못하리라	亦未免呵呵大笑去矣

영담 대사 진찬
永潭大師眞贊

물 가운데 고요한 것이 담이니	水之靜者潭
고요하면 오래갈 수 있는지라	靜則可久
영담이라 하였네	謂之永潭
그 가운데에는 반드시 용이 숨어 있고	中必龍藏
산을 떠받치고 있어라	載之以岳
조화의 공과	造化之功
돈후한 덕이	崇厚之德
그 이치가 없지 않도다	不無其理
산 위에 못이 있으니	山上有澤
함은 감동함이요 비워 받음이라	咸也感而虛受
만물의 정을 볼 수 있네[244]	可見萬物之情也
아아	吁
한 축 그림으로	一軸丹靑
그 모습을 볼 수 있도다	足見七分
그 아름다움 이름한 것이 있으니	有號厥美
더는 운운하지 않으리라	更不云云

포대 화상[245] 찬
布袋和尙贊

배고프면 밥 먹고	饑則餐
노곤하면 잠자니	困則眠
대인의 경계요	大人境界
격외의 행색이라	格外行色
갑자기 기지개 켜고 하품하는 것이	特地欠伸
이 무슨 모양인가	何等樣子
하나의 포대에	一箇布袋
활수가 가득 들어 있네	滿貯活水

권선문
勸善文

광주廣州 봉은사奉恩寺 시왕十王 중수重修 권선문

행하기 어려운 것을 능히 행하는 것을 선善이라 하고, 구하는 대로 얻게 해 주는 것을 시施라 하며, 일을 이어 하여 그치지 않는 것을 적積이라 한다. 적선積善은 삼교三教[246]의 한 길이요, 보시布施는 육도六度[247]의 첫 관문이다. 옛말에 "큰 바다를 건너고자 한다면 반드시 배에 타고 천 리 길을 가고자 한다면 응당 노자와 식량을 갖추어야 한다."라고 하였다. 세상의 복덕과 지혜를 구하고자 하는 자는 또한 먼저 모름지기 적선하고 보시를 해야 할 것이니, 그래야만 원대로 성취할 수 있게 될 것이다. 그러므로 『주역』「곤괘坤卦」〈문언전文言傳〉에서 이르기를, "적선한 집은 반드시 남은 경사가 있게 되고, 불선不善을 쌓은 집은 반드시 남은 재앙이 있게 될 것이다."라고 하였으니, 성인께서 어찌 나를 속이시겠는가. 무릇 기수氣數의 이치는 가면 돌아오지 않음이 없다. 이 때문에 비록 지극히 굳건한 천지라도 다시 무너지고 비는 것이 있고, 불어나고 번성하는 인물이라도 늙고 죽음을 면치 못하는데, 하물며 사람이 만든 각양각색의 물건에 있어서이겠는가.

아아! 우리 명부전冥府殿의 자취는 상고上古시대로부터 비롯되어 조성된 지가 몇 년째인가. 중수重修한 것이 한 번뿐만이 아니었다. 그런데도 햇수가 오래된지라 쇠퇴하고 기울어져 단청이 퇴색하고 봉황과 용을 새긴 것들이 구름과 이내에 젖어 심각하게 색이 변하고 모양이 깨졌으니, 거주하는 스님과 신사信士들의 걱정거리일 뿐만 아니라, 또한 바로 유람

객들과 과객들의 탄식거리였다. 상의하여 중수하고자 하였으나 일은 큰데 힘은 미약하여 산승山僧들의 소소한 힘으로는 준비하기 어려웠다. 이에 권선문을 지어 여러 지방의 군자들께 두루 고하노라. 대개 일월이 비추지 않는 곳이 없지만 높은 고개 위를 먼저 비추고, 불천佛天께서 어느 사람인들 제도해 주시지 않겠는가마는 적선한 사람을 먼저 제도해 주시니, 어찌 이것이 일월과 불천에게 사사로움이 있어서이겠는가. 못이 맑으면 달이 드러나고, 기연機緣에 감동하면 응보가 생겨나는 법이니, 이것이 이른바 선을 쌓으면 경사가 있게 되고, 악을 쌓으면 재앙이 있게 된다는 것일 것이다. 삼가 바라건대 여러 군자들은 금생에 보시를 하는 선경善慶[248]을 쌓아서 만세토록 다함이 없는 수승殊勝한 복을 심는다면, 어찌 아름답지 않겠으며, 어찌 훌륭하지 않겠는가.

廣州奉恩寺十王重修勸善文

能行之謂善。隨求之謂施。仍玆而不止之謂積。積善者。三敎之一路。布施者。六度之初門。古曰欲渡大海。必乘之舟。欲行千里。應備資糧。世之欲求福慧者。亦先須積善捨施。然後如願成就。故易曰積善之家。必有餘慶。積不善之家。必有餘殃。聖人豈欺人哉。夫氣數之理。無往不復。故雖天地之至堅。而夐有壞空。人物之滋殖。而未免老死。況人之所作物形形色者乎。於戲。惟我冥府之迹。粤自上古。造成幾歲。重修不一。然而年久頹圮。紫沫靑泥。鳳冠龍衫。濕於雲霞。渝破玆溪。不惟居釋信士之所憂。亦乃遊人過客之所嘆也。謀欲重修。事山力蚊。不得以山僧小小之力所可備辨也。玆出勸文。普告於諸方君子之門。蓋日月無所不照。而先照於高嶺之上。佛天何人不濟。而先濟於積善之人。豈是日月佛天之有私。潭澄月現。機感應生。此所謂善而慶惡而殃者歟。伏願僉君子。積今生惠施之善慶。樹萬歲無竭之勝福。豈不休哉。豈不偉哉。

삼각산 화계사 중수 권선문

대저 선善은 옮김이요, 옮김은 움직임이니, 길흉회린吉凶悔吝이 움직임에서 발생한다. 만약 다만 굳게 지켜 옮기지 않는다면, 어찌 군자로 견주어지겠는가. 지금 여기 화계사는 옛적 한 정사精舍였다. 세월이 오래됨에 비바람이 샌 지가 거의 10여 년의 많은 시간이 흘렀다. 몇몇 스님들이 때때로 중수하고자 하였으나 전각이며 요사채며 일이 이미 크고 재물을 갖출 수 없었다. 그리하여 나의 졸렬한 계책과 짧은 글로 시주들에게 널리 고하노라. 삼가 티끌 같은 재물을 아까워하지 말고 각자 분수에 따라 보시를 행하여 이 일을 이루게 해 주기를 바라노니, 그렇게 한다면 어찌 참으로 선하고 또 훌륭한 일이 아니겠는가. 인과화복因果禍福의 설과 선악경앙善惡慶殃의 일은 온 세상 사람들이 모두 아는 것일 뿐만 아니라 또한 바로 승려들이 늘 이야기하는 것이다. 이 때문에 굳이 여기에 쓰지 않을 뿐이다.

三角山華溪寺重修勸善文

夫善者。遷也。遷者。動也。吉凶悔恪。生乎動。若但固執不遷。則豈以君子擬之哉。今此華溪寺者。古之一精舍也。歲月旣久。風雨透漏。殆十數年之多矣。數小居僧。時欲重修。然殿閣也。寮舍也。事旣重而物不能判。[1) 故拙策短詞。普告檀門。伏祝勿惜塵財。各自隨分行施。以成此事。豈不誠善且偉哉。因果禍福之說善惡慶殃之事。非但一世所共知。亦乃釋子之常談。故不必記之而已。

---
1) ㉠ '判'은 '辦'의 오자인 듯하다.

도봉산 원통사 약사전 중수 권선문

대저 복이란 것은 우연으로 구해지는 것이 아니라 선을 쌓아야만 얻을 수 있고, 선이란 것은 갑작스러움으로 얻어지는 것이 아니라 권함이 있어야만 행할 수 있으니, 이는 파종播種을 해야 결실을 얻고, 배를 띄워야 언덕에 다다를 수 있는 이치와 같다. 우리 약사전은 부처님께서 동방만월세계東方滿月世界에 거처하시어 늘 백호白毫로부터 무외광명無畏光明을 비추시고, 12상원十二上願[249]을 설하시어 무량 중생들을 제도하시는 것이, 병의 수많은 원인에 세상의 좋은 의원이 약으로 수많은 중생들을 살리는 것과 같기 때문에 약사라 이름하고, 저 부처님의 상을 모셔 놓고 수壽와 복福을 비는 곳으로 삼아 약사전이라고 하였다.

약사전은 옛적에 창건되었는지라, 비바람을 수없이 만나 담장과 벽이 깨지고 무너졌으며, 마룻대와 들보가 썩고 꺾였으며, 불좌佛座 위에 있는 푸른 연꽃이 비바람에 침식되어 거주하는 스님과 오가는 참배객들이 함께 한탄하며 애석히 여기기에 여념이 없었다. 지금 중수重修하고자 하나 재물이 없어 주관하기 어렵기에 한 축軸의 짧은 글로 여러분에게 두루 고하노니, 쓰고 남은 재물을 희사喜捨해서 다함이 없는 수승殊勝한 복을 심는다면, 어찌 선을 행하여 복을 짓고 권함을 인연하여 선을 닦는 일이 아니겠는가.

道峯山圓通寺藥師殿重修勸善文

原夫福不可以偶求。有善然後必得。善不可以忽得。有勸然後要行。如種得實。如船到岸。惟我藥師殿者。佛居東方滿月世界。常放白毫無畏光明。設十二之上願。度無量之衆生。如世良醫之病有千源。藥生多品。故號爲藥師。而遵像彼佛。祈于壽福之處。曰藥師殿。殿剏在古。多歷風雨。墻壁破墮。棟樑朽折。座上青蓮。不免風雨之所侵。居僧行客。所共歎惜之不暇也。今欲重脩。無物難辦。一軸短詞。普告僉前。捨其用餘之塵財。植其不竭之勝福。豈非行善而作福因勸而修善也哉。

철령 성황당 중수 권선문

관북 지방은 풍패豊沛의 땅250이요, 철령 고을은 교통의 요지이다. 이 때문에 사시사철 공무公務나 사무私務를 보러 다니는 나그네들이 이곳을 끊임없이 왕래한 지가 지금 거의 백 년이나 되었다. 고개 위에 오래된 성황당 한 곳이 있는데, 어느 해에 어떤 사람이 창건했는지 알 수 없다. 그러나 그 신의 영험함이 밝고도 밝아 원근에 소문이 났고, 근자에도 치성을 드리면 감응을 해 주는 도가 없지 않으니, 『시경詩經』〈억抑〉에서 이른바 "헤아릴 수 없는데 하물며 싫어할 수 있겠는가.(不可度思。矧可射思。)"라고 한 말과, 『서경書經』에서 이른바 "오직 덕이 제물이다.(惟德繄物)"251라고 한 말이 여기에서 증험되는 것이다. 중간에 무릇 여러 번이나 중수를 했는데도 지금 또 퇴락하여 쾌청한 때에도 오히려 햇볕과 달빛이 새어 드는데, 하물며 흐린 날의 비바람은 어찌 피할 수 있겠는가. 또 오가는 나그네들도 안타깝게 여기는데, 하물며 가까운 데 거주하는 사람들이 어찌 아침저녁으로 비탄하지 않겠는가. 중수하고자 하나 일은 크고 힘은 부족한지라 부끄러움과 꾸지람을 꺼리지 않고 동지들에게 두루 고하노니, 삼가 분수에 따라 보시해 주어 이 일을 이루게 해 주길 바라노라. 마음에 선을 쌓는 것은, 이른바 "선한 사람에게 복을 내리고 악한 사람에게 화를 내린다.(福善禍淫)"252라는 말이 본래 경전에 실려 있으니, 어찌 반복해서 말할 것이 있겠는가.

鐵嶺城隍堂重修勸善文

關北一方。豊沛之地。一座鐵嶺。是爲大路。故春秋四時。公私行客。未嘗不絡繹于此者。今幾百年矣。嶺上有一城隍古廟。未知何歲何人之所創建。然神之爲靈。昭昭焉。見於近。聞於遠。間不無祈祝感應之道。詩所謂不可度思。矧可射思。書所謂性[1]德繄物。驗於此也。中間凡幾閱重脩。而

今又頹落。晴時猶爲日月之曝煦。況晦陰之風雨。何可避之哉。又不免行
客之見憐。何況近居者。那無朝夕之傷歎乎。欲夫重修。事贍力乏。不憚
愧責。普告同志。伏惟隨分施助。以成此事。中心所積。其所謂福善禍淫。
自載經籍。胡可伸說。

---

1) 閔 '性'은 '惟'의 오자인 듯하다. 『춘추좌씨전』「희공」5년에 의거하여 교정하였다.

아차산 화양사 바라(鈸鑼) 권선문

대저 물건이 쓰이는 곳은 각기 그 자리가 있는 법이니, 지금 이 바라(鈸鑼)는 무엇을 위하여 만드는 것인가. 부처님께 공양을 드리기 위하여 만드는 것이다. 소리가 천지를 진동함에 응하지 않은 곳이 없기에 위로 사공四空[253]까지 통하여 다겁多劫의 사정취邪定聚[254]들을 정신 차리게 하고, 아래로 삼도三途[255]를 진동시켜 기나긴 어둠 속에 빠져 있던 이들을 제도하니, 이 때문에 이 물건을 만들고자 하는 것이다. 한 축軸의 짧은 글로 여러 재가在家 군자와 출가出家 군자로서 적선을 하는 시주들에게 널리 고하노니, 죽으면 가져가지도 못할 티끌 같은 재물을 아끼지 말아서 만세토록 없어지지 않을 복덕福德을 오래도록 심기를 삼가 바라노라. 그렇게 한다면 어찌 좋지 않겠는가.

峨嵯山華陽寺鈸鑼勸善文
大凡物之所用。各有處焉。今此鈸鑼。何爲而作也。供佛享聖而作也。聲動天地。無處不應。故上徹四空。動多刼之邪定。下震三途。拔長夜之沉淪。所以欲成此物。一軸短文。普告在家出家諸君子積善之檀門。伏惟勿惜死不將去之塵財。永植萬歲不朽之福德。豈不善哉。

소별
疏別

석왕사의 백련당白蓮堂 및 수군당壽君堂 중건과 각처 중수에 대한 낙성소落成疏

삼가 아룁니다. 공왕空王의 고겁古劫에 가람을 불향산不響山 가운데 세우니 생주이멸生住異滅[256]이 감히 옮기지 못하고, 몰하유향沒何有鄕[257]에 도량을 무영수無影樹 아래에 세우니 지수화풍地水火風이 어찌 화를 끼칠 수 있겠습니까. 어디를 가든 보현행문普賢行門이요, 곳곳마다 화장찰해華藏刹海니, 중생들이 겁화劫火를 보더라도 우리의 불국토佛國土는 항상 있을 것입니다.

본사本寺를 상고해 보건대 성조聖祖의 초잠初潛에 서까래 세 개를 지고 나온 꿈을 풀이한 터요, 왕사王師가 만세의 왕업을 계획했던 자리입니다.[258] 큰 역사役事를 경영하고서 존상尊像을 옮겨다 봉안하고 등극登極하신 뒤에 사찰을 건립하여 왕조를 세운 초기에 왕사의 공훈에 보답한 것입니다. 저 16방房의 성대한 위의는 급고원給孤園에서 부처님을 맞이한 일과 매우 비슷하고, 5백 결結의 후사厚賜는 난타사蘭陀寺[259]에서 스님들에게 공양을 드린 일에 조금도 못지않으니, 삼대三代의 위의에 방불하고, 오천五天의 풍도를 보는 듯했습니다.

성쇠盛衰란 것이 한결같지 않고 세월의 흐름은 무상無常합니다. 아아! 흉년을 거듭 만남에 스님들의 거처가 두어 처소에 불과하게 되었고, 병화兵火를 누차 겪음에 위토位土가 다만 4, 5일 밭 갈 거리만 남았으니, 비록 훗날의 은혜를 계속해서 입었으나 예전의 사정事情에 견줄 수는 없습니다. 또 더구나 복은 아울러 진전되는 법이 없고, 화는 홀로 행해지지 않습니다. 옛적 큰 홍수가 났을 때는 허공 가득 물결이 일어났는데도 운감雲龕[260]과 신장宸章[261]이 별 탈 없이 화를 면하였습니다. 그런데 최근 큰 불이 났을 때는 하늘까지 뻗치는 화염이 맹렬하게 타오르니, 극락전極樂殿과 백련당白蓮堂이 불행히도 화를 당했습니다.

성대합니다. 태양과 같은 성은의 빛이 유난히 이곳에만 밝게 비치고 은혜의 물결을 함께 목욕하여 영읍營邑에서 백방으로 힘써 도와주고, 묘당廟堂에서 만금의 재물로 일을 계획하여 실화失火로 타 버린 백련당을 옛터에 중건하고, 화를 입은 극락전을 향각香閣에 옮겨 봉안奉安하였습니다. 기울어지고 무너져 자취가 없어진 곳에 다시 자리를 정해 옮기고서 수군당壽君堂이라는 편액을 올렸고, 불에 조금 탄 범종루梵鐘樓를 예전처럼 수리하고서 흥복루興福樓라고 제하였습니다. 인지료仁智寮와 용비루龍飛樓는 비바람 새는 곳에 지붕을 새로 얹었고, 법전法殿과 승사僧舍는 깨지고 손상된 곳을 보수하였습니다. 내탕고內帑庫에서 재물을 더하여 내었고, 관찰사觀察使가 또 녹봉을 덜어 주었습니다. 공역工役에 쓸 넉넉한 재물을 완비한지라 위토를 마련해서 근심이 없도록 해 주었고, 염려함에 긍휼히 여겨 주신지라 요청한 바대로 절의 빚을 갚아 주었습니다. 현은玄隱 태화太和의 공덕이 작지 않고, 설하雪河 복성復性의 근로가 크게 많았습니다.

이치며 운수에는 손가락이며 말이라고 할 것[262]이 그 단서가 많으니, 성은의 막대함을 공수拱手를 하고서 송축하고, 감독하며 역사役事를 함에 나무며 기러기가 될 것[263]이 대치되니, 불력佛力의 넓고 깊음에 입을 가리고서 손가락으로 가리켜 봅니다. 신해년(1851, 철종 2) 기해월 신해일에 재앙이 싹텄는데, 임자년(1852) 임자월 임자일에 공사를 마쳤습니다. 이에 삼가 육미六味를 올려 우러러 삼존三尊께 바칩니다.

삼가 생각건대 법신法身은 형체가 없으니 월인천강月印千江[264]은 그 그림자가 화한 것이요, 진성眞性은 설하기 어려우니 유분오미乳分五味[265]는 진부한 말입니다. 진부한 말에 의탁하여 진성을 설하고, 그림자에 부쳐 법을 드러냅니다. 10지十地와 삼현三賢²⁶⁶이 함께 강림하고 오과五果와 사향四向²⁶⁷이 모두 임합니다. 연꽃 수레가 많으니 세 보위의 자존慈尊이 상서로운 구름을 타고 앞뒤로 이르고, 옥 병풍이 첩첩하니 제천의 신중神衆이 향기로운 바람을 타고 오르락내리락합니다.

삼가 바라건대 전하께서는 대춘大椿의 8천 세를 아침으로 삼고 저녁으로 삼으시고,²⁶⁸ 억만년 보위寶位와 대통을 길이길이 뻗치시고, 하늘의 구름과 땅의 물 같은 선왕先王과 선후先后의 영령은 극락전과 백련당에서 적석궤궤赤舄几几²⁶⁹하시며, 용반호열龍班虎列의 훌륭하고 어진 신하들은 태평연월에 성관星冠²⁷⁰을 쓰고 늠름하게 보필하소서.

또 바라건대 지휘했던 영부營府의 두 공은 지위가 한 품계 올라 존귀하고, 함께 참여했던 척신戚臣 두 분 댁은 대대로 오복五福을 온전히 누려 자손이 번성하며, 힘을 보탠 분들은 수壽를 누려 강녕 무궁하고, 일을 주관한 분들은 복을 받아 평안한 몸으로 무탈하게 해 주소서. 사찰이 점차 성대해져서 성지聖址를 보호하고, 지키는 절목을 날로 더하며 달로 깊게 하고, 살림이 차츰 늘어나면 참된 공부를 하며 생활하는 방도에 연로한 사람들을 여유롭게 하고, 어린 사람들을 편안하게 해 주소서. 전쟁을 그쳐서 국가의 복조福祚를 공고하게 하고, 전염병을 멸절滅絶시켜 풍년이 들게 하며, 분주히 노역하는 사람들과 왕래하며 관광하는 나그네들이 각기 뜻하는 바를 이루고, 일마다 마음대로 되게 해 주소서. 나무 도깨비와 산의 정령, 모든 비명횡사한 원혼들, 골짜기 위와 골짜기 아래의 주인이 있거나 없는 원친寃親²⁷¹의 비혼悲魂, 시방의 사부四部²⁷² 대중, 법계法界의 삼도三途와 팔난八難²⁷³에 이르기까지 모두 법회에 임하여 모두 흡족히 공양 받기를 바랍니다. 나머지 은혜의 물결이 적셔진 곳에 만물이 모두 즐거워하기를 바랍니다. 머리를 조아리고 아뢰며 회향回向²⁷⁴하여 삼가 소를 올립니다.

釋王寺白蓮壽君重建與各處重修落成疏

伏以空王古刦。建伽藍於不響山中。生住異滅。莫敢遷也。沒何有鄉。設道場於無影樹下。地水火風。豈能灾之。步步普賢行門。塵塵華藏刹海。衆生見於劫火。我此土之常存。稽考本寺。聖祖初潛。釋夢三椽之址。王師一席。運籌萬世之場。經營大功。移安尊像。建利於登極之後。酬勳於定鼎之初。原夫十六房之盛儀。大相似給孤園迎佛。五百結之厚賜。小不下蘭陁寺供僧。彷佛三代威儀。依俙五天風度。盛衰不一。古今無常。嗚呼。荐遭歉荒。僧居不過二三處所。累經兵火。位土惟存四五日耕。雖繼蒙於後恩。不得比於古事。又況福無並進。禍不單行。昔之積水輪上。漫空波瀾。雲龕宸章。無恙免禍。今之大火聚中。亘天烈焰。樂殿蓮堂。不幸被灾。盛哉。化日偏臨。恩波共沐。營邑之百般力救。廟堂之萬金劃區。重建失火之白蓮於舊基。移安及煥之極樂於香閣。傾頹泯迹更卜改。扁曰壽君。差脫梵樓重脩古。題之興福。仁寮龍樓之改覆滲漏。法殿僧舍之修補破傷。內帑加以出財。方伯又爲捐俸。役完物贍。置土可以不虞。念果哀矜。報債即爲副請。玄隱太和之功德不小。雪河復性之勤勞大多。理也數也。指馬多端。拱手頌祝於天恩之莫大。監之役之。木鴈相拒。掩口指占於佛力之弘溙。辛亥年己亥月辛亥日灾萠。壬子年壬子月壬子日事訖。玆者恭伸六味。仰獻三尊。伏惟法身無形。月印千江者影化。眞性難說。乳分五味者陳言。托陳詮眞。寄影彰法。十地三賢之同降。五果四向之咸臨。蓮輅彬彬。三寶慈尊。駕祥雲而前假後假。玉屍濟濟。諸天神衆。乘香風而上之下之。伏願王筭長春八千歲。以爲朝爲夕。寶籙大統億萬年。以亘古亘今。先王先后天雲地水之靈。極樂蓮坮。赤舃几几。良臣賢佐龍班虎列之屬。太平烟月。星冠軒軒。抑願指揮之營府兩公。位高一品。且尊且貴。同爲之戚臣二宅。世全五福。多子多孫。助力者壽。而康樂無央。幹事者福。而平身無恙。以至寺樣漸盛。聖址守護之節。日益月溙。産業稍增。眞工活計之方。老閑少逸。干戈息而國祚鞏固。庇[1]癘絕而年穀豐登。奔走執役之人。往來觀光之客。各稱所志。隨事從心。甚至於木魅山精。知不知非命惡死。洞上洞下。有無主冤親哀塊。塵方之四部羣氓。法界之三途八難。共臨法會。悉飽眞供。餘波所沾。萬類咸樂。稽首表白。回向謹疏。

1) ㉠ '庀'는 '疫'의 오자인 듯하다.

정조 대왕 천릉遷陵²⁷⁵ 사십구일재 영산별

각황覺皇께서 현신現身하시니 『화엄경華嚴經』과 『법화경法華經』을 온 세상에 널리 펴셨고,²⁷⁶ 세주世主께서 현기懸記하시니 『대운경大雲經』과 『보우경寶雨經』에 분명히 말씀하셨습니다.²⁷⁷ 삼계三界의 복전福田이요 일국一國의 보위寶位이신 정조 대왕의 영가靈駕를 여여如如하게 와서 좋이 보내 드리고자 하므로 도사導師께 공양을 올립니다.²⁷⁸

삼가 생각건대 우리 정조 대왕은 그 은택이 백성들에게 끼쳐지니, 서교西郊에서 비가 내리지 않는다는 탄식²⁷⁹을 했다는 말을 들은 적이 없고, 그 덕이 상제에까지 이르니 동방에 늘 경성景星의 기쁨²⁸⁰을 보았습니다. 그런데 불행히도 경신년(1800, 정조 24)에 승하하셨고,²⁸¹ 또한 신사년(1821, 순조 21)에 천릉하였습니다.

수빈綏嬪(1770~1822, 정조의 후궁이자 순조의 생모) 저하께서는 그 은혜를 생각함이 망극하시니 애통해하는 마음이 어찌 한량이 있겠습니까. 유명幽明은 그 길이 다르니 인천人天의 윤회를 어찌 알겠습니까. 이목耳目이 닿지 않는 곳에서 머뭇거리며 떠나지 못하는 심사를 떨쳐 버리기 어려울 것입니다. 이 때문에 이장移葬을 한 지 49일이 되는 때에 보광법전普光法殿에 자리를 잡았습니다.

거듭거듭 보시를 하는 때에 영산靈山 자존慈尊을 주인으로 삼고서 일승一乘의 오묘한 법을 펼쳐서 존령尊靈을 극락에 오르게 합니다. 별들처럼 늘어선 법신은 그 그림자가 심수心水²⁸²에 떨어지기를 바랍니다. 달처럼 가득 찬 원력願力은 그 빛이 공운供雲²⁸³과 화하기를 삼가 바랍니다.

우리 정조 대왕의 선가仙駕는 길지吉地를 잡아 화순하게 이장하고, 현궁玄宮에 의탁하여 길이 안장安葬하였습니다. 도사다천覩史多天²⁸⁴ 위에서 늘 우의羽衣를 입은 신선들의 반열에 끼고, 수마제국須摩提國²⁸⁵ 가운데서 성대한 집회를 하는 보살들과 함께 노니소서.

효의왕후孝懿王后(1753~1821, 정조의 妃)의 선가는 홍련紅蓮으로 발을 감싸니 팔덕지八德池²⁸⁶ 가운데서 신령의 옷깃을 깨끗이 씻고, 금련金輦으로 몸을 모셨으니 어삼御衫이 칠보수七寶樹²⁸⁷ 아래에서 나부끼게 되소서.

현륭원顯隆園²⁸⁸에 모신 혜경궁惠慶宮(1735~1815, 사도세자의 妃이자 정조의 어머니)의 선가는 늘 연화세계蓮花世界에 앉아 항상 금선법문金仙法門²⁸⁹을 들으소서.

소령원昭寧園(영조의 생모인 淑嬪 최씨)과 여러 위位의 선왕先王과 선후先后 분들은 그 지위가 법왕法王에 올라 관음觀音, 대세지大勢至와 더불어 주객主客이 되고, 명성이 불국佛國에 퍼져 번갈아 가며 안양安養세계와 화장華藏세계를 오가소서.

또 바라건대 주상 전하(순조, 1790~1834)께서는 학수鶴壽²⁹⁰를 무궁히 누리시기를, 바로 원생圓生의 40년을 낮으로 삼고 밤으로 삼는 것²⁹¹과 같이 하시고, 용루龍樓를 만세토록 보전하기를 대춘大椿의 8천 년을 봄으로 삼고 가을로 삼는 것²⁹²과 같이 하소서.

왕비 전하(純元王后, 1789~1857)께서는「주남周南」에서 태임太姙의 인仁을 칭송하는 것과 같이 되시고, 서지西池에서 서왕모西王母의 장수를 축수하소서.²⁹³

원자元子 저하께서는 그 현명함이 해나 달보다 밝고, 그 도가 건곤乾坤과 합하소서.

자궁慈宮 저하께서는 성수聖壽를 오래 누리시기를 남산南山의 무성한 소나무처럼 하시고, 옥체玉體를 안락하게 하시기를 요지瑤池의 반도蟠桃²⁹⁴처럼 하소서. 조야朝野가 태평하고 한 해 농사가 풍년이 들기를 바랍니다. 이러한 큰 발원으로 우러러 삼가 아룁니다.

正宗大王遷陵四十九日齋靈山別

覺皇現身。華嚴法華普設。世主懸記。大雲寶雨明言。三界福田。一國寶位。欲如來而好去。故獻供於導師。伏惟正宗大王。恩被下民。西郊未聞不雨之嘆。德及上帝。東方每見景星之歡。不幸逢庚申之泣弓。抑亦當辛巳之占地。綏嬪邸下。恩念莫極。哀痛何窮。幽明路殊。安知人天之徃返。耳目不到。難遣猶豫之心思。所以遷柩七七之辰。擇地於普光法殿。布施重重之會。爲主於靈山慈尊。演妙法之一乘。薦尊靈於登樂。伏願星羅法身。影落心水。恭惟月滿願力。光和供雲。惟我正宗大王仙駕。卜吉地而宜移。依玄宮而永鎭。覩史多天上。常叅眞仙之羽衣。須摩提國中。共遊菩薩之海會。孝懿王后仙駕。紅蓮襯足。神襟灑於八德池中。金輦奉身。御衫飄於七寶樹下。顯隆園惠慶宮仙駕。常坐蓮花世界。恒聽金仙法門。昭寧園與先王先后列位仙駕。位轉法王。與觀音勢至而主伴。名聞佛國。遞安養花莊[1]而徃還。抑願主上殿下。鶴筭無窮。直同圓生之四十年。爲畫爲夜。龍樓萬歲。依如大春之八千歲。爲春爲秋。王妃殿下。周南頌太妊之仁。西池獻王母之壽。元子邸下。明逾日月。道合乾坤。慈宮邸下。聖壽增長。如南山茂松之盛。玉體逸樂。比瑤池蟠桃之間。朝野太平。時歲豐洽。以此大願。仰對謹疏。

---

1) ㉻ '花莊'은 '華藏'의 오기인 듯하다.

정원政院 십재 상별

삼가 아룁니다. 법신法身은 형상이 없으나 중생들을 위하기 때문에 코끼리가 태양을 타고 내려왔고,[295] 진리는 말이 없으나 화연化緣을 따르기 때문에 말이 동토東土를 밟았습니다.[296] 이는 봄이 만국萬國에 돌아온 것과 같고, 달이 수많은 강에 비치는 것[297]과 같습니다. 비록 본심本心이 하늘을 덮고 땅을 덮는다고 해도 또한 망상妄想을 따라 부침浮沈하니, 불연佛緣에 기대지 않으면 윤회를 그치기 어렵습니다. 이 때문에 양 무제梁武帝가 금산사金山寺에서 처음으로 수륙재水陸齋를 지내 상나라 임금 주紂와 비간比干의 놀란 넋을 제도해 주었고, 영 선사英禪師가 북사北寺에서 두 번 신몽神夢에 감응하여 진나라 임금과 범수范雎의 가여운 넋을 제도해 주었습니다.[298]

삼가 생각건대 지금 십재를 설하는 것은 옛적부터 그 의식이 있었습니다. 10지十地를 본떠서 모두 십재 때 10인에게 올리고, 일승一乘을 본받아 모두 한곳에서 하루에 행하였습니다. 당시에 재를 설한 사람들은 그 아들과 손자이고, 오늘날 망령亡靈이 된 것은 아버지나 할아버지입니다. 낮의 영산법회靈山法會에서는 일곱 축軸의 『묘법연화경妙法蓮華經』을 설하고, 밤의 법계도량法界道場에는 한 곡조 어패魚唄를 연주합니다. 일진一眞 반야般若의 공화空火와 오분법신의 심향心香을 사릅니다. 뜰 가운데는 보개寶蓋를 매달고, 탁자 위에는 만화蔓花를 꽂습니다. 가장 맛 좋은 소락蘇酪과 제호醍醐를 공양하고, 보배스런 화과花果와 등촉燈燭 등의 물건을 진열합니다.

삼가 바라건대 양족 자존兩足慈尊[299]께서는 무연無緣의 배를 움직이시고, 쌍운 대사雙運大士께서는 유정有情의 물고기를 건져서[300] 여러 혼백들이 모두 구품九品[301]에서 즐거움을 얻고, 여러 사람들이 삼재三災에서 곤액을 벗어나게 해 주소서. 한 방울 베풀어 주신 은덕의 남은 물결에 고통 받는 중생들이 모두 즐거워하기를 또한 바랍니다. 우러러 존영尊影을 대하며 소를 써서 삼가 아룁니다.

政院十齋上別

伏以法身無相。爲衆生。故象駕日輪。眞詮無言。隨化緣。故馬踐東土。似春回於萬國。如月印於千江。雖曰本心盖天盖地。亦隨妄想。或昇或沉。非憑佛緣。難息輪轉。故梁武帝初乘水陸於金山。渡商紂比干之驚魄。英禪師再感神夢於北寺。濟秦主范睢之哀魂。切念現今設齋。古有儀式。表十地。俱薦十人於十齋。法一乘。咸行一日於一處。當時齋者。其子其孫。今日亡靈。或父或祖。晝之靈山法會。演七軸之蓮經。夜之法界道場。奏一音之魚唄。燃一眞般若之空火。爇五分法身之心香。懸寶盖於庭中。挿蔓花於卓上。供蘇酪醍醐之上味。列花果燈燭之珍儀。伏願兩足慈尊。運無緣之艇。雙運大士。拯有情之魚。衆魂俱得樂於九品。諸子同離厄於三灾。亦願一滴餘波。苦流咸樂。仰對尊影。表宣謹疏。

혜경궁惠慶宮 백 일 영산별

　삼가 아룁니다. 온 법계法界 속의 한 단장壇場에 제불諸佛의 청량한 달빛이 환하게 허공에 비치고, 고금에 이어지는 시간 속에서 일승一乘의 미묘한 법음이 맑게 찰나의 시간을 두릅니다. 긴 허공이 천리만리 뻗어 나가는 듯하고, 밝은 달이 앞 시냇물 뒤 시냇물에 비치는 듯하니, 원행願行이 탄 바에 교화 무궁하소서.
　삼가 들으니, 생사生死는 그 일이 크고, 귀천貴賤은 그 업業이 같다고 하였습니다. 우리 혜빈惠嬪 저하께서는 비록 천승千乘 임금님의 어머니의 자리에 계셨다고는 해도 늘 묵은 근심에 마음이 답답하였습니다. 응한 자취는 마야摩耶부인의 연을 따랐고, 실제 보응은 반야지혜般若智慧의 순함을 받았습니다. 사상四相이 절로 인과因果에 꺾이니, 구순九旬에 겨우 올랐는데 승하하셨습니다.
　경안궁慶安宮 저하는 본래 효심으로 존령尊靈을 모셔 보수寶樹[302]를 증득證得하게 하고자 하였고, 또한 성스러운 뜻으로 고인古人이 금어金魚를 두려워하지 않는다고 한 말[303]을 염려하였습니다. 그러니 만약 삼보三寶[304]가 가한 은택이 아니면 선령仙靈을 해탈하게 할 방법이 없기에 정재淨財를 내신 것이 다만 백 일이 되었습니다. 우수牛首를 사르니 땅이 솟아오르고, 어음魚音을 연주하니 하늘에까지 진동합니다.[305]
　삼보자존三寶慈尊께서는 상서로운 빛이 내려져 금신金身이 드러날 수 있게 하시고, 두 분 선가仙駕가 수운愁雲을 다 걷어 버리고 혜월慧月을 바야흐로 밝히며, 법화法華에서 무생無生을 깨닫고, 정토淨土에서 피안彼岸에 오르게 해 주기를 바랍니다.
　또 바라건대 주상 전하와 삼대전하三大殿下[306]께서는 만고의 선리仙李가 신성한 자손들에게 꽃이 피고 열매를 맺게 하시며,[307] 천년의 반도蟠桃가 용루龍樓와 봉각鳳閣에 뿌리를 내리고, 가지를 무성하게 해 주소서.[308] 전쟁을 길이 그쳐 국태민안國泰民安하게 해 주소서. 해마다 풍년이 들게 해 주시고, 바람이 고르고 비가 순하게 해 주소서. 나머지 은덕의 한 방울에 육도중생이 모두 기뻐하게 해 주소서. 우러러 영산에 빌며 정성을 표하여 삼가 아룁니다.

惠慶宮百日靈山別

伏以盡法界一壇場。諸佛淸凉月。昭昭映空。亘古今須臾際。一乘微妙音。落落周利。若長空而千里萬里。如明月之前溪後溪。願行所乘。敎化無盡。伏聞生死事大。貴賤業同。惟我惠嬪邸下。雖曰位居千乘世主之母。每爲心結萬事滯憂之人。應跡則摩耶之隨緣。實報則般若之酬順。四相自催於因果。九旬才登而昇遐。慶安宮邸下。自以孝心薦尊靈而欲證寶樹。亦以聖意。恐古人之不怕金魚。若非三寶所加之澤。難使仙靈解脫之方。故出淨財。第當百日。藝牛首而拔地。奏魚音而振天。惟願三寶慈尊。祥光放而金身可現。令使兩位仙駕。愁雲盡而慧月方明。悟無生於法華。登彼岸於淨土。抑願主上三大殿下。萬古仙李。開花結實於聖子神孫。千年蟠桃。着根盛枝於龍樓鳳閣。干戈永息。國泰民安。時歲登豊。風調雨順。餘波一滴。六趣咸欣。仰祝靈山。表誠謹疏。

뇌묵 화상의 사리탑을 세울 때 올린 제문
雷默和尙樹塔祭文

함흥 남쪽 철령 북쪽에	沛南鐵北
학성이라는 고을이 있으니	有邑鶴城
학성은 예로부터	鶴城自古
교통의 요충지였네	大道精亨
우리 선사 깨달으신 대덕께서는	我師覺德
선과 교를 겸전하셨으며	禪敎兩全
장수 누리고 복을 갖추니	壽極福備
제자가 천 명에 이르렀네	門弟有千
성은이 망극하사	天恩罔極
전지를 세 번 거듭 내리셨으며	傳旨三重
섶이 다 타 불이 꺼짐에	薪盡火滅
상서로운 기운 허공에 서렸네	瑞氣盤空
그 아름다움을 말한 사람 있어	有道厥美
탑을 세우는 데 이르렀으며	式至于此
그 기상 넓고도 드높아	厖鴻冲崇
적막[309]이 자신에게 있었네	適莫在己
범이 떠나고 용이 죽으니	虎逝龍亡
산과 못이 텅 비었구나[310]	一空山澤
때가 되어 머물기 어려워	時乎難留
밤 깊을 제 골짜기에 배를 숨기셨구나[311]	夜溪舟壑
온 절 사람들의 꿈에 나타남에	渾寺呈夢
그 사리가 어둡지 않았어라[312]	舍利不緇
우리들은 믿을 곳을 잃었으니[313]	吾徒失怙

이제 이 사리를 의지해야지	是之爲依
무봉의 곡탑314을	無縫鵠塔
설산315에 터 잡아 세우고	卜建雪山
한 움큼 되는 사리함을	黃金一掬
그곳에 묻었네	藏旃其間
이제 길일을 택하노니	今擇良吉
영원히 우뚝 서 있길 바라노라	樹冀永年
차 한잔을 올리며	一椀茶蔬
아울러 이 제문을 고하노라	伴告斯言

봉선사奉先寺³¹⁶ 제향문
奉先寺祭享文

성조의 부지런한 공업은	亹亹聖祖
허공의 한 점 구름이었네³¹⁷	點雲太空
입승대통³¹⁸하시니	入承大統
우리 동방에 하늘의 복이 내렸네	天佑吾東
대대로 빛나게 하였으니³¹⁹	不顯亦世
복운은 창성하고 덕은 드높아라	運昌德崇
「호기」에는 관봉을 했다 하고³²⁰	昊紀官鳳
「주아」에는 우종이 있어라³²¹	周雅羽螽
궁검이 이에 떨어지니³²²	弓裘¹⁾斯墜
영원히 남을 재궁을 지었네	永建齋宮
이 땅에 해가 떠오르니³²³	此地昇日
하저에서는 무지개가 흘러내리네³²⁴	何²⁾渚流虹
상제의 뜰을 오르내리시리니	陟降帝庭
어기가 마침내 감통하네³²⁵	御氣乃通
아아 잊을 수가 없으니³²⁶	於戲不忘
성군의 유풍이로다	曰聖也風
멀리 촉묘를 보니	遙瞻蜀廟
세시마다 촌옹이 제사를 올리는데³²⁷	歲時村翁
어찌 선침에	何況乎仙寢
감히 충정을 바치지 않을 수 있으랴	敢效微忠

---

1) 영 '裘'는 '劍'의 오자인 듯하다.
2) 영 '何'는 '河'의 오자인 듯하다.

극락전 불사佛事에 지신地神에게 올리는 제문
極樂殿佛事地神祭文

천지가 개벽함에	天開地闢
각기 청녕함을 얻으니³²⁸	各得淸寧
원하고 형하고 이한 것이 하나씩이요	元亨利一
암말의 정함입니다³²⁹	惟牝馬貞
두터운 덕으로 만물을 실으니	厚德載物
원하고 길하여 자생합니다³³⁰	元吉資生
나라에도 토지신이 계신데	國有其社
집에 어찌 그 영이 없겠습니까	家豈無靈
우리가 지금 불사를 시작하면서	吾今營辦
반드시 그 실정을 고하노니	必告厥情
삼가 바라건대 존신께서는	伏惟尊神
이 제사에 강림하여 주소서	來格馨誠
허물하지 마시고 해치지 마시며	無咎不害
안팎으로 화평하게 해 주시어	內外和平
우리의 불사를 속히 이루어 주시면	速成我事
만덕이 참되고 순일해질 것입니다	萬德眞精

주

1 권돈인權敦仁(1783~1859) : 상권의 주 101 참조.
2 선종禪宗과 교종敎宗이~분이 아니겠습니까 : 권돈인이 옛날 중국의 배 상국裵相國이나 장 승상張丞相처럼 불교를 깊이 이해하고 승려들과 어울릴 줄 아는 유자儒者라는 말이다. 배 상국은 당대唐代의 정치가 배휴裵休(791~870)로, 자는 공미公美이고, 맹주孟州 제원濟源 사람이다. 배숙裵肅의 아들이다. 목종穆宗 장경長慶 연간에 진사가 되어 여러 관직을 역임하고, 선종宣宗 대중大中 연간 병부시랑兵部侍郎이 되어 제도염철전운사諸道鹽鐵轉運使에 올랐다. 중서문하평장사中書門下平章事와 중서시랑中書侍郎을 역임하였고, 선무절도사宣武節度使를 비롯하여 소의昭義와 하동河東, 봉상鳳翔, 형남荊南 등지의 절도사로 봉직했다. 태위太尉에 추증되었다. 선종에 귀의한 사람으로 유명하여 여러 선사들의 어록에 일화를 남겼는데, 특히 황벽 희운黃檗希運이 개원사開元寺에 머무르고 있을 때의 일화에서 유래한 황벽형의黃檗形儀라는 화두로 유명하다. 장 승상은 북송北宋의 정치가 장상영張商英(1043~1122)으로, 자는 천각天覺, 호는 무진 거사無盡居士, 시호는 문충文忠이다. 촉주蜀州 신진新津 사람이다. 영종英宗 치평治平 2년(1066) 진사가 되었고, 여러 관직을 거쳤다. 철종이 친정親政을 하자 우정언右正言과 좌사간左司諫이 되어 원우대신元祐大臣인 사마광司馬光과 여공저呂公著 등을 강력하게 공격했다. 휘종徽宗 때에는 중서사인中書舍人, 한림학사翰林學士, 상서우승尙書右丞 및 좌승左丞을 지냈고, 대관大觀 4년(1110)에 승상이 되었다. 처음에는 불교를 싫어하여「무불론無佛論」을 써서 배척하였으나 뒤에 우연히『유마경維摩經』을 읽고 정신正信을 일으켰다. 원우元祐 연간에 오대산에 문수상文殊像 조성을 발원하고 발원문을 지었다. 동림東林 총總 선사에게 선禪을 묻고, 다시 도솔兜率 열悅 선사를 참알參謁하여 비로소 깨친 뒤 진정 문眞淨文 화상에게 나아가 크게 깨달았다. 저서에『호법론護法論』1권과『신종정전神宗正典』,『무진거사집無盡居士集』등이 있다.
3 취잠鷲岑에 올라~웃는 듯하였습니다 : 취잠은 불교의 성지로서 석가가 일찍이 교법敎法을 설했던 영취산靈鷲山이다. 석가가 영취산에 있을 때 어느 날 연꽃을 따서 여러 제자들에게 보이자, 아무도 그 뜻을 알아듣는 이가 없었는데, 당시 석가의 십대제자 가운데 두타제일頭陀第一인 마하가섭摩訶迦葉만이 그것을 깨닫고 미소를 지었다. 이에 석가가 이르기를, "나의 정법안장正法眼藏과 열반묘심涅槃妙心은 불립문자不立文字의 교외별전敎外別傳이니, 마하가섭에게 이것을 부촉付囑한다."라고 했다는 데에서 온 말로, 권돈인을 석가에 비유하여 높여 말한 것이다.
4 경에서 말하기를~빚어지는 것이다 :『화엄경華嚴經』권19에서 "만약 어떤 사람이 과

거, 현재, 미래 삼세의 일체 부처님을 알고자 한다면 응당 법계의 성품을 관해야 할 것이니, 일체 사물은 오직 마음에서 빚어지는 것이다.(若人欲了知三世一切佛。應觀法界性。一切唯心造。)"라고 하였다.

5 반문班門에서 도끼를 놀리는 것 : 춘추시대 노魯나라의 뛰어난 장인匠人 공수반公輸班의 집 문전에서 도끼를 휘두른다는 말로, 대가의 앞에서 자신의 능력을 헤아리지 못하고 교만하게 군다는 뜻이다.

6 대방大方 : 식견이 넓은 대가大家라는 뜻으로, 대방가大方之家의 준말이다. 『장자莊子』「추수秋水」에서 하백河伯이 자신이 다스리는 하수河水의 물이 불어나자 의기양양하다가 북해北海에 이르러서 끝없이 펼쳐진 물을 보고는 북해의 신 약若을 향해 탄식하면서 말하기를, "속담에 '백쯤의 진리를 깨달은 자가 천하에 자기만 한 자가 없다고 여긴다'라는 말이 있으니, 이게 바로 나를 두고 한 말이로소이다.……지금 내가 당신의 끝이 없음을 보니, 내가 당신의 문에 오지 않았더라면 거의 못 볼 뻔했구려. 그렇다면 나는 길이 대방가의 웃음거리가 되었을 것입니다.(野語有之。聞道百。以爲莫己若者。我之謂也。……今我睹子之難窮也。吾非至於子之門則殆矣。吾長見笑於大方之家。)"라고 한 데서 유래하였다. 여기서는 권돈인을 가리킨다.

7 삼상三常 : 국정을 다스리는 세 가지 요체이다. 『국어國語』「진어晉語 4」에서 "어버이를 사랑하고 어진 이를 드러내는 것은 정치의 근간이고, 빈객을 예우하고 곤궁한 이를 긍휼히 여기는 것은 예교의 으뜸이며, 예교로 정치를 기율하는 것은 국가의 상도常道이다.……옥백과 주식은 분토와 같으니, 분토를 아끼면서 삼상을 훼손하고, 자리를 잃고 모인 것을 헐어 버리면서도 어렵게 여기지 않는다면 불가하지 않겠는가.(愛親明賢。政之幹也。禮賓矜窮。禮之宗也。禮以紀政。國之常也。……玉帛酒食。猶糞土也。愛糞土以毀三常。失位而闕聚。是之不難。無乃不可乎。)"라고 하였는데, 이에 대해 위소韋昭는 정치의 근간과 예교의 으뜸과 국가의 상도를 삼상이라고 하였다. 여기서는 인간 세상을 다스리는 데 관계되는 유가儒家의 도를 가리킨다.

8 무망无妄한 질병 : 아무런 까닭 없이 걸린 뜻밖의 병을 말한다. 『주역』「무망괘无妄卦」〈구오九五〉에서 "아무런 까닭이 없이 걸린 병이니, 약을 쓰지 않으면 저절로 낫는 기쁜 일이 있으리라.(无妄之疾。勿藥有喜。)"라고 한 데서 온 말이다.

9 어찌하여 빨리 죽지 않느냐 : 『시경詩經』〈상서相鼠〉에서 "쥐를 봐도 사지四肢가 있는데, 사람으로서 예의가 없단 말인가. 사람으로서 예의가 없는 이는, 어찌하여 빨리 죽지 않느냐.(相鼠有體。人而無禮。人而無禮。胡不遄死。)"라고 한 데서 온 말이다.

10 체율體律의 좋고~헤아리지 않고서 : 체율과 성격聲格은 한시漢詩의 시체詩體와 성률聲律을 말하는 것으로, 이에 부합하게 하지 못한다는 겸사이다.

11 초의草衣堂(1786~1866) : 순조와 헌종 때 승려로, 법명法名은 의순意恂, 자는 중부中孚, 호는 해옹海翁·해사海師 등이다. 15세에 운흥사雲興寺의 벽봉 민성碧峰敏

性을 스승으로 모셨고, 24세에 강진康津에서 유배 생활을 하던 다산茶山 정약용丁若
鏞과 교유했으며, 30세에 서울에 올라와 추사秋史 김정희金正喜, 자하紫霞 신위申緯
등과 사귀었는데, 이때 많은 시를 지었다. 55세 때 살아 있는 채로 헌종憲宗에게 시
호諡號를 받았다. 시서화詩書畫에 뛰어난 삼절三絶이었다. 저서에 『일지암시고一枝
庵詩稿』 등이 있다.

12 학림鶴林 : 부처님이 사라娑羅의 쌍수雙樹 사이에서 입멸할 때 그 숲이 백학이 둥지에
무리 지어 모인 것처럼 흰색으로 변했다고 한 데서 온 말로, 전하여 사찰을 가리킨다.

13 세제世諦 : 세속世俗의 측면에 입각하여 생멸生滅 등을 설명하는 이치를 말하는 것으
로, 세간世間의 사실과 속지俗知의 이치를 가리킨다. 속제俗諦·세속제世俗諦·유제
有諦라고도 하며, 진제眞諦의 대칭이다.

14 찰해제망刹海帝網 : 찰해는 찰토대해刹土大海를 말하는 것으로, 시방세계十方世界,
즉 온 우주를 가리키고, 제망은 제석천帝釋天에 펼쳐져 있는 보망寶網으로, 인다라망
因陀羅網이라고도 하는데, 『화엄경』에서 제법諸法의 일一과 다多가 서로 같기도 하고
서로 포함하기도 해서 끝도 없이 거듭되는 뜻을 비유하는 말로 쓰인다.

15 이제삼왕二帝三王의 도 : 유가儒家에서 상고시대의 당요唐堯와 우순虞舜의 이제와
하夏나라의 우왕禹王, 상商나라의 탕왕湯王, 주周나라의 문왕文王과 무왕武王을 합칭
한 삼왕이 이상적인 정치를 펼쳤던 도를 가리킨다.

16 여산 원廬山遠 : 동진東晉 때 고승 혜원慧遠으로, 여산 동림사東林寺에서 수도하면서
도잠陶潛을 비롯한 당시의 사대부들과 친분이 두터웠다.

17 미천 안彌天安 : 진晉나라 때 고승 도안道安으로, 도안이 형주荊州 양양襄陽에 있을
때, "고사 습착치가 도안을 찾아와서 자칭 사해 습착치라고 말하자, 도안이 미천 석
도안이라고 대답하였는데, 당시에 사람들이 명답변이라고 하였다.(高士習鑿齒詣安。
自稱四海習鑿齒。安答曰。彌天釋道安。時以爲名對。)"라고 한 데서 온 말이다. 미천은
하늘에까지 잇닿았다는 말로, 지기志氣가 고원高遠함을 비유한 말이다.

18 호계虎溪에서 있었던~승려가 아니라네 : 동진 시대 여산廬山 동림사東林寺의 고승
혜원慧遠 법사가 호계虎溪를 건너지 않을 것을 맹세하였는데, 도잠陶潛·육수정陸修
靜과 함께 노닐다가 그들을 전송할 때, 그들과 서로 의기가 투합한 나머지 이야기에
마음이 팔려 자기도 모르는 사이에 호계를 건너가 범 우는 소리를 듣고서야 비로소
정신을 차리고 세 사람이 서로 크게 웃었다(三笑)는 고사에서 온 말이다. 『여산기廬山
記』 권2.

19 회음후淮陰侯가 기식寄食하던~핍진한 형편이고 : 처지가 몹시 궁핍하다는 말이다.
한漢나라를 세운 유방劉邦의 장수 한신韓信이 포의布衣 시절에 가난하여 하향현下鄕
縣 남창南昌 정장亭長의 집에서 기식寄食하였다. 정장의 아내는 그를 귀찮게 여겨 새
벽에 밥을 지어서 잠자리 안에서 먹어 버리고는 밥 먹을 때쯤 한신이 가면 밥을 차

려 주지도 않았다. 뒤에 한신은 초왕楚王 항우項羽에게 갔으나 중용重用하지 않으므로 다시 패공沛公에게 가서 대장군大將軍이 된 다음, 많은 전공戰功을 세웠으며, 결국 초나라를 멸망시키는 결정적 역할을 하였다. 『사기史記』 권92 「회음후열전淮陰侯列傳」.

20 팽택 영彭澤令이 관직을~본받지 않기에 : 도잠陶潛이 일찍이 팽택 영으로 있을 때, 군군의 독우督郵가 팽택현을 순시하게 되어, 현리縣吏가 도잠에게 의관衣冠을 갖추고 독우를 뵈어야 한다고 하자, 도잠이 탄식하여 말하기를, "나는 오두미五斗米 때문에 허리를 굽혀서 향리鄕里의 소인小人을 섬길 수 없다." 하고는, 현령의 인끈을 풀어 던지고 〈귀거래사歸去來辭〉를 지어 읊고 고향으로 돌아갔다고 한다. 『진서晉書』 권94 「도잠전陶潛傳」.

21 접중接中 : 상권의 주 172 참조.

22 고인의 삼동三冬의 충분함 : 상권의 주 69 참조.

23 눈을 씻고~경지에 이르러서이겠습니까 : 공부에 진전이 있어 괄목상대刮目相對하게 되었다는 말이다.

24 차안遮眼에 이르지 못하였으니 : 언어와 문자의 경계를 이미 떠났으면서도 그저 남의 눈가림용으로 불경을 보는 시늉을 하는 경지에 이르지 못했다는 말이다. 당唐나라 선승禪僧 약산 유엄藥山惟儼이 불경을 보고 있을(看經) 적에 어떤 승려가 묻기를, "화상께선 남에겐 불경을 보지 못하게 하시면서 혼자서는 왜 불경을 보십니까?" 하자, "나는 그저 남의 눈을 가리려고 할 따름이다.(我只圖遮眼)"라고 대답하였는데, 그 승려가 다시, "저도 화상을 본받고 싶은데 되겠습니까?" 하자, "그대라면 쇠가죽도 뚫어 볼 수 있을 것이다."라고 대답한 일화가 전한다. 『경덕전등록景德傳燈錄』 권14.

25 대혜大慧가 하 운사夏運使에게 답한 편지 : 대혜(1089~1163)는 남송南宋 때 임제종臨濟宗 양기파楊岐派의 선승禪僧으로, 속성俗姓은 해奚, 자는 대혜大慧·담회曇晦, 호는 묘희妙喜·운문雲門, 시호는 보각 선사普覺禪師이다. 하 운사는 자가 지굉志宏이고, 운사는 곡물전운사穀物轉運使라는 관명官名이다. 이 글은 『대혜보각선사서大慧普覺禪師書』 권27에 수록되어 있다.

26 눈을 마주치는(目擊)~얘기를 나누었으니 : 직접 만나 얘기를 나누었다는 말이다. 원문의 '目擊'은 자로子路가 공자孔子에게 말하기를, "선생님께서 온백설자溫伯雪子를 만나고자 하신 지가 오래되었는데, 만나고 나서는 아무 말씀이 없으니, 무슨 까닭입니까?" 하자, 공자가 이르기를, "그런 사람은 한 번만 보아도 도가 있는 줄을 알 수 있으니, 또한 말을 할 필요가 없는 것이다.(若夫人者。目擊而道存。亦不可以容聲矣。)"라고 했다는 데서 온 말이다. 『장자莊子』 「전자방田子方」. 그리고 원문의 '傾蓋'는 '경개여고傾蓋如故'의 준말로, 한漢나라 추양鄒陽의 「옥중상서자명獄中上書自明」에서 "흰머리 되도록 사귀었는데도 처음 만난 사람과 같은가 하면, 일산을 기울이고 처음

대했는데도 오래 사귄 사람과 같다는 속담이 있는데, 이는 제대로 알아주었느냐, 그렇지 않느냐의 차이 때문이다.(諺曰。白頭如新。傾蓋如故。何則。知與不知也。)"라고 한 데서 온 말이다. 『사기史記』 권83 「추양열전鄒陽列傳」

27 아양峨洋의 사귐 : 옛날에 백아伯牙는 거문고를 잘 타고 그의 친구인 종자기鍾子期는 거문고 소리를 잘 알아들었는데, 백아가 일찍이 높은 산에 뜻을 두고 거문고를 타자, 종자기가 듣고 말하기를, "좋다, 높다란(峨峨) 것이 마치 태산泰山 같구나." 하였고, 또 백아가 흐르는 물에 뜻을 두고 거문고를 타자, 종자기가 듣고 말하기를, "좋다, 광대한(洋洋) 것이 마치 강하江河 같구나."라고 하여, 백아가 생각한 것은 종자기가 반드시 다 알아들었다. 종자기가 죽은 뒤로는 백아가 자기의 거문고 소리를 알아들을 사람이 없다 하여 마침내 거문고를 부숴 버리고 종신토록 다시는 거문고를 타지 않았던 데서 온 말이다. 지기지우知己之友의 관계를 비유한다. 『열자列子』 「탕문湯問」. 여기서 아양峨洋은 아아峨峨와 양양洋洋을 합쳐 한 말이다.

28 불인佛印이 이른바~선상禪床이라는 말 : 북송北宋의 불인 선사(1032~1098)가 지은 게송에서 "그 옛날 조주 선사는 겸손함이 적어 산문도 나서지 않고 조왕을 맞았다지. 금산의 무량한 상을 어찌 알 수 있었으랴? 대천세계가 모두 하나의 선상인 것을.(昔日趙州少謙光。不出山門迎趙王。怎知金山無量相。大千世界一禪床。)"이라고 한 데서 온 말이다. 여기서 원문은 '沙界'로 되어 있는데, 게송에는 '世界'로 되어 있다. 참고로 불인 선사는 이름은 요원了元, 자는 각로覺老인데, 금산사金山寺에서 주석하였다. 여산廬山에 있을 때는 소식蘇軾이 마침 황주黃州에서 귀양살이를 하고 있어서 그와 교유하기도 하였다.

29 선유先儒가 이른바~한 말 : 『논어論語』 「위령공衛靈公」에서 공자孔子가 한 말이다.

30 심화心花 : 심화心華와 같은 말로, 우리들의 본심本心을 가리킨다. 본심의 청정함이 꽃(華)에 비유되므로 이렇게 일컬어진다.

31 울음을 그치게 하는 황엽黃葉 : 상권의 주 126 참조.

32 손지현孫知縣처럼 글자를~안 되고 : 손지현은 미상인데, 『금강경』을 좋아하여 항상 독송하였다고 한다. 그가 보리류지菩提流支 역 『금강경』과 천친天親·무착無着의 논송論頌을 들어 구마라집鳩摩羅什 역 『금강경』 「무단무멸분」 앞 구절의 '如來不以具足相故。得阿耨多羅三藐三菩提。'라고 한 부분에서 '不' 자를 삭제하여 보리류지 역 『금강경』의 '如來可以相成就。得阿耨多羅三藐三菩提。'와 뜻이 통하도록 해야 한다고 한 데 대해, 대혜 종고大慧宗杲가 편지를 보내, "그대가 여러 삼장법사의 번역이 참됨을 잃어 근본 진실을 어지럽히고 문구를 가감하여 부처님의 뜻에 위배하였다고 비판하고서 또 말하기를, '처음 『금강경』을 지송할 때부터 바로 그 잘못을 깨닫고 정본을 구하여 그 그릇되고 틀린 것을 시정하려고 하였지만 거짓을 익힘이 이미 오래되었는지라 부화뇌동하고 있었는데, 도성의 장경본을 얻고 나서 비로소 의거함이 있게 되었다'라

고 하며……또 '장수, 고산의 두 스님은 모두 글귀만 의지하고 뜻을 어겼다'라고 하셨는데, 모르겠습니다. 그대가 감히 이와 같이 비판한다면, 곧 정히 육조 시대에 번역된 범본을 보아 여러 법사의 번역이 틀린 것을 다 얻어 보아야 비로소 얼음이 녹듯이 의심이 없을 것입니다. 그렇지만 이미 범본이 없는데도 문득 자기 혼자의 견해로 성인의 뜻을 간삭한다면, 또한 인을 부르고 과를 받아 성인의 가르침을 훼방하여 무간지옥에 떨어지는 일은 차치하고, 식자들이 보고 도리어 그대가 여러 법사의 잘못을 점검한 것처럼 하여 다시 그대 자신에게 비판이 돌아올까 염려됩니다.(左右訛諸聖師翻譯失眞。而汨亂本眞。文句增減。違背佛意。又云。自始持誦。卽悟其非。欲求定本。是正舛差。而習僞已久。雷同一律。曁得京師藏本。始有據依。……又以長水孤山二師。皆依句而違義。不識左右敢如是批判。則定眚見六朝所譯梵本。盡得諸師翻譯錯謬。方始泮然無疑。旣無梵本。便以臆見刊削聖意。則且未論招因帶果毁謗聖教墮無間獄。恐有識者見之。却如左右檢點諸師之過。還著於本人矣。)"라고 하였다. 『대혜보각선사서大慧普覺禪師書』 권30 「답손지현답孫知縣」.

33 『금강경金剛經』에서 말한~안 됩니다 : 대혜 종고大慧宗杲가 유언수劉彦脩에게 답한 편지에, "유언충劉彦冲이 공자께서 『주역』의 도는 자주 옮긴다고 일컬으신 말씀을 인용하여 불서 가운데 '응당 머무는 바 없이 마음을 내어야 한다'라는 말과 하나로 꿰뚫어 조화 회통시키려고 하고, 또 『주역』의 '고요히 움직이지 않는다'라는 말을 인용하여 흙이나 나무와 다름이 없다고 하였는데, 이는 더욱 가소롭습니다.(彦冲引孔子稱易之爲道也屢遷。和會佛書中應無所住而生其心爲一貫。又引寂然不動。與土木無殊。此尤可笑也。)"라고 한 데서 온 말이다. 『대혜보각선사서』 권27 「답유보학답劉寶學」. 참고로 '주역'의 도는 자주 옮긴다는 말은, 『주역』 「계사전繫辭傳 하」에서 "『주역』이라는 책은 멀리하여 잊어서는 안 되고, 그 도는 자주 옮긴다. 변동하여 머물지 않아 육허에 두루 흘러 오르내림이 일정하지 않고 강유가 서로 교역交易하여 준칙으로 삼을 수 없고, 오직 변화에 나아가는 바이다.(易之爲書也不可遠。爲道也屢遷。變易不居。周流六虛。上下不常。剛柔相易。不可爲典要。唯變所適。)"라고 한 데서 온 말이다. 유언수는 이름은 자우子羽이고, 언수는 자이다. 보문각 학사寶文閣學士를 지냈다. 유언충은 유언수의 동생으로, 이름은 자훈子翬이고, 언충은 자이며, 호는 병산 거사屛山居士이다. 학문이 깊어 내전內典과 외전外典 모두 정통하였다. 주자朱子가 그에게 내전을 배우기도 하였다고 한다.

34 향산香山 백거이白居易와~않을 것입니다 : 당대唐代의 시인 백거이가 항주 자사杭州刺史로 부임하여 조과 도림鳥窠道林 선사에게 불법의 대의를 물었을 때, "악을 짓지 말고 선을 봉행하라."라고 대답하였는데, 백거이가 "그런 대답은 세 살 먹은 아이도 다 아는 것이다.(三歲孩兒也解恁麼道)"라고 하였다. 이에 선사가 "세 살 먹은 아이도 말할 수 있지만, 팔십 먹은 노인도 행할 수 없는 것이다.(三歲孩兒雖道得。八十老人

行不得)"라고 하니, 백거이가 탄복하며 귀의했다는 이야기가 전한다. 한편 북송北宋의 고승高僧 불인佛印 선사 요원了元은 소식蘇軾의 방외우方外友였는데, 하루는 소식이 불인을 방문하였다. 불인이 말하기를, "한림학사翰林學士께서 왕림하셨는데, 앉을 곳이 없으니 어찌한단 말이오." 하므로, 소식이 장난삼아 "잠시 화상和尙의 몸을 빌려서 선상禪牀으로 삼고 싶소이다." 하였다. 불인이 말하기를, "이 산승山僧이 한마디 전어轉語를 발하여 공이 즉시 답변을 하면 산승이 공의 요청을 따를 것이고, 공이 답변을 하지 못하면 이 산승의 요청에 따라서 공의 옥대玉帶를 풀어 산문山門을 지키도록 하겠소." 하므로 소식이 이를 승낙하였다. 불인이 "산승의 몸은 본래 공허空虛한 것인데, 학사는 어디에 앉으려는 것이오?"라고 물었으나, 소식이 얼른 답변을 하지 못하자, 불인이 이에 시자侍者를 불러 이르기를, "이 옥대를 가져다가 산문을 지키도록 하라."라고 하므로 소식이 마침내 웃으면서 옥대를 내주었다는 고사가 전한다.

35 우담발화優曇鉢花 : 상과桑科에 속한 무화과無花果의 일종인데, 세상에서 말하는 3천 년 만에 한 번 핀다는 꽃으로 이 꽃이 피면 부처님이 세상에 나온다고 한다.

36 섣달 30일이 도래하면 : 죽음에 임박하였다는 말로, 옛사람은 섣달 그믐날을 죽는 날에 비유하여 한 해가 끝나는 때가 일생이 끝나는 때와 같다고 여겼으므로 이렇게 말한 것이다. 황벽 희운黃蘗希運과 대혜 종고大慧宗杲를 비롯하여 선사들의 서찰에 많이 보이는 표현이다.

37 비록 선생의~같을 뿐이다 : 『대방광불화엄경소연의초大方光佛華嚴經疏演義鈔』권2에 나오는 말이다. 잃어버린 양을 찾을 길을 깨우치지 못한다는 것은 다기망양多岐亡羊을 말하는 것으로, 학문의 바른 길을 깨우치지 못한다는 말이다. 양자楊子의 이웃 사람이 양을 잃고 그 무리를 다 동원하고 다시 양자의 종까지 동원하여 찾으려 하였다. 이에 양자가 묻기를, "한 마리 양을 잃고 찾으러 가는 사람이 어찌 이렇게 많은가?" 하자, 그가 말하기를, "갈림길이 많기 때문입니다." 하였다. 찾으러 갔다가 돌아오는 것을 보고, 양자가 "양을 찾았는가?" 하고 묻자, "잃었습니다." 하였다. 양자가 다시 "어째서 잃었는가?" 하자, 그가 말하기를, "갈림길 속에 다시 갈림길이 있어 양이 어디로 갔는지 알 수 없기에 돌아오고 말았습니다." 하였다. 이에 심도자心都子가 말하기를, "대도大道는 갈림길이 많아 양을 잃고, 학자는 방도方道가 많아 생명을 잃는다."라고 한 데서 온 말이다. 『열자列子』「설부說符」 선우善友는 곧 선지식善知識과 같은 뜻으로, 도를 닦음에 있어서 도움이 되는 도반道伴을 가리키기도 하고, 스승을 가리키기도 한다.

38 갈등葛藤 : 문자와 언어가 마음에 얽혀 있음이 칡과 등나무(葛藤)가 넝쿨로 서로 얽혀 있는 것과 같음을 비유하여 말한 선가禪家의 용어로, 사상事相을 해석하고 설명하려다가 도리어 속박과 얽매임을 받는 것을 말한다. 이외에 또 공안公案 가운데 이해하기 힘든 어구語句를 가리키기도 하고, 나아가 문답 공부를 하면서 쓸데없는 어구를

가지고 노는 것을 '쓸데없는 갈등(閒葛藤)'이라 하고, 문자와 언어에 집착하여 진의(眞義)를 터득하지 못하는 선禪을 '문자선文字禪' 혹은 '갈등선葛藤禪'이라고 하기도 한다. 여기서는 자신이 하는 말이나 충고를 겸양으로 표현한 말이다.

39 **이와 같은~한번 웃는다** : 쓸데없는 충고이지만 내 이야기가 그대의 깨달음에 혹시 보탬이 될지 모르겠다고 겸양으로 한 말이다. '이 이야기(一絡索)'는 언설言說이 길게 얽혀 있는 것이 마치 명주 동아줄(絡索)과 같다고 하는 비유로, 갈등葛藤, 일결一結과 비슷한 말이다. '한 자루의 섣달 부채(一柄臘月扇子)'는 쓸데없는 물건을 뜻하고, '추위와 더위(寒暄)'는 깨달음에 이치적으로는 단박에 번뇌가 없어지지만(寒) 현실적으로는 단박에 습기習氣가 제거되지 않는 상태(暄)를 가리킨다. 어떤 시에서 "엄동설한에 부채를 부치고, 삼복더위에 두터운 가죽옷을 입는다.(窮冬時搖扇。盛暑或重裘。)"라고 하였다. 대혜 종고가 참지정사參知政事 이한로李漢老에게 보낸 답장에서 "이와 같은 이야기는 일대사를 마친 사람의 분수에는 한 자루의 섣달 부채와 몹시 비슷하겠지만, 남쪽 지방에 추위와 더위가 일정하지 않을 듯하기에 또한 없어서는 안 될 것이다. 한번 웃는다.(如此說話。於了事漢分上。大似一柄臘月扇子。恐南地寒暄不常。也少不得。一笑。)"라고 한 데서 온 말이다. 『대혜보각선사서』 권25 「답이참정答李參政」.

40 **흥국사興國寺** : 경기도 남양주시 별내면別內面 수락산水落山에 있는 사찰이다. 599년(신라 진평왕 21)에 원광圓光이 창건하고 수락사水落寺라 하였다. 1568년(선조 1) 나라에서 덕흥대군德興大君의 원당願堂을 짓고 흥덕사興德寺로 바꿨다가, 1626년(인조 4)에 중건하면서 현재의 이름으로 고쳤다.

41 **삼륜三輪** : 보시하는 자, 보시 받는 자, 보시 받는 물건을 뜻하는데, 여기서는 이 세 가지에 대한 명단과 물목을 적은 것을 말한다.

42 **용한龍漢** : 상권의 주 168 참조.

43 **우전왕于闐王이 부처님을~일을 빌리겠으며** : 우전왕은 우다야나왕으로, 우전왕優塡王이라고도 하는데, 교상미국憍賞彌國의 왕이다. 부처님을 사모하여 전단향나무로 부처님의 모습을 조각하여 만들어 놓고 예배하였는데, 이것이 오늘날 불상의 기원이 되었다.

44 **황금을 주고서~헌납하기를 기다리겠으며** : 수달다須達多 장자가 코살라국의 기타祇陀 태자의 소유였던 동산을, 그곳을 뒤덮을 만큼의 황금을 주고 사들인 뒤 정사精舍를 건립하고 석가모니를 맞이하여 헌납하고서 석가모니께서 설법을 펼 수 있도록 한 일을 가리킨다. 이곳을 기원정사祇園精舍라고 하는데, 초기 불교의 정사 가운데 가장 유명하며, 마가다국 왕사성王舍城의 죽림정사竹林精舍와 함께 불교 최초의 양대 가람伽藍이라 한다.

45 **또한 어찌~보응이 있겠는가** : 『능엄경요해楞嚴經要解』에서 "마하가섭은 대음광으로 그 몸이 금빛인데, 일월을 삼킨 듯하다. 속진의 변화를 관하여 법계의 공적함을 깨달

아 마침내 멸진삼매滅盡三昧를 닦아 의근을 멸하고 법진에 인연하지 않아 생멸 없음을 얻었으므로 백천 겁을 손가락 튕기는 순간에 뛰어넘어서 지금 계족산에서 미륵을 기다리다가 이러한 선정에 들어갔다.(摩訶迦葉大飮光也。其身金色。光吞日月。因觀塵變。悟法空寂。遂修滅盡定。以滅意根。不緣法塵。得無生滅。故越百千劫如彈指頃。于今於鷄足山待彌勒。乃入此定也。)"라고 한 데서 온 말로, 음광 대사飮光大師처럼 일월을 삼켜야 마음의 해탈을 얻을 수 있는 것은 아니라는 말이다.

46 심왕心王 : 마음. 마음이 삼계만법三界萬法의 주인이 되기 때문에 이렇게 말한 것이다.

47 육도六道 : 중생이 각자 지은 업업에 따라서 윤회한다는 천상天上·인간人間·수라修羅·지옥地獄·아귀餓鬼·축생畜生을 말하는데, 육취六趣라고도 한다.

48 팔상八相으로 나투셔서 : 부처님이 중생을 교화, 제도하기 위해 성도成道를 중심으로 하여 탄생에서 입멸까지의 여덟 단계의 일생을 현시한 것으로, 도솔래의상兜率來儀相·비람강생상毘藍降生相·사문유관상四門遊觀相·유성출가상逾城出家相·설산수도상雪山修道相·수하항마상樹下降魔相·녹원전법상鹿苑轉法相·쌍림열반상雙林涅槃相을 가리킨다.

49 만월滿月 : 본래 둥근 달처럼 원만圓滿하여 흠결이 없는 부처님의 공덕을 지칭하는데, 여기서는 약사여래藥師如來가 주재하는 동방만월세계東方滿月世界를 가리킨다.

50 감인堪忍 : 사바세계娑婆世界를 가리키는 것으로, 이 세계의 중생은 탐貪·진瞋·치癡 삼독三毒과 여러 고뇌를 인내하고, 또 여러 보살들은 중생을 교화하기 위해 수고를 감내한다는 뜻에서 부르는 명칭이다.

51 상계像季 : 불가의 용어로 상법像法 시대의 말기라는 뜻이다. 부처님이 입멸한 뒤 5백 년은 정법正法이라 하고, 정법 후 1천 년은 상법像法이라 하는데, 정법 시대와 비슷하지만 다르다는 뜻이고, 상법 후 1만 년을 말법末法이라고 한다.

52 후오백년 : 부처님이 입멸한 뒤 2천5백 년간을 불교의 성쇠에 따라 다섯 등분한 것의 맨 마지막 5백 년. 투쟁견고鬪爭堅固의 시기라 한다.

53 빈 고을에~것과 같다 : 방해 당하는 일이 없이 손쉽게 일을 성취함을 비유하는 말이다. 『주역』 「승괘升卦」 〈구삼九三〉에서 "사람이 없는 빈 고을에 나아간다.(升虛邑)"라고 하였는데, 그 상象에서 "빈 고을에 나아감은 저지당할까 의심할 것이 없는 것이다.(升虛邑。无所疑也。)"라고 하였다.

54 그 광채가~땅에 이르렀으니 : 『서경書經』 「요전堯典」에서 "옛 요임금을 상고하건대 방훈이시니, 공경하고 밝고 문채롭고 생각이 깊고 편안하시며, 진실로 공손하고 능히 겸양하시어, 광채가 온 누리에 미쳤으며 위아래로 하늘과 땅에 이르셨다.(曰若稽古帝堯。曰放勳。欽明文思安安。允恭克讓。光被四表。格于上下。)"라고 한 데서 온 말이다.

55 베푸는 데~보시한 것 : 옛날 인도 사위성舍衛城의 수달다須達多(Sudatta) 장자는 석가모니께서 설법을 하실 장소를 마련하고자 수많은 황금을 주고 기원정사祇園精舍를

사기도 하였는데, 특히 그는 고독孤獨한 수행자들에게 많은 보시를 베풀었기 때문에 급고독給孤獨이라고 불렸다.

56 청원青園에 번개가~꾼 일 : 청원에 번개가 친 일은 진晉나라 때 신승神僧 축도생竺道生의 일화를 가리킨다. 축도생이 호구산虎丘山 청원사青園寺에 주석하며 『열반경涅槃經』을 설법하니 바위가 머리를 끄덕였고, 주석한 지 열흘 만에 학인學人들이 운집했으며, 갑자기 우레가 청원사에 진동하더니 용이 승천했다. 그래서 절 이름을 용광사龍光寺로 고쳤다. 『법원주림法苑珠林』. 백련白蓮의 꿈을 꾼 일은 당대唐代의 진승眞乘의 일화를 가리킨다. 진승은 속성俗姓이 심씨沈氏로 어려서 부친이 문학文學을 배워 벼슬길에 나아가게 하려고 하니 시무룩하게 마지못해 하는 기색이 있었고 평소에는 불상을 배열하며 놀았다. 뒤에 출가하여 팔성도사八聖道寺에서 수계受戒하였고, 통현사通玄寺로 옮겨 상진常進 스님에게 계율을 배웠으며, 뒤에 경사京師의 운화사雲華寺에서 법화法華와 천태天台의 소의疏義를 배워 명성이 크게 드러났다. 정원貞元 11년에는 공덕사功德使 양대부梁大夫가 덕종德宗이 자주 안국사安國寺에 거둥하신다는 이유로 진승을 이곳에 옮겨 응대하게 하면서 공봉대덕供奉大德에 충원할 것을 상주하였다. 이때 안국사의 무체無滯 스님 또한 도업道業으로 덕종의 지우를 입고 있었는데 진승을 천거하여 국가를 위해 기복祈福하게 할 것을 상주하였다. 그런데 무체 스님은 문득 진승이 백련화白蓮華 한 가지를 들고 남쪽으로 떠나는 꿈을 꾸었는데, 얼마 있다 과연 진승이 질병을 이유로 돌아갈 것을 청하였다. 『송고승전宋高僧傳』 권15 「당호주팔성도사진승전唐湖州八聖道寺眞乘傳」.

57 과연 이제二帝의~해가 되겠는가 : 이제는 요순堯舜, 삼대三代는 하은주夏殷周를 가리키는 말로, 모두 유가儒家에서 훌륭한 정치가 행해졌던 상고시대를 뜻하는 것이다. 여기서는 지금 임금을 요순과 같은 성군으로 만들고 지금 백성을 상고시대의 백성으로 만들 수 있다면 좋은 집과 좋은 옷을 누리더라도 인의도덕에 해 될 것이 없다는 말이다.

58 오형五刑 : 죄의 경중에 따라 형법을 다섯 가지로 나눈 것으로, 상고에는 얼굴을 먹으로 뜨는 묵형墨刑, 코를 베는 의형劓刑, 발꿈치를 자르는 비형剕刑, 거세를 하는 궁형宮刑, 사형에 처하는 대벽大辟이 있었다가 수隋나라 이후에는 태笞・장杖・도徒・유流・사死의 다섯 가지로 되었다.

59 삼장三章 : 한 고조漢高祖가 관중關中에 들어가 종전에 있었던 진秦나라의 가혹한 법을 폐지하고 세 조항으로 줄여서 새로 만든 법인 '약법삼장約法三章'을 말한다. 세 조항의 법은 곧, "사람을 죽인 자는 사형에 처하며, 남에게 상해를 입힌 자와 도둑질한 자에 대해서는 그 범죄 정도에 상응하는 처벌을 한다.(殺人者死。傷人及盜抵罪)"라는 것이다. 『사기』 권8 「고조본기高祖本紀」.

60 많은 데에서~보태 주어 : 『주역』 「겸괘謙卦」 〈상象〉에서 "땅 가운데 산이 있는 것이

겸이니, 군자가 보고서 많은 데에서 취하여 적은 데에 보태 주어 물건을 저울질하여 베풂을 공평하게 한다.(地中有山。謙。君子以。裒多益寡。稱物平施。)"라고 한 데서 온 말이다.

61 뇌묵 선사雷默先師 : 상권의 주 97 참조.
62 이원李愿은 속세의~즐거워한 일 : 반곡盤谷은 곧 태항산太行山 남쪽 제원현濟源縣에 있는 지명인데, 이곳은 골짜기가 깊고 산세山勢가 험준해서 은자隱者가 살기에 알맞은 곳이라고 한다. 당唐나라 때 문신文臣 이원이 일찍이 벼슬을 사직하고 물러가 이곳에 은거隱居할 적에, 한유韓愈가 그를 송별送別하는 뜻으로 「송이원귀반곡서送李愿歸盤谷序」를 지어 그곳의 경관景觀과 부귀공명富貴功名의 무상함 등을 자세히 설파하여 그를 극구 칭찬하였다.
63 원 공원公은~즐거워한 일 : 원 공은 동진東晉 때 고승 혜원慧遠으로, 여산廬山 동림사東林寺에서 수도하였는데, 명승名僧, 명유名儒 등과 함께 백련사白蓮社를 결성하고서 같이 종유하기도 하였다.
64 강희병오사월일康熙丙午四月日 : 강희는 청淸나라를 개국한 성조聖祖의 연호로, 병오년은 1666년이다.
65 벽송碧松 스님 : 벽송은 당호이고, 법명은 지엄智儼, 법호는 야로野老, 속성은 송씨宋氏이다. 글공부와 칼 쓰기를 좋아하고 특히 병서에 능했다. 1491년(성종 22) 여진족이 북방을 침범하자 도원수 허종許琮을 따라 참전하여 큰 공을 세우기도 했다. 28세에 세상의 속절없음에 출가를 결심하여 계룡산 상초암으로 들어가 조징祖澄 대사에게 머리를 깎고 스님이 되었다. 1508년(중종 3)에는 금강산 묘길상암으로 들어가 정진했으며, 1520년(중종 15)에는 지리산으로 들어가 초암에 머물며 정진을 거듭했다. 그가 읊은 노래와 게송 50수가 세상에 전해진다.
66 상고시대에 끈을~표시하던 때 : 문자가 없던 상고시대에 노끈으로 매듭을 맺어 부호를 삼아서 행했던 소박한 정치 형태를 말한다. 『주역』「계사전繫辭傳 하」에서 "상고에는 노끈을 맺어서 다스렸는데, 후세에 성인이 이를 서계로 바꾸었다.(上古結繩而治。後世聖人易之以書契。)"라고 한 데서 온 말이다. 전설에는 신농씨神農氏가 이 결승의 정사를 행하였다고 한다.
67 승선升仙이라는 말은 비比이다 : 『시경詩經』의 육의六義, 곧 풍風·부賦·비比·흥興·아雅·송頌 가운데 하나인 비를 말하는 것으로, 뒤에 나오는 흥, 부와 함께 작시作詩의 방식을 말한다. 비란 어떤 사물로 다른 사물을 비유하여 표현하는 것이고, 흥은 먼저 다른 사물을 말하여 앞으로 읊을 말을 일으키는 것이고, 부는 어떤 일을 그대로 펼쳐서 곧바로 말하는 것이다. 이들 세 방식은 경우에 따라 서로 결합하여 서술되기도 한다. 『시경집전詩經集傳』. 여기서는 승선升仙이라는 단어의 뜻을 비·흥·부세 방식으로 풀어 본다는 뜻이다.

68 어찌 천년~비슷하지 않겠는가 : 상권의 주 109 참조.
69 불이문不二門에 들어가 : 원문 '入不二門'은 '입불이법문入不二法門'의 준말로, 모든 법이 둘이 아닌 법문에 증입證入한다는 뜻인데, 여기서는 사찰의 입구를 비유하는 말로 쓰였다. 석가의 재가在家 제자 유마힐維摩詰 거사가, 석가가 설법할 적에 병을 핑계로 법회에 나가지 않자, 석가가 문수보살 등을 보내어 문병하였다. 문수보살이 "어떤 것이 보살의 입불이법문입니까?" 하니, 유마힐이 묵묵히 아무런 대답도 하지 않으므로, 문수보살이 크게 깨달아 "아무런 문자나 언어도 없는 경지에 이르러야만 참으로 입불이법문이로다."라고 했다는 『유마경』의 이야기에서 온 말이다.
70 조계曹溪의 방 : 조계는 선종禪宗의 육조六祖로 불리는 당唐나라 때 선승禪僧 혜능慧能으로, 그는 황매산黃梅山에서 오조 홍인弘忍에게 인가印可를 받아 의발衣鉢을 전해 받고 조계산曹溪山 보림사寶林寺에서 선종의 정통으로 일컬어지는 남종南宗을 개창하였다.
71 금선씨金仙氏 : 금선金仙은 대각금선大覺金仙의 약칭으로, 송宋나라 휘종徽宗 선화宣和 원년에 부처를 대각금선이라 개칭하고, 나머지 보살들은 선인仙人, 대사大士로 명명하라고 조서를 내린 데서 비롯되었다.
72 갑수甲首 : 사찰의 갑계甲契를 이끄는 갑장甲長을 말한다. 초기의 갑계는 계원 상호 간의 친목을 주로 했지만, 18세기 후반 이후로는 사원의 보수가 주요 목적이었다. 조선 후기 사찰을 중심으로 조직되었던 계는 갑계 이외에 어산계魚山契, 미타계彌陀契, 도종계都宗契 등 20여 종이 있었다.
73 죽루竹樓의 옛일 : 죽루는 대나무를 사용해서 지은 누각으로, 송宋나라 때 왕우칭王禹偁(954~1001)이 황주黃州에서 태수太守로 있을 때에 황주의 명산名産인 큰 대나무를 베어다가 기와 대신 그것으로 지붕을 덮어 누각을 짓고, 직접 「황주죽루기黃州竹樓記」를 지어 풍류를 즐겼던 일을 가리킨다.
74 세상에 오래도록~누가 알아주리 : 백락伯樂은 춘추시대 진 목공秦穆公 때 준마를 잘 감별하기로 유명했던 손양孫陽의 별명이다. 전국시대 종횡가縱橫家인 소대蘇代가 순우곤淳于髡에게 "준마를 팔기 위해 사흘간 시장에 내놓았지만 아무도 거들떠보지 않더니, 백락이 한번 돌아보자 하루아침에 그 말의 값이 열 배나 뛰어올랐다." 하였다. 『전국책戰國策』 「연책燕策 2」. 여기서는 지우知遇가 없음을 비유하였다.
75 알밀遏謐하는 때 : 알밀은 알밀팔음遏密八音의 준말로, 본래 천자가 승하하여 천하에 음악 소리가 끊어져 고요하다는 뜻이다. 『서경』 「순전舜典」에서 "요임금이 세상을 떠나자 백성이 마치 부모의 상을 당한 것처럼 삼년복을 입었고, 천하에 음악 소리가 끊어져 조용해졌다.(帝乃殂落。百姓如喪考妣三載。四海遏密八音。)"라고 한 데서 온 말이다. '밀謐' 자는 '밀密' 자와 통용된다.
76 함월涵月 : 조선 후기의 승려인 해원海源(1691~1770)의 법호이다. 함경도 함흥 출신

으로 속성은 이씨李氏, 자는 천경天鏡이다. 14세 때 도창사道昌寺에서 출가하였고, 영지英智 대사에게서 구족계를 받았다. 그 후 지안志安 대사에게서 깊은 이치를 얻어 법맥을 이었다. 법맥을 이은 뒤에도 40년을 한결같이 정진하면서 대강사大講師로서 후학들을 지도했다. 저서로 『천경집天鏡集』이 있다.

77 완월翫月 : 궤홍軌泓(1714~1770)의 법호이다. 속성은 청주淸州 한씨韓氏로 12세 때 평강平康 보월사寶月寺로 출가하였고, 함월에게 불법을 배운 뒤 법맥을 이었다. 만년에는 석왕사에 머물면서 후학들을 지도하다가 입적하였다.

78 뇌묵雷默 : 상권의 주 97 참조.

79 수마제국須摩提國 : 시방정토十方淨土 중에 아미타불阿彌陀佛이 계시는 정토淨土인 극락세계極樂世界를 가리키는 말로, 수마제須摩堤·수마야須摩耶·수가마제須呵摩提 등으로 표기하기도 한다.

80 백 개의~선우善友를 참알하네 : 상권의 주 174 참조.

81 이곳은 함산咸山 풍패豊沛의 나라라네 : 북방의 함경도가 조선을 개국한 태조 이성계의 고향이라는 말이다. 함산은 함경도 함흥咸興으로 태조 이성계가 발흥發興한 곳이고, 풍패는 한 고조漢高祖가 풍豊 땅에서 태어나 패沛 땅에서 발흥한 것을 가리키는데, 여기서는 태조의 고향인 함흥을 풍패에 비유하여 말한 것이다.

82 오운五雲 자욱한~자미궁이 있네 : 임금이 계시는 한양을 가리켜 말한 것이다. 오운은 본래 청황적백흑靑黃赤白黑의 오색五色이 찬란한 서운瑞雲을 뜻하는데, 길상吉祥의 징조라 하여 임금이 계신 곳을 가리킨다. 자미궁紫微宮은 천제天帝가 거처한다는 북두성北斗星 북쪽에 있는 성좌星座를 가리키는데, 전하여 천자의 대궐을 말한다. 자극紫極·자궁紫宮·자달紫闥이라고도 한다.

83 감반甘盤 : 은殷나라의 현신賢臣으로, 은 고종殷高宗의 잠저潛邸 시절에 사부師傅로 있다가 고종이 즉위한 뒤에는 재상이 되었다.

84 요지瑤池의 연회 : 요지는 선녀인 서왕모西王母가 거주하던 곤륜산崑崙山의 선경으로, 요지의 연회란 바로 목천자穆天子가 일찍이 서왕모를 찾아가 요지 가에서 함께 연회를 가졌던 데서 온 말이다. 『열자列子』 「주목왕周穆王」에서 "마침내 서왕모의 빈이 되어 요지 가에서 연회를 가졌다.(遂賓于西王母。觴于瑤池之上。)"라고 하였다.

85 누쇠漏衰한 사바세계 : 누쇠는 복이 새고 감하는 사바세계를 뜻하는 말로, 천상에는 항상 복록이 넘쳐 사바세계의 박복한 모습이 나타나지 않는다는 뜻일 듯한데, 자세하지 않다.

86 삼도三途와 팔난八難 : 삼도는 화도火塗·도도刀塗·혈도血塗로, '삼도三塗'라고도 하는데, 신신身·구口·의意가 짓는 여러 악업惡業으로 인해 태어나는 곳인 지옥도地獄道·아귀도餓鬼道·축생도畜生道의 세 악도惡道를 말한다. 팔난은 부처님을 보고 정법正法을 배우기 어려운 여덟 가지 경우를 말한다. 즉 지옥에 있으면 어렵고, 축생

에 있으면 어렵고, 아귀에 있으면 어렵고, 장수천長壽天에 있으면 어렵고, 울단월鬱
單越에 있으면 어렵고, 농맹음아聾盲瘖瘂에 있으면 어렵고, 불전이나 불후에 있으면
어려운 것이다.

87 삼십육동천三十六洞天 : 도가道家에서 신선이 산다고 하는, 인간 세상의 서른여섯 곳
명산의 골짜기이다. 여기서는 보개산寶盖山의 동천을 가리킨다.

88 진구塵臼 : 진塵은 속진俗塵을, 구臼는 함정이나 우리를 비유하여 속진의 틀을 가리
킨다.

89 홍진紅塵과 자맥紫陌 : 성시城市의 큰 길에는 다니는 사람들이 많아 붉은 먼지가 날
리는 데에서 속세를 비유하는 말이다.

90 원 공遠公이~결성한 일 : 하권의 주 63 참조.

91 이원李愿이 반곡盤谷에 은거했던 일 : 하권의 주 62 참조.

92 불이문不二門에 대해~유마維摩 거사였고 : 불이문에 대해서는 하권의 주 69 참조.
유마는 석가모니의 재가 제자 유마힐維摩詰 거사로, 『수당가화隋唐嘉話』에서 "유마
거사의 석실은 수판手板을 가지고 종횡으로 헤아려 보건대 10홀을 용납할 정도였
다.(有維摩居士石室. 以手板縱橫量之. 得十笏。)"라고 하였다. 10홀은 수판 열 개를 용
납할 정도의 아주 작은 크기를 말한다.

93 면벽面壁 수행으로~달마達摩 대사였네 : 중국 선종禪宗의 초조初祖로 일컬어지는
보리달마菩提達摩가 남조南朝 양梁나라 때 인도에서 중국에 온 뒤에, 숭산嵩山 소림
사에 머물면서 9년 동안이나 좌선을 함으로써 '벽관 바라문壁觀婆羅門'이라는 칭호를
얻었다는 고사가 전한다. 『경덕전등록』 권3.

94 만금을 바쳐~거동하여 참알하였고 : 양 무제梁武帝가 불교를 숭상하여 대성臺城에
동태사同泰寺를 짓고 이곳에서 세 번이나 사신捨身을 하였으며, 모든 제사에 희생을
없애고 밀가루로 빚어 대신하게 하였다.

95 풀 하나~예의를 표하였네 : 옛날 세존께서 여기에 사찰을 지으면 좋겠다고 하시자,
제석천왕帝釋天王이 풀 한 줄기를 땅에 꽂고 부처님께 범찰을 이미 지어 마쳤다고 고
하니, 세존께서 미소를 지었다는 공안이 있고, 석가의 과거불인 연등불燃燈佛이 온
다는 소식을 듣고 제석천왕이 공양물을 준비하지 못해 스스로 진흙길에 엎드려 몸을
밟고 지나가시게 하였다는 이야기가 전한다.

96 급고給孤의 동산 : 상권의 주 180 참조.

97 조계曹溪의 장실丈室 : 하권의 주 70 참조.

98 석가께서 세~변한 화토化土 : 화토는 삼불토三佛土의 하나인 변화토變化土로, 부처
님이 중생을 교화, 제도하기 위해 화현化現하는 국토 혹은 부처님의 변화신變化身이
거처하는 땅을 말한다. 『유식론唯識論』에서는 법성토法性土 · 수용토受用土 · 변화토
變化土 세 종류의 불토가 있는데, 법신불法身佛 · 보신불報身佛 · 응신불應身佛 삼신

三身으로 변화한 부처님이 각각 거처한다고 말한다.
99 노능盧能의 한 폭의 포단圃團 : 조사祖師의 법석法席을 차릴 만한 곳이라는 뜻이다. 노능은 속성이 노씨盧氏인 육조 혜능慧能을 가리킨다. 포단은 포단蒲團과 같은 말로, 참선할 때 앉는 방석이다.
100 강엄江淹의 붓 : 뛰어난 글재주를 비유한다. 양梁나라 때 문장가 강엄이 젊었을 적에는 문재文才가 매우 뛰어나서 좋은 시문을 지었는데, 만년에 야정冶亭에서 잠을 자다가 꿈을 꾸니, 곽박郭璞이라고 자칭하는 노인이 와서 말하기를, "내 붓이 그대에게 가 있은 지 여러 해이니, 이제는 나에게 돌려주오." 하였다. 이에 자기 품속에서 오색필五色筆을 꺼내어 주었는데, 그 후로는 좋은 시문을 전혀 짓지 못했다는 데서 온 말이다.
101 이하李賀의 문장 : 훌륭한 문장을 말한다. 이하는 당대唐代의 시인으로, 7세 무렵 한유韓愈와 황보식皇甫湜이 그가 문장을 잘한다는 말을 듣고 그에게 찾아가 시를 짓게 하자, 이하가 대번에 즉석에서 장편시長篇詩를 짓고 스스로 제목을 〈고헌과高軒過〉라 명명하니, 한유와 황보식이 보고 크게 놀랐다고 한다. 또 두목杜牧은 이하의 시집에 대한 서문에서, 그가 죽지 않고 조금 더 문장을 익혔다면, 「이소離騷」를 하인으로 굽어볼 만했을 것이라 말하기도 하였다. 또 그가 죽을 무렵에 붉은 옷을 입고 붉은 용을 탄 사람이 문서를 가지고 와서 말하기를, "그대를 부르러 왔소." 하였다. 이하가 자리로 내려가 머리를 조아리며 말하기를, "저의 어머니가 늙고 병들었으므로 가고 싶지 않소." 하니, 붉은 옷을 입은 사람이 웃으며 말하기를, "상제가 백옥루白玉樓를 지어 놓고 즉시 그대를 불러 기문을 쓰라고 명하셨소. 괴롭지 않고 즐거운 곳이오." 하였는데, 이윽고 이하가 죽었다고 한다. 『당문수唐文粹』 권99 「이하소전李賀小傳」.
102 구품연화九品蓮花 : 구품연화대九品蓮花臺로, 구품연대九品蓮臺, 구품연지九品蓮池라고도 한다. 정토淨土 신앙에서 정토에 왕생하는 사람들을 아홉으로 분류한다. 상품·중품·하품의 각 품에 상생·중생·하생이 있어 구품이 된다. 여기서는 구품을 포괄하여 사후에 가는 극락세계를 말한 것이다.
103 자비희사慈悲喜捨의 마음 : 자심慈心·비심悲心·희심喜心·사심捨心 등 사무량심四無量心을 말한다.
104 자미극紫微極 : 자미원紫微垣이라는 별자리가 북극성北極星을 포함하고 있으므로 자미극 혹은 자극紫極이라고 부른다. 뭇별들은 모두 북극성을 중심으로 회전하므로 임금을 상징하는 별자리이기도 하다.
105 종사螽斯 : 메뚜기의 한 종류로, 『시경』 「주남」의 편명이기도 한데, 후비后妃가 덕이 훌륭하여 여러 첩에게서 자식이 많이 태어난 것을 질투하지 않아 왕실의 자손이 번성함을 찬양한 노래이다.
106 정명淨名 : 유마힐維摩詰의 별칭이다. 유마힐이 침묵으로 불이법不二法인 불법佛法

을 잘 표현하였다.

107 가는 것은~복양復陽에서 보았고 : 『주역』「태괘泰卦」〈구삼九三〉에서 "평탄한 것은 반드시 기울어질 때가 있고, 가는 것은 반드시 돌아올 때가 있다.(無平不陂. 無往不復.)"라고 한 데서 온 말로, 양陽이 점차로 회복되는 것을 말하였기에 복양復陽이라고 말한 것이다. 다만 여기서 원문의 '無往不返'은 『주역』에 '無往不復'으로 되어 있다.

108 황폐해진 옛~윤환輪奐에서 들었노라 : 윤환은 건축물이 아름답고 화려한 것을 비유하는 말이다. 한漢나라 때의 경학자經學者 대성戴聖이 지은 『예기禮記』에 다음과 같은 고사가 있다. 진晉나라 헌문자憲文子가 저택을 신축하여 준공하자 대부들이 가서 축하하였는데, 이때 장로張老가 말하기를, "규모가 크고 화려하여 아름답도다. 제사 때에도 여기에서 음악을 연주하고, 상사 때에도 여기에서 곡읍을 하고, 연회 때에도 여기에서 국빈과 종족을 모아 즐기리로다.(美哉輪焉. 美哉奐焉. 歌於斯. 哭於斯. 聚國族於斯.)"라고 하니, 헌문자가 장로의 말을 되풀이하며 그렇게 되기를 바란다면서 두 번 절하고 머리를 조아리자, 군자들이 축사와 답사를 모두 잘했다고 칭찬하였다. 『예기』「단궁檀弓 하」.

109 호리병에 든 승려의 꿈 : 신선 세계를 노니는 꿈이라는 말이다. 자세한 내용은 상권의 주 109 참조.

110 파곡巴曲 : 송옥宋玉의 〈대초왕문대초왕문對楚王問〉에서 "영중에서 노래하는 나그네가 있어 맨 처음 하리곡과 파인곡을 노래하자 국중에서 그것을 이어 창화하는 자가 수천 인이었고, 양아곡과 해로곡을 노래하자 국중에서 그것을 이어 창화하는 자는 수백 인이었고, 양춘곡과 백설곡을 노래하자 국중에서 그것을 이어 노래하는 자는 수십 인에 불과했으니⋯⋯이는 곧 곡조가 고상할수록 창화하는 자가 더욱 적기 때문이다.(客有歌於郢中者. 其始曰下里巴人. 國中屬而和者數千人. 其爲陽阿薤露. 國中屬而和者數百人. 其爲陽春白雪. 國中屬而和者不過數十人.⋯⋯是其曲彌高. 其和彌寡.)"라고 한 데서 온 말로, 자신의 노래를 겸손하게 말한 것이다.

111 영근郢斤 : 영郢 땅 사람의 자귀질이란 뜻으로 솜씨 좋은 장인을 가리키는데, 여기서는 공역을 담당한 목수를 가리켜 말한 것이다. 『장자莊子』「서무귀徐無鬼」에서 "영인郢人이 장석匠石의 솜씨를 철저히 믿어 자신의 코끝에다 마치 파리 날개만 한 흙을 바르고는 장석을 시켜 그 흙을 깎아 내게 하였는데, 과연 장석이 바람소리가 휙휙 나도록 자귀를 휘둘러 깎아 냈는데도 흙만 깨끗이 다 깎이고 코는 아무렇지도 않았다."라고 한 데서 온 말이다.

112 폐불감당蔽芾甘棠 노래 : 『시경』「소남召南」〈감당甘棠〉에서 "무성한 저 감당나무 가지를 자르지 말고 휘지도 말라. 소백이 머무시던 곳이니라.(蔽芾甘棠. 勿翦勿伐. 召伯所茇.)"라고 한 데서 온 말로, 이 시는 남국南國을 순행하면서 문왕文王의 정사를 폈던 소공召公의 덕을 추모하여 부른 노래이다. 여기서는 남쪽을 이야기하므로 이를 인

용하여 말한 것이다.

113 **옥촉玉燭** : 태평성대를 형용하는 말로, 『이아爾雅』「석천釋天」에서 "사시四時의 기운이 화창和暢한 것을 일러 옥촉이라 한다."라고 하였는데, 그 주에 "사시의 화창한 기운이 따뜻하고 밝게 비추므로 옥촉이라 한다." 하였다.

114 **중향국衆香國 한 바리때 향반香飯** : 중향국의 향적여래香積如來가 먹는 음식을 향적반香積飯, 혹은 향반香飯이라고 하는데, 『유마경維摩經』에 의하면, 향적여래가 뭇 바리때에 향반을 가득 담아서 보살菩薩들에게 주어 교화시켰다고 한다. 그래서 보통 승려의 음식을 향적반 혹은 향반이라고 하고, 사찰의 주방廚房을 향적이라고 한다.

115 **노승老僧은 흉중에~말을 잊었네** : 세상의 시비是非를 초월하였다는 말이다. 『장자莊子』「제물론齊物論」에서 "이것이 곧 저것이요, 저것이 곧 이것이다. 저것에도 하나의 시비가 있고, 이것에도 하나의 시비가 있다.……손가락(指)을 가지고 손가락의 손가락 아님을 깨우치는 것이 손가락 아닌 것을 가지고 손가락의 손가락 아님을 깨우치는 것만 못하고, 말(馬)을 가지고 말의 말 아님을 깨우치는 것이 말 아닌 것을 가지고 말의 말 아님을 깨우치는 것만 못하다."라고 한 데서 온 말이다.

116 **맥우麥雨** : 보리가 익을 무렵에 내리는 비를 말한다.

117 **봉래산蓬萊山 삼도三島는~선방仙方에 기이하고** : 선방은 도가道家의 서책으로, 『열자列子』「탕문湯問」에 의하면, 발해渤海의 동쪽에 대여岱輿 · 원교員嶠 · 방호方壺 · 영주瀛洲 · 봉래蓬萊의 다섯 신산神山이 있는데, 이 산들이 조수에 밀려 표류하여 정착하지 못하였다. 이에 천제天帝가, 혹 이 산들이 서극西極으로 표류할까 염려하여 처음에 금빛 자라(金鼇) 열다섯 마리로 하여금 이 산들을 머리에 이고 있게 함으로써 비로소 정착하게 되었다. 뒤에 용백국龍伯國의 거인이 단번에 이 자라 여섯 마리를 낚아 감으로써 대여와 원교 두 산은 서극으로 표류해 버리고, 방호 · 영주 · 봉래의 세 산만 남았다고 한다.

118 **청량산淸凉山이라 하는~수 있네** : 청량산은 중국 산서山西에 있는 오대산五臺山으로, 혹서기酷暑期에도 더위를 느끼지 못하기 때문에 청량산이라는 별칭이 생겼다고 한다. 아미산峨眉山 · 보타산普陀山 · 구화산九華山과 함께 중국 불교의 4대 영산靈山으로 꼽히는데, 특히 『화엄경』에 문수보살文殊菩薩의 주처住處라는 기록이 있기에 예로부터 문수가 시현示現하는 도량으로 일컬어져 왔다.

119 **곤륜산崑崙山은 황복荒服~열려 있고** : 곤륜산은 중국의 서쪽에 있다는 신선산으로 서왕모西王母가 그곳에 살며, 산 위에는 예천醴泉과 요지瑤池가 있다고 한다. 곤륜산昆侖山이라고도 한다. 황복은 중국 고대에 왕기王畿를 중심으로 하여 주위를 원근에 따라 다섯으로 나눈 오복五服 가운데 가장 먼 구역으로, 왕기에서 2천5백 리 떨어진 지역이다. 참고로 왕기에서 가까운 데로부터 사방 5백 리 되는 거리마다 구분지어 전복甸服 · 후복侯服 · 수복綏服 · 요복要服 · 황복이라고 불렀다.

120 금강산金剛山은 부상扶桑에 자리잡고 있네 : 우리나라의 금강산이 동해에 접해 있다는 말이다. 부상은 전설상의 신목神木의 이름으로 해가 뜨는 동쪽을 가리키는데, 해가 뜰 때 이 나무 아래에서 솟아나 나무를 스치고 떠오른다고 한다.

121 기학騎鶴의 주州 : 본래 중국의 양주揚州를 가리키는데, 여기서는 경기도 양주로 전용한 것이다. 양주에 수락산이 있으므로 이렇게 말한 것이다. 옛날 어떤 사람들이 한 자리에 모여서 각각 자기 소원을 말하는데, 그중 한 사람은 양주 자사가 되고 싶다 하고, 또 한 사람은 많은 재물을 갖고 싶다 하고, 또 한 사람은 학을 타고 승천하고 싶다고 하자, 그중 한 사람이 말하기를, "나는 허리에 10만 꿰미의 돈을 차고, 학을 타고 양주로 날아가서 앞서 말한 세 사람의 소원을 겸하여 이루고 싶다.(腰纏十萬貫。騎鶴上揚州。欲策三者。)"라고 하였다.『사문유취事文類聚』후집後集 권42「학조鶴條」.

122 석출石出의 산 : 수락산水落山을 가리킨다. 구양수의「취옹정기醉翁亭記」에서 "들꽃이 피어 그윽이 향기 나고 좋은 나무 우뚝 자라 울창한 그늘이 지며 바람 높고 서리 깨끗하며 수위가 낮아지며 바위가 드러나는 것은, 산간의 사계절이다(野芳發而幽香。佳木秀而繁陰。風霜高潔。水落而石出者。山間之四時也。)"라고 한 데서 온 말이다.『문충집文忠集』권39.

123 운한雲漢의 보묵寶墨 : 운한각에 국왕의 친필이 있는 것을 가리킨다.

124 자씨慈氏의 진신眞身 : 자씨는 미륵보살彌勒菩薩로, 수락산의 미륵봉을 가리킨다.

125 하늘은 꽃비를 내리며 : 부처님이『법화경法華經』을 강설講說한 것이 천신天神을 감동시킴으로 인하여 제천諸天의 각색各色 향화香花가 어지러이 땅에 떨어졌다는 고사에서 온 말이다.

126 불자拂子를 들면서 : 고승高僧이 선리禪理를 담설할 때 불자를 들어 상대방을 각성시키는 용도로 사용하곤 하였다.

127 삼구三句의 현문玄門 : 삼구는 여러 가지가 있는데, 당대의 승려 임제 의현臨濟義玄의 일화에서 유래한 임제삼구臨濟三句를 말하는 듯하다. 한 승려가 임제에게 어떤 것이 진불眞佛이고, 어떤 것이 진법眞法이며, 어떤 것이 진도眞道냐고 묻자, 임제가 말하기를, "부처란 마음의 청정함이고, 법이란 마음의 광명이며, 참된 도란 온 누리에 걸림이 없이 비추는 청정한 광명의 작용이니, 이 셋은 이름만 다를 뿐 하나이다. 진정한 도인은 잠깐 동안도 마음을 소홀하지 않아야 한다."라고 하였다. 또 덧붙여 말하기를, "제1구에서 깨달으면 불조사佛祖師가 될 것이고, 제2구에서 깨달으면 인천사人天師가 될 것이며, 제3구에서 깨달으면 제 몸도 구제할 수 없다."라고 하였다. 현문은, 불교의 교리는 깊고 묘하므로 현玄이라 하고, 절대의 이상경理想境인 열반에 들어가는 길이므로 문門이라고 한다.

128 불진拂塵을 휘두르며 : 원문의 '揮塵'는 고라니 꼬리털(麈尾)을 매단 불자拂子를 잡고 휘두른다는 뜻으로, 위진魏晉 때 청담淸淡을 즐기던 사람들이 많이 가지고 다녀 담론

談論을 뜻하기도 한다. 나중에는 선종禪宗의 승려들도 애용하였다.
129 사종四種의 법계法界 : 화엄종華嚴宗의 우주관宇宙觀으로, 사법계四法界 또는 사계四界라고도 한다. 화엄종은 전 우주가 일심一心에 통일되어 있다고 인식하면서도 현상과 본체의 측면에서 관찰하면 사법계事法界・이법계理法界・이사무애법계理事無礙法界・사사무애법계事事無礙法界의 네 종류의 층차가 있다고 본다.
130 패엽貝葉 : 인도에서 자라는 패다라수貝多羅樹의 잎으로, 이 잎사귀에 불경을 썼던 데서 불경을 패엽경貝葉經이라고도 한다.
131 범게梵偈 : 부처님의 가르침을 찬송한 운문체韻文體의 경문經文을 가리킨다.
132 청원靑猿이 바리때 씻은 해 : 청靑은 방위로는 동방, 간지로는 갑 혹은 을이 되고, 원猿은 원숭이로 간지로는 신申이 되므로 여기서는 갑신년(1824, 순조 24)을 가리킨다. 참고로 청원은 부처님이 인도 죽림정사竹林精舍에 갔을 때 미후獼猴, 즉 원숭이가 바리때를 빼앗아 나무 위로 올라간 뒤에 꿀을 담아서 공양하였다는 이야기를 가리킨다. 『대당서역기大唐西域記』 권7 「폐사리국조吠舍釐國條」.
133 목계木鷄가 사신司晨한 해 : 목木은 방위로는 동방, 간지로는 갑 혹은 을이 되고, 계鷄는 닭으로 간지로는 유酉가 되므로 여기서는 을유년(1825, 순조 25)을 가리킨다. 목계는 나무로 만든 닭이란 말로 덕이 완숙되어 바보스럽게 보이는 모양을 말한다. 옛날 기성자紀渻子라는 사람이 주 선왕周宣王을 위해 투계鬪鷄를 길렀다. 이를 기른 지 열흘 만에 싸울 만한 닭이 되었느냐고 왕이 묻자, 기성자가 "아닙니다. 지금 공연히 사나운 척하며 제 기운만 뽐내고 있습니다."라고 대답하였다. 그 후로도 열흘 만에 한 번씩 왕이 계속 물어 맨 마지막인 네 번째 물었을 적에, 기성자가 대답하기를, "이제는 거의 되었습니다. 다른 닭이 울어도 이 닭은 조금도 태도를 변치 않아서 바라보면 마치 나무로 깎아 만든 닭과 같습니다. 이제는 이 닭의 덕이 온순해져서 다른 닭이 감히 덤비지 못하고 달아나 버립니다." 하였다. 『장자』「달생達生」.
134 요지瑤池에서 온 청조靑鳥 : 요지는 선녀 서왕모西王母가 사는 곳으로, 하권의 주 84 참조. 청조는 서왕모의 사자使者를 말한다. 『한무고사漢武故事』에 의하면, 7월 7일에 갑자기 청조가 서방에서 날아와 승화전承華殿 앞에 내려앉으므로, 무제武帝가 그 연유를 동방삭東方朔에게 묻자, 동방삭이 말하기를, "서왕모가 오려는 것입니다." 하였는데, 한참 뒤에 과연 서왕모가 오자, 청조 두 마리가 서왕모의 양쪽에 시립侍立했다고 한다.
135 입정入定한 고승이~들어 보이네 : 법상法床에 앉아서 조사의 정법, 선지禪旨를 보여 준다는 말이다.
136 용녀龍女가 바친~유리처럼 구르니 : 『법화경』에 의하면, 용녀가 일찍이 부처님을 매우 존경한 나머지 부처님에게 보주寶珠를 바쳤다고 한다.
137 영산靈山은 구담에게 절한 곳이라네 : 영산은 석가가 일찍이 가르침을 설했던 영취산

靈鷲山을 가리키고, 구담瞿曇은 ⓢ Gautama의 음역으로 석가의 성씨이다.

138 부요扶搖를 타고~날개 드리웠네 : 『장자』「소요유逍遙遊」에서 "북명에 물고기가 있으니 그 이름이 곤鯤인데, 곤의 크기가 몇천 리인지는 모른다. 그것이 변화하여 새가 되니 그 이름이 붕새인데, 등은 태산 같고, 날개는 하늘에 드리운 구름 같아서 회오리바람을 타고 구만리를 올라가 구름을 벗어나고 푸른 하늘을 등에 진 다음에야 남쪽으로 간다. 그가 남쪽 바다로 갈 적에 메추리가 쳐다보고 웃으면서 말하기를, '저 새는 장차 어디를 가려는 걸까. 나는 뛰어올라 봤자 고작 두어 길도 못 오르고 도로 내려와 쑥대밭 사이에서 빙빙 돌 뿐이지만, 이것도 최고로 나는 것인데, 저 새는 장차 어디를 가려는 걸까' 한다.(北冥有魚. 其名爲鯤. 鯤之大. 不知其幾千里也. 化而爲鳥. 其名爲鵬. 背若泰山. 翼若垂天之雲. 摶扶搖羊角而上者九萬里. 絶雲氣. 負靑天. 然後圖南. 且適南冥也. 斥鷃笑之曰. 彼且奚適也. 我騰躍而上. 不過數仞而下. 翶翔蓬蒿之間. 此亦飛之至也. 而彼且奚適也.)"라고 한 데서 온 말이다. 부요는 회오리바람이다.

139 저것을 타고~붙잡고 찾아오랴 : 하늘을 타고 날아오면 되지, 굳이 횃불을 밝히고 말뚝을 붙잡으며 인도에서 멀리 중국으로 올 필요는 없다는 말이다. 소요유逍遙遊는 본래 『장자莊子』의 편명으로, 장자는 이 편을 통해 대붕大鵬과 소구小鳩, 대춘大椿과 조균朝菌을 가지고 비유하여 어떠한 사물도 자기의 본성과 객관적 환경을 초월할 수 없음을 설명하면서 저마다 부여받은 성품에 맡기면서 대소大小, 영욕榮辱, 사생死生, 수요壽夭의 차별적인 관념을 버려야 비로소 자유로이 소요逍遙하여 어디를 가든 자적自適할 수 있음을 주장하였다. 뒤에 자유자재하여 구속이 없는 노닒을 가리키는 말로 쓰였다. 횃불 밝히고 말뚝 붙잡는다는 말은 담무갈曇無竭이 전법傳法을 위해 귀자龜玆, 사륵沙勒 제국諸國을 지날 때 총령葱嶺에 오르고 설산雪山을 지났는데, 장기障氣는 천 겹이고, 층빙層氷은 만 리에 걸쳐 있으며, 그 아래 큰 강이 있었다. 급류가 흐르는 위에 줄을 매달아 다리를 만들었는데, 앞사람이 먼저 다리를 건너가서 횃불을 들어 밝혀 주어야 뒷사람이 앞사람이 무사히 건너간 것을 알고 뒤에 다리를 건넜으며, 설산을 지날 때는 깎아지른 벼랑에 말뚝 구멍들이 나 있어 말뚝 네 개를 들고 말뚝 구멍에 박으며 벼랑을 올라가야 설산을 넘을 수가 있었다. 『화엄현담회현기華嚴懸談會玄記』권21.

140 이십팔천二十八天 : 욕계欲界의 육천六天, 색계色界의 십팔천十八天, 무색계無色界의 사천四天 등 삼계三界의 제천諸天을 말한다.

141 하안거에 든~지마指馬를 잊었네 : 하권의 주 115 참조.

142 달빛 가운데~다한 사람이여 : 상권의 주 50 참조.

143 고개에서 구름~어찌 알았으랴 : 남조南朝 양梁나라 도홍경陶弘景의 〈조문산중하소유부시이답詔問山中何所有賦詩以答〉 시에서 "산중에는 무엇이 있는고. 봉우리 위에 흰 구름이 많다오. 나 혼자만 즐길 수 있을 뿐, 임금님께 부칠 것은 못 된다오.(山中何

所有。嶺上多白雲。只可自怡悅。不堪持寄君。)"라고 한 것을 인용한 것으로, 여기서는 산중에서 지내는 승려의 즐거움을 비유한 말이다.

144 대계大界 : 삼천대계三千大界와 같은 말로, 광대무변廣大無邊한 세계를 말한다. 불가에서는 무수히 많은 세계가 있다고 보는데, 1천 세계가 소천세계小千世界가 되고, 소천세계가 천 개 모여서 중천세계中千世界가 되고, 중천세계가 천 개 모여서 대천세계가 된다고 한다.

145 북쪽으로는 풍패豊沛까지 3일의 일정이요 : 풍패는 원래 한漢나라 고조高祖의 고향인데, 이후 왕조를 일으킨 제왕의 고향으로 통칭하게 되었다. 여기서는 태조 이성계의 고향인 영흥永興이 석왕사가 있는 안변과 가까이 있기 때문에 이렇게 말한 것이다.

146 우리 석왕사는~ 머물렀던 곳이다 : 상권의 주 2 참조.

147 적부赤符의 상서로운 노래 : 적부는 광무제光武帝 때 나타난 '적복부赤伏符'를 말한다. 광무제가 황제가 되기 전 장안長安에 있을 때에 관중關中에서 '적복부'를 얻었는데, 거기에서 "사칠四七의 즈음에 화화가 주인이 된다."라고 하였다. 이에 대한 이현李賢의 주注에서 "사칠은 28인데, 고조高祖 때부터 광무제가 처음에 일어난 때까지가 228년으로, 바로 사칠의 즈음이다. 한漢나라는 화덕火德이므로 화가 주인이 된 것이다."라고 하였다. 『후한서後漢書』 권1 「광무제기光武帝紀」.

148 붉은붓의 표훈表勳이 드러났다 : 붉은붓은 단심丹心을 나타내기 위하여 붓대를 붉게 칠한 붓으로, 보통 후비后妃의 거조를 기록하는 여사女史가 사용하였으므로 여자 사관 혹은 문필에 종사하는 규수를 일컫는 말이다. 『시경詩經』 「패풍邶風」 〈정녀靜女〉. 여기서는 사관史官을 가리키는 말로 쓰였다. 표훈은 공훈을 표창한다는 말이다. 이 말은 태조의 공훈이 역사서에 길이 남아 전하고 있다는 말이다.

149 5백 성인을~동안 헌향하니 : 「설봉산 석왕사기」에 무학 대사가 이성계의 꿈을 풀이한 뒤에 이성계에게 "오늘 일을 절대 입 밖에 내지 마십시오. 그리고 큰일은 쉽게 이뤄지는 게 아닌 만큼 이곳에 절 하나를 세우고 이름을 왕이 될 꿈을 해몽한 절이라는 뜻으로 석왕사라 했으면 좋겠습니다. 너무 서둘러 짓지 말고, 3년을 기한으로 잡아 오백나한재五百羅漢齋를 지으면 반드시 왕업王業을 이루는 데 도움이 될 것입니다."라고 하였다. 이성계가 1년 만에 절과 오백나한재를 짓고, 천 일 동안 기도를 올렸다는 내용이 수록되어 있는데, 이를 두고 한 말이다.

150 인료仁寮의 구비龜碑에는~남아 있으며 : 인료는 석왕사의 부속 건물인 인지료仁智寮이다. 인지료 서쪽과 용비루龍飛樓 동쪽에 비석이 있는데, 인지료 서쪽의 비석은 태조太祖, 숙종肅宗, 영조英祖의 어제어필御製御筆을 새긴 것이고, 용비루 동쪽의 비석은 정조正祖가 짓고 글씨를 쓴 석왕사의 기적비紀蹟碑이다. 세 분 화상은 석왕사에 봉향하고 있는 지공指空, 나옹懶翁, 무학無學 세 스님을 가리킨다. 『관암전서冠巖全書』 22책 「풍패성적기豊沛聖蹟記」.

151 칠제七帝의 스승에게~바치는 예례 : 당나라 덕종德宗 15년(799) 4월 덕종의 탄생일에 징관澄觀(738~839)에게 화엄종지華嚴宗旨를 강론하게 한 내용이 「소청량강화엄종지詔淸凉講華嚴宗旨」에 수록되어 있는데, 이 글의 마지막 부분에서 "신이 재배하고 머리를 조아리고 정수리로 밝은 명을 받드니, 이를 말미암아 중외에 태보와 중신이 다 팔계로써 예를 올려 스승 삼는다. 무릇 구조를 지남에 칠제의 문사가 되었으니, 육조가 되었다.(臣再拜稽首。頂奉明命。由是中外。台輔重臣。咸以八戒禮而師之。凡歷九朝。爲七帝門師。是爲六祖。)"라고 하였다. 여기에 대한 주석에서 "구조라는 것은 당나라 현종, 숙종, 대종, 덕종, 순종, 헌종, 목종, 경종, 문종이고, 칠제는 곧 대종 이하 칠제이다.(九朝者。唐玄宗肅宗代宗德宗順宗憲宗穆宗敬宗文宗也。七帝者。卽代宗以下七帝也。)"라고 하였다. 따라서 여기서는 칠제의 스승이 된 징관에게 공물을 바치던 예와 비슷함을 말한 것이다.

152 삼승三乘을 모아서 일승一乘으로 회귀시키니 : 회삼귀일會三歸一이라는 말로 『법화경法華經』 이전에 말한 삼승은 방편이라고 하여 『법화경』의 일승一乘으로 다 포섭하여 거두는 것이요, 삼승은 일승에서 나누어 말한 것이므로 일승 이외에 삼승이 따로 없고, 삼승 이외에 일승이 따로 없다고 하는 이론이다.

153 말구末句 : 말후구末後句의 준말로 구경究竟, 필경畢竟, 구극究極, 지극至極이라는 뜻이다. 구句는 언구言句, 어구語句, 문구文句란 뜻으로 종문宗門의 활구活句를 말한다. 대오大悟 철저한 극치에 이르러 지극한 말을 토하는 것이다.

154 정법안正法眼의 보고~영취산靈鷲山의 일지화一枝花로다 : 일지화는 불교의 금바라화金波羅花를 말한다. 범왕梵王이 영산회상靈山會上에서 금바라화를 부처님에게 바치면서 부처님에게 설법해 주기를 청하니, 세존世尊이 그 꽃을 들고 대중에게 보였다. 그러자 수많은 대중이 모두 어찌할 바를 몰랐는데, 유독 가섭迦葉만이 얼굴을 환하게 하고는 미소를 띠니, 세존이 "나에게 있는 정법안장열반묘심正法眼藏涅槃妙心을 가섭에게 부촉하노라."라고 하였다.

155 긴 들보는~견줄 만하고 : 목수가 들보를 깎는 솜씨가 옛날 영郢 땅의 장석匠石과 견줄 만하다는 뜻이다. 자세한 내용은 하권의 주 111 참조.

156 구품연지九品蓮池 : 하권의 주 102참조.

157 상서로운 구름이 참여하네 : 상서로운 구름은 군주를 가리키는 말로 쓰인다. 여기서는 석왕사를 중건할 때에 조정에서 도움을 준 것을 이렇게 말한 것인 듯하다.

158 감당나무 : 주周나라 무왕武王 때 소공召公이 서백西伯으로 정사를 베풀다가 감당나무 그늘 아래에서 휴식을 취했다는 고사에서 유래하여 선정善政를 행하는 지방 장관을 형용하는 표현이다. 자세한 내용은 하권의 주 112 참조.

159 만인蠻人을 위해~필요 있을까 : 만인은 남방의 오랑캐를 말한다. 세 번이나 거듭 통역한다는 말은 주周나라 성왕成王 때에 남방의 월상越裳이 세 번 통역을 거쳐 와서

입조入朝한 일이 있는데, 남방은 중국과 언어와 풍속이 달라 여러 단계의 통역을 거쳐야만 의사소통이 되기 때문이다. 여기서는 국가의 교화가 잘 시행되어 통역할 필요도 없이 모든 백성들이 교화를 고르게 누릴 수 있게 되었음을 말한 것이다.

160 하늘이 일一로~육六을 이루네 : 음양陰陽과 오행五行의 운행에 따라 천지의 만물이 생성된 것을 말한 것이다. 『주역周易』「계사전繫辭傳」에서 "하수河水에서 도圖가 나오고, 낙수洛水에서 서書가 나오자 성인이 이를 본받았다."라고 하였고, 또 이르기를, "천天이 1이고 지地가 2이며, 천이 3이고 지가 4이며, 천이 5이고 지가 6이며, 천이 7이고 지가 8이며, 천이 9이고 지가 10이니, 천의 수數가 다섯이고, 지의 수數가 다섯이다. 다섯 자리가 서로 맞아서 각각 합함이 있는바, 천의 수는 25이고, 지의 수는 30이다. 그리하여 무릇 천지天地의 수가 55이니, 이것이 변화를 이루고 귀신을 행한다."라고 하였는데, 이에 대해 주자朱子는 "천天이 1로써 수水를 낳으면 지地가 6으로써 이를 완성하고, 지가 2로써 화火를 낳으면 천이 7로써 이를 완성하고, 천이 3으로써 목木을 낳으면 지가 8로써 이를 완성하고, 지가 4로써 금金을 낳으면 천이 9로써 이를 완성하고, 천이 5로써 토土를 낳으면 지가 10으로써 이를 완성한다."라고 하였다.

161 냄새 없고 소리 없으니 : 『시경詩經』「대아大雅」〈문왕文王〉에서 "상천의 일은 소리도 없고 냄새도 없다.(上天之載。無聲無臭。)"라고 하였는데, 여기서 냄새도 없고 소리도 없다는 것은 하늘의 일을 가리켜 말한 것이다.

162 자배炙背하는 어리석은 성심 : 자배는 햇볕에 등을 쬐는 것으로 곧 임금을 생각하는 성의에 비유한 말이다. 춘추시대 송宋나라의 한 야인野人이 떨어진 옷으로 겨울을 지내다가 따뜻한 봄날을 맞이하여 하루는 그의 등을 햇볕에 쪼이니, 매우 즐거운 마음이 들어 자기 아내에게 "이렇게 좋은 것을 아는 사람이 없으니, 이 법을 우리 임금에게 아뢰면 큰 상을 받지 않겠는가."라고 한 데서 온 말이다. 『열자列子』「양주楊朱」.

163 태평청정은 함이 없는 교화이네 : 원문은 '無爲化'인데, 이는 '함이 없어도 교화된다(無爲而化)'라는 말로 노자의 『도덕경道德經』에서 "나는 함이 없는데 백성들은 절로 교화된다.(我無爲而民自化)"라고 한 데서 온 말이다.

164 삼재팔난三災八難 : 삼재는 수재水災・화재火災・풍재風災이고, 팔난은 여덟 가지 어려움인 배고픔(飢)・목마름(渴)・추위(寒)・더위(暑)・물(水)・불(火)・칼(刀)・전쟁(兵)인데, 세상에서 겪게 되는 온갖 고난을 가리키는 말로 쓰인다.

165 사은구유四恩九有 : 사은은 네 가지의 중한 은혜를 말하는 것으로 부모은父母恩・중생은衆生恩・국왕은國王恩・삼보은三寶恩이라는 설과 사장은師長恩・부모은・국왕은・시주은施主恩이라는 설과 천하은天下恩・국왕은・사장은・부모은이라는 설 등 여러 가지 설이 있다. 구유는 중생들이 윤회하는 삼계구지三界九地, 즉 욕계欲界 1지, 색계色界 4지, 무색계無色界 4지를 가리킨다. 여기서는 사은이 내려진 온 누리를

말하는 것으로 보인다.
166 격외선格外禪 : 말이나 문자로 논할 수 있는 격식을 초월한 선법禪法을 가리키는 말로 상식이나 지식, 이론의 범주를 초월한 최상승선最上乘禪이다.
167 태고太古가 호주湖州를~도道가 알려졌다 : 태고는 보우普愚의 호號이다. 보우는, 성은 홍씨洪氏로, 13세에 회암사檜巖寺에서 승려가 되어 가지산迦智山에서 도를 닦았으며, 충목왕忠穆王 2년에 중국으로 가 호주湖州의 하무산霞霧山에서 석옥 청공石屋淸珙의 법을 이어받은 다음 귀국하여 공민왕恭愍王의 왕사王師가 되었다. 그 뒤 신돈辛旽의 투기로 인하여 속리산에 금고禁錮되었다가 신돈이 죽은 뒤에 다시 국사가 되었으며, 법랍法臘 69세로 용문산龍門山의 소설암小雪庵에서 입적하였다. 그로 인하여 임제―태고의 법통설이 형성되는 인연이 되었다.
168 천 개의 등불 : 등불은 불법을 상징한다. '천 개의 등불'이라 함은 시간적으로 스승과 제자 사이에 법을 이어 주고 전해 받음을 말하는 것이다.
169 명을 받들어~비석飛錫에 길들여진다 : 자항慈航은 불보살이 대자대비로써 중생을 구도救度하여 생사生死의 바다를 벗어나게 하는 것을 말하고, 칠치柒齒는 오랑캐를 지칭한 말로 오랑캐 풍속이 이를 검게 만들고 이마에 문신을 새기므로 이렇게 말한 것이다. 백액白額은 백액호白額虎의 준말로, 범의 별칭이다. 범이 늙으면 이마가 희게 변하는데, 특히 힘이 세고 기세가 사나워서 사람이 잡기 어렵다고 한다. 비석은 석장을 공중에 던져 날아온다는 설화에서 유래하여 승려의 유람을 이른다. 여기서 말하고 있는 스님은 내원암 영당影堂에 보관되어 있는 화상畫像 속의 스님을 말한 것인데, 당시 영당에는 아마도 지공指空, 나옹懶翁, 무학無學의 세 화상을 비롯하여 석왕사의 중창에 이바지한 스님들을 모셨을 것으로 추정된다.
170 단규丹竅에서 정력을~관리하게 하였다 : 단규는 신선들이 사는 암혈巖穴을 가리키는 말인데, 여기서는 스님들이 기거하던 암혈을 가리켜 말한 것이다. 현은玄隱은 은자隱者를 가리키는 말인데, 여기서는 숨어 사는 승려들을 말한 것이다. 따라서 승려들이 좁은 토굴에서 고생할까 염려하여 절을 증축하여 숨어 사는 승려들로 하여금 와서 절을 관리하게 하였다는 말이다.
171 호계虎溪 : 여산廬山 동림사東林寺 앞을 흐르던 시내로, 여기서는 내원암 곁의 시내를 가리키는 듯하다. 자세한 내용은 상권의 주 47 참조.
172 총령葱嶺 : 지금의 파미르 고원으로, 남으로는 북인도에 닿았고, 동서 두 갈래로 나뉘어 힌두쿠시 산맥과 카라코람 산맥이 되었고, 북으로 뻗은 줄기는 옛적 서역이라고 하던 지방을 동쪽과 서쪽으로 나누면서 천산산맥과 이어졌다. 달마가 중국으로 올 때 넘어온 지역이다.
173 잣나무의 풍성風聲이 서쪽에서 불어오네 : 어떤 승려가 조주 선사趙州禪師에게 "달마 대사가 왜 중국에 왔는가?"라고 물으니, 조주가 "뜰 앞의 잣나무니라.(庭前柏樹)"라

고 한 데서 온 말이다.『오등회원五燈會元』「조주장趙州章」. 풍성風聲은 교화를 가리키는 말로 쓰인다.

174 황매黃梅 : 황매산을 가리키는 말로 중국 선종禪宗의 육조인 혜능慧能이 오조인 홍인弘忍에게 의법衣法을 받았던 곳이다.

175 조계曹溪가 영남嶺南에 있었던 것 : 조계는 조계산曹溪山을 가리키는 말인데, 여기서는 당나라 혜능慧能을 가리키는 말로 보인다. 혜능이 출가하기 전 영남에서 나무를 해다 시장에 내다 팔면서 어머니를 봉양하며 살았었다.

176 함월涵月 : 하권의 주 76 참조.

177 청허淸虛 : 조선 중기의 승려 휴정休靜(1520~1604)의 법호이다. 속성은 최씨崔氏, 속명은 여신汝信, 자는 현응玄應, 별호는 백화 도인白華道人, 서산 대사西山大師, 풍악 산인楓岳山人, 두류 산인頭流山人, 묘향 산인妙香山人, 조계 퇴은曹溪退隱 등이다. 1540년(중종 35) 영관靈觀 등을 계사戒師로 모시고 계를 받았다. 임진왜란이 일어나자 승병을 일으켜 전공을 세웠으며, 선조宣祖로부터 팔도선교도총섭八道禪敎都總攝의 직함과 국일도 대선사 선교도총섭 부종수교 보제등계 존자國一都大禪師禪敎都總攝 扶宗樹敎 普濟登階尊者라는 최고의 존칭과 함께 정이품 당상관 직위를 하사받았다. 저서로『청허당집淸虛堂集』,『선가귀감禪家龜鑑』등이 있다.

178 다섯 종파 : 중국 선종의 다섯 종파인 임제종臨濟宗, 조동종曹洞宗, 법안종法眼宗, 운문종雲門宗, 위앙종潙仰宗을 가리킨다.

179 우리 동방의 16종 : 고려에서부터 조선에 이르기까지 선종禪宗과 교종敎宗의 분파의 변화가 9종, 7종, 11종, 선교 양종 등으로 다양하여 어떤 특정한 종파를 확정하여 16종이라 하는지는 불분명한 점이 있다. 그러나 조선조에 대체적으로 선교를 통합하여 선교 16종이라고 부른 관례가 있었다.

180 어떠한 법도~법은 없다 :『중론中論』「관사제품觀四諦品」에 나오는 말이다.

181 쌍성雙城 : 지금의 함경도 고원군高原郡 일대이다.

182 말하지 않아도~수 없다 :『치문경훈緇門警訓』「잡록雜錄」에서 송宋나라 태재太宰가 성인聖人에 대해 공자孔子에게 묻자, 공자가 서방에 성인이 있다고 하면서 그 도를 말한 부분이다.

183 천안제일天眼第一 아나율阿那律~얻은 경우 : 천안제일은 부처님의 제자 가운데 삼생三生을 두루 관찰할 수 있는 천안통天眼通을 얻은 아나율 존자를 지칭하는 말이다. 황금 시체를 얻었다는 것은,『불본행집경佛本行集經』에 실려 있는 아나율 존자의 전생담을 가리킨다. 아나율 존자가 과거생에 가난한 집안의 사람이었는데, 마침 대기근이 들어 모든 사람이 굶주려 죽어 백골이 도처에 널려 있고, 수행자들도 탁발을 할 수가 없어 배가 고파 수행하기 어려울 지경인 때를 만나게 되었다. 이때 파사타婆斯吒라고 하는 벽지불辟支佛이 탁발을 하다가 아무 소득 없이 돌아가던 중이었는데, 아

나율이 이를 보고 자기 집의 피밥(稗飯)을 보시하였다. 그런 뒤에 아나율이 땔감을 구하기 위해 숲으로 갔는데, 갑자기 백골의 시체 하나가 일어나 자기에게 안겼다. 아나율이 아무리 떼어 내려 해도 떨어지지 않아 어쩔 수 없이 백골을 품고 성으로 돌아왔더니, 백골이 황금으로 변했다. 아나율은 이렇게 벽지불에게 피밥 한 그릇을 공양한 공덕으로 황금을 얻었고, 다음 생에도 계속 제석천왕帝釋天王과 전륜성왕轉輪聖王으로 환생하여 가난함이 없게 되었으며, 마침내 석가족의 일원으로 태어나 석가모니부처님의 제자가 될 수 있었다.

184 아이들이 흙을 공양한 경우 : 이는 『아육왕전阿育王傳』에 실려 있는 아소카 대왕의 전생담이다. 아소카 대왕이 과거생에 덕승德勝이라는 동자였는데, 무승無勝이라는 동자와 함께 길에서 흙장난을 하고 있었다. 이때 석가모니부처님이 길을 지나갔는데, 덕승은 부모가 보시하는 모습을 흉내내면서 석가모니부처님의 바리때에 흙을 공양하면서 자신이 미래세에 천지를 뒤덮을 정도로 공양을 할 수 있게 해 달라고 발원하였다. 이에 석가모니부처님은 자신이 열반한 뒤 백 년 뒤에 이 아이가 전륜성왕이 되어 자신의 사리를 나누어 8만 4천 개의 보탑을 만들게 될 것이라고 수기하였다. 결국 이 아이는 다음 생에 아소카 대왕으로 태어나 인도를 통일하고 불법을 수호하게 되었다.

185 인지료仁智寮와 용비루龍飛樓와 두 비각碑閣과 삼사원三師院 : 모두 석왕사의 부속 건물이다. 자세한 내용은 하권의 주 150 참조.

186 서경보徐耕輔(1771~1839) : 본관은 달성達成, 자는 임세任世, 호는 묘옹卯翁, 시호는 문정文靖이다. 병조판서, 대사헌, 이조판서, 함경도 관찰사 등을 역임하였다. 저서로는 『묘옹집』 등이 있다.

187 「보은편報恩篇」을 생각하고~「축수장祝壽章」을 외우면서 : 사찰의 청규淸規 가운데 가장 후대인 원元나라 때 편찬된 『칙수백장청규勅修百丈淸規』에 황제의 장수를 축원하고 보은을 규정한 「축리장祝釐章」과 「보은장報恩章」이 첫머리에 있다. 이 책은 고려 때 우리나라에 유입되어 널리 보급되었다.

188 심과 부처와~차별이 없다 : 『화엄경華嚴經』 「야마천궁보살설게품夜摩天宮菩薩說揭品」에 나오는 말이다.

189 허령虛靈하고 어둡지~만사에 응한다 : 『대학장구大學章句』 경문經文 1장의 주자朱子의 주석에 나오는 말이다.

190 하늘이 명한~있다는 것 : 『중용장구中庸章句』 제1장에서 "하늘이 명한 것을 성이라 이르고, 성을 따름을 도라 이르고, 도를 품절해 놓음을 교라 이른다.(天命之謂性。率性之謂道。修道之謂教。)"라고 하였고, 『맹자孟子』 「공손추公孫丑 상」에서 호연지기가 무엇인지에 대해 묻자, 맹자가 "호연지기는 지극히 크고 지극히 강하니, 정직함으로써 잘 기르고 해침이 없으면, 천지 사이에 꽉 차게 된다.(其爲氣也。至大至剛。以直養

而無害, 則塞于天地之間。)"라고 하였다.

191 천지를 아우르고~건립한다는 것 : 어느 특정한 경전에 단일하게 나오는 구절이 아니라 불가의 일반적인 관점을 말한 것으로 유가에 비해 불가의 관점이 더욱 광대무변함을 나타내고 있다. 허공이 대각 가운데서 생겨났다는 것은 『능엄경楞嚴經』에 나오는 말로, 드넓은 우주조차도 이 마음에 인연하여 생겨난 것이라는 뜻이다. 이렇게 생겨난 우주에서 기세간器世間이 성립되는데, 기세간은 보통 우리가 살고 있는 세계를 가리킨다. 최초에 모든 중생들의 업력에 의해 허공에 바람이 일어 풍륜風輪이 생기고, 그 위에 구름이 일어나 수륜水輪이 생기며, 다시 그 위에 중생들의 업력에 의해 금륜金輪이 생기고, 금륜 위에 산이 솟아 비로소 하나의 세계가 형성되는데, 이를 기세간이라 한다.

192 한 물건이~전에 생겨났다 : 노자老子의 『도덕경道德經』에서 "어떤 물건이 혼돈스럽게 이루어졌으니 천지보다도 먼저 생겨났다. 소리도 없고 형체도 없이 홀로 서서 변하지 않으니 천지의 어머니가 될 만하다.(有物混成。先天地生。蕭呵寥呵。獨立而不改。可以爲天地母。)"라고 하였다.

193 사생四生 : 중생이 태어나는 네 가지 형태인 태생胎生, 난생卵生, 습생濕生, 화생化生을 가리킨다.

194 황제黃帝 : 도가道家에서 그 가르침의 연원으로 삼는 고대 전설상의 제왕인 황제黃帝 헌원軒轅으로 삼황오제三皇五帝 가운데 한 사람이다.

195 손자孫子와 오자吳子 : 전국戰國시대 때의 병법가인 손무孫武와 오기吳起로 각각 『손자병법孫子兵法』과 『오자병법吳子兵法』을 남겨 병법의 쌍벽이 되었다.

196 여상呂尙 : 주周나라 무왕武王을 도와 은殷나라를 멸하고 천하를 차지하는 데 유력한 도움을 준 지략가이다. 본래 성은 강씨姜氏로 흔히 강태공姜太公으로 불리며, 그의 선조가 여呂 땅에 봉해졌으므로 여상으로 불리기도 한다.

197 이백李白과 두보杜甫와 반고班固와 사마천司馬遷 : 이백과 두보는 당唐나라 때의 뛰어난 시인으로 당시唐詩를 대표하는 인물들이다. 반고와 사마천은 한漢나라 때의 역사가로 반고는 『한서漢書』를, 사마천은 『사기史記』를 저술하였다. 이들의 문장은 모두 후대 문장가들의 전범이 되었다.

198 오악삼산五嶽三山 : 대체적으로 명산名山을 가리키는 말로 구체적으로 지칭하는 산들은 시대와 국가에 따라 차이가 있다.

199 청룡사靑龍寺와 백마사白馬寺 : 청룡사는 중국 장안長安에 있었던 사찰로 중국 밀교密敎의 총본산이기도 했으며, 일본 밀교의 발원지이기도 하다. 혜과慧果를 비롯한 수많은 고승이 주석하였으며, 당唐나라 때에는 신라와 일본의 승려들이 유학을 가서 거처한 곳이기도 하다. 백마사白馬寺는 낙양洛陽에 있던 사찰로 중국 최초의 사찰이다. 후한後漢 명제明帝 때 인도의 승려인 가섭마등迦葉摩騰, 축법란竺法蘭 등이 불상

과 경전을 흰 말에 싣고 들어오자, 명제가 불교를 신봉하여 8년 후에 이 절을 세워 백마사라고 하였다.

200 학성鶴城 : 함경도(현재는 강원도) 안변安邊의 학성산鶴城山에 있는 학성산성을 가리키며, 그 일대가 학성면鶴城面이다.

201 설령雪嶺과 같으니~것에 방불하여 : 석왕사釋王寺가 있는 설봉산雪峯山이 석가모니 부처님이 6년 동안 고행했던 설산雪山과 이름이 같다는 말이다. 석가모니는 6년 동안 고행을 한 후 고행이 정각을 이루는 데 아무런 도움이 되지 못함을 깨닫고, 설산 아래로 내려와 보리수나무 아래에서 깨달음을 얻었다. 이때 석가모니가 곧 깨달음을 얻으려 하는 것을 알게 된 마왕魔王 파순波旬이 그 딸들을 보내어 석가모니를 유혹하게 하고, 자신도 직접 내려가 죽이겠다고 위협하였으나 끝내 석가모니를 막지 못하고 항복하였다.

202 우문禹門에서 물고기가 뛰어오르는 소리 : 우문은 황하黃河에 있는 지명으로 우禹임금이 개착開鑿했다는 용문龍門을 가리킨다. 용문의 폭포는 3단계로 되어 있는데, 수많은 물고기들이 그 아래에 모였다가 그 3단계를 다 뛰어넘어 간 고기는 용이 된다는 전설이 있다.

203 석실釋室에서 돌들이~끄덕이는 모습 : 석실은 문맥상 호구산虎邱山을 가리키는 듯하다. 진晉나라 때의 고승인 축도생竺道生이 호구산에 들어가 돌들을 모아 둘러놓고 『열반경涅槃經』을 강설하면서 자신의 설법이 부처님의 뜻에 부합하느냐고 묻자, 돌들이 머리를 끄덕였다(點頭)는 고사가 있다.

204 태조太祖 강헌대왕康獻大王께서~옛 못 : 태조 이성계李成桂가 설봉산에서 수련을 하던 중 방아를 찧는 꿈, 수탉이 우는 꿈, 서까래 세 개를 짊어진 꿈 등을 꾸고, 당시 토굴에서 수행 중이던 무학無學 대사에게 해몽을 부탁하였는데, 무학 대사로부터 왕이 될 꿈이라는 해몽을 받은 후에 조선을 개창한 사실을 가리킨다. 이성계는 왕으로 즉위한 후 당시 머물던 절에 석왕사라는 이름을 내렸다. 강헌은 태조의 시호이며, 못에 잠겨 있던 용이 승천했다는 것은 왕이 된 것을 말한다.

205 무학 묘엄無學妙嚴~신령스러운 터 : 무학 대사가 설봉산 토굴에서 수행하여 득도한 것을 가리킨다. 호랑이를 조복시킨다는 것은 사나운 마음을 조복 받는다는 뜻이다.

206 특별히 사원祠院을 내렸다 : 무학 대사가 열반에 든 후 석왕사에 지공指空, 나옹懶翁, 무학無學 세 스님의 사당을 세워 준 것을 가리킨다.

207 12승방僧房 : 석왕사에 부속된 12암자인 내원암內院庵, 은선암隱仙庵, 심적암深寂庵, 보문암普門庵, 천보암天寶庵, 보성암普成庵, 원명암圓明庵, 중암中庵, 양로사養老寺, 외원암外院庵, 벽송암碧松庵, 향적암香積庵을 가리킨다. 『관암전서冠巖全書』 22책 「풍패성적기豐沛聖蹟記」.

208 사자좌獅子座에 엄숙히~성주聖主의 자취이다 : 하권의 주 150 참조.

209 양 무제梁武帝가 세운 광택사光宅寺 : 강소성江蘇省 남경南京에 있는 사찰로 양 무제가 자신이 황제에 오르기 전에 살던 옛집을 희사하여 세웠다. 일설에는 양 무제가 황제에 오르기 전에 희사하여 세웠다고 하기도 한다. 절을 희사할 당시 관음보살상에서 7일 동안 방광放光하는 기적이 있었으므로 이름을 광택사라고 하였다.

210 전승 태자戰勝太子의 무성한 숲 : 전승은 ⓢ Jeta를 의역한 것으로, 흔히는 음역한 기타祇陀로 더 잘 알려져 있다. 전승이라는 이름은 그의 아버지인 사위국舍衛國의 바사닉왕波斯匿王이 외국과의 전쟁에서 승리한 것을 기념한 데서 붙여졌다. 전승 태자는 자기 소유의 광대한 숲을 지니고 있었는데, 이것을 사위국의 장자인 수닷타가 전승 태자로부터 사들여 석가모니부처님에게 바쳤다. 이것이 바로 기수급고독원祇樹給孤獨園 또는 기원정사祇園精舍로 불리는 곳이다.

211 뜰의 배나무와~들의 밭 : 태조 이성계가 왕이 된 뒤 태종太宗에게 왕위를 물려주고, 신사년(1401)에 북쪽을 순행하면서 석왕사에 들러 절의 뜰에다 배나무를 심고 골짜기 바깥으로 소나무를 심었는데, 이후로 석왕사의 소나무는 베지 못하는 금령이 내려졌으며, 배나무에서 생산되는 배는 임금에게 올리는 진상품이 되었다. 또한 조선을 개국한 지 3년째인 갑술년(1394)에 석왕사를 크게 창건하여 대찰大刹로 만들고 토지를 내려 주었다. 산의 암자들과 들의 밭은 이것을 가리키는 것이다. 『관암전서』 22책「풍패성적기」.

212 삼중전지대부三重傳旨大夫 : 특별한 벼슬의 명칭이라기보다는 세 차례에 걸쳐 전지傳旨를 받들어 대부로 가자加資된 사실을 가리키는 듯하다. 하권의「뇌묵 노화상 행장雷默老和尙行狀」에 내용이 자세하다.

213 삼원三院 : 하권의「뇌묵 노화상 행장」의 내용에 의거하면, 석왕사와 향산香山과 해남海南의 표충사表忠祠를 가리킨다. 향산은 영변寧邊의 묘향산妙香山을 가리킨다. 구체적으로는 보현사普賢寺를 가리키는 듯하다. 보현사는 서산西山 대사가 입적한 곳이기도 하며, 주변을 아우르는 총본산으로서의 역할을 담당했다.

214 건당建幢 : 법당法幢을 세운다는 뜻으로 수행과 지혜가 높아서 다른 이들의 사표師表가 될 만하면 전법사傳法師에게서 법맥法脈을 이어받는데, 이를 건당 혹은 입실入室이라고 한다.

215 양월兩月 : 뇌묵당의 스승인 완월翫月과 완월의 스승인 함월涵月을 가리킨다.

216 상서祥瑞 나타나고~얻게 되었도다 : 하권의「뇌묵 노화상 행장」에 내용이 자세하다.

217 유암 최관柳庵最寬~선을 받았다 : 최관最寬 대사를 전법사傳法師로, 뇌묵雷默 대사를 수선사受禪師로 한 것이다.

218 호암虎巖 풍악楓嶽 유암공柳庵公이로다 : 호암은 호암 체정虎巖體淨(1687~1748)을, 풍악은 풍암 세찰楓岩世察(1688~1767)을, 유암은 본문에 나오는 유암 최관 대사를 가리킨다.

219 향산香山 : 하권의 주 213 참조.
220 송운松雲과 벽암碧巖 : 두 사람 모두 임진왜란 때 활동했던 이들로 팔도도총섭八道都摠攝 등을 역임하면서 조야에 이름이 알려졌던 인물들이다. 송운은 유정惟政(1544~1610)의 법호이다. 벽암은 각성覺性(1575~1660)의 법호이다.
221 소림少林과 조계曹溪 : 소림은 중국 선불교의 초조初祖인 달마 대사를 가리키고, 조계는 육조 혜능慧能을 가리킨다.
222 완월당翫月堂 궤홍軌泓 대사 : 하권의 주 77 참조.
223 영파影波 : 성규聖奎(1728~1812)의 법호이다. 속성은 김씨이다. 어렸을 때 당대에 글씨로 유명했던 이광사李匡師에게 수학하기도 했으며, 20세에 경상도 청도 용천사湧泉寺에서 출가하였다. 해봉 유기海峰有璣, 함월 해원涵月海源을 비롯한 여러 고승들에게서 가르침을 받았으며, 『화엄경』의 공부에 매진하여 대강백이 되었다.
224 입실入室 : 하권의 주 214 참조.
225 향적암香積庵, 보문암普門庵, 내원암內院庵 : 글의 문세로 봤을 때는 수락산에 있는 곳이어야 하나, 내원암 외에는 수락산에 있는 암자가 아니다. 혹 현재는 조사되지 않으나 당시에는 있었던 것인지는 미상이다. 다만 이 세 곳 모두 석왕사에 딸린 부속 암자의 이름이기도 하다. 그리고 뇌묵 화상은 말년에는 석왕사에 오래 주석하였다고 하였다. 따라서 이 세 암자를 설봉의 석왕사 다음에 연결시키지 않은 것은, 혹 뇌묵 대사가 주석한 차례대로 사찰의 이름을 나열하였기 때문에 그런 것이 아닌가 생각되기도 한다.
226 용주사龍珠寺에서 증사證師가~중건할 때 : 세 절 모두 왕실과 관련된 곳이다. 용주사는 정조正祖가 아버지 사도세자思悼世子의 명복을 빌기 위해 세운 원찰願刹이며, 불암사는 도성 주변 사방에 왕실의 원찰을 세울 때 동쪽의 원찰로 지정된 곳이다. 석왕사는 태조가 왕이 되는 꿈을 해봉 받은 장소이다. 증사證師는 법회 등을 열 때 그 법회의 증명 법사를 가리킨다. 용주사에서 왕실과 관련된 제사를 올릴 때 증사가 된 듯하다.
227 해남 표충사表忠祠 : 전라도 해남군 대흥사大興寺에 있는 사당이다. 서산西山 대사 휴정休靜, 사명당泗溟堂 유정惟政, 뇌묵당雷默堂 처영處英의 충의를 추모하기 위하여 1789년(정조 13)에 제자들이 건립하였고, 같은 해에 사액을 받았다.
228 부득이한 뒤에~수가 없었다 : 조정의 명령을 받들어 높은 지위에 오르고 중망을 받아 자리에 나아갔어도 조심하고 의연한 태도를 취하여 사람들이 칭송하고 떠받들 만한 자취를 남기지 않았다는 뜻이다.
229 네 가지의 꽃비 : 상서로운 일의 하나로 네 가지의 꽃은 만다라화曼陀羅華, 마하만다라화摩訶曼陀羅華, 만수사화曼殊沙華, 마하만수사화摩訶曼殊沙華를 가리킨다. 일설에는 백련화白蓮華, 청련화青蓮華, 홍련화紅蓮華, 황련화黃蓮華라고도 한다.

230 땅이 여섯~진동한 것 : 상서로운 일의 하나로 여섯 가지 진동이란, 땅이 동쪽에서 솟아서 서쪽으로 꺼지는 것, 서쪽에서 솟아서 동쪽으로 꺼지는 것, 남쪽에서 솟아서 북쪽으로 꺼지는 것, 북쪽에서 솟아서 남쪽으로 꺼지는 것, 가에서 솟아서 가운데로 꺼지는 것, 가운데에서 솟아서 가로 꺼지는 것이다. 또는 움직이는 것, 일어나는 것, 솟아오르는 것, 진동하는 것, 크게 소리를 내는 것, 부딪치는 것이라고도 한다.

231 그 입에서 화생化生한 사람들인지라 : 뇌묵 화상에게 지도를 받아 법문의 종자로 다시 태어났다는 뜻이다.『백의금당이바라문연기경白衣金幢二婆羅門緣起經』에서 "사문과 바라문과 천인과 마구니와 범천 등 삼계가 일체 다 나의 아들이니, 모두 한 법을 함께하여 차별이 없다. 정법의 입에서 태어나고 동일한 법의 종자가 되니, 법을 좇아 화생하면 이것이 참 법자이다.(若沙門。若婆羅門。若天魔梵。三界一切。悉是我子。皆同一法。而無差別。正法口生。同一法種。從法所化。是眞法子。)"라고 하였다.

232 달도 외려~수 있는데 : 하나의 달빛이 수많은 강물에 비친다는 뜻으로, 원만한 불성의 진리가 온 시방세계에 두루 비치는 모습을 형용한 말이다.

233 학이 어찌 소리가 없으리오 : 어진 사람은 저절로 소문이 난다는 뜻이다.『시경詩經』「학명鶴鳴」에서 "구고에서 학이 우니 그 소리가 하늘까지 들리는도다.(鶴鳴于九皐。聲聞于天。)"라고 한 데서 온 말이다.

234 환성喚醒(1664~1729) : 속성은 정씨氏鄭이고, 자는 삼낙三諾이며, 환성은 그의 호이다. 15세에 용문사龍門寺에서 승려가 되었고, 17세 때 정원淨源에게서 구족계를 받았다. 금강산의 설제雪齊에게 법을 이어받고, 1690년 직지사直指寺의 화엄법회에서 진언震言으로부터 그 자리를 물려받았다. 이후 여러 곳에서 강석講席을 베풀어 후학을 교도하였으며, 종풍宗風을 크게 떨쳤다. 해남 대둔사大芚寺에 비가 세워졌고, 석왕사釋王寺에 문집『환성집』의 판목이 있었다. 저서로『선문오종강요禪門五宗綱要』가 있다.

235 용운龍雲 : 생몰 연대 및 자세한 행적은 알 수 없으나,『역산집』부록에 실린 비명碑銘과 행장行狀을 상고해 보건대, 법명은 승행勝行으로, 역산 스님이 12세였던 1803년 당시 수락산 학림원鶴林庵에 있었던 것으로 보인다.

236 성담性潭(?~1847) : 조선 후기의 선승인 수의守意의 법호이다. 전라남도 해남 출신으로 어려서 두륜산 대둔사大芚寺로 출가하여 담연湛演의 제자가 되었고, 인곡仁谷의 법맥을 이었다. 언제나 계를 엄격하게 지켰고, 수행에 철두철미하였다. 가지산加智山 내원암內院庵에서 입적하였다.

237 침개針芥의 인연 : 자석에 붙는 바늘과 호박琥珀에 붙는 먼지라는 뜻인데, 사람끼리 서로 의기가 투합하는 것을 일컫는다. 한漢나라 왕충王充의『논형論衡』「난룡亂龍」에서 "호박琥珀은 지푸라기를 달라붙게 하고, 자석은 바늘을 끌어당기는 법이다.(頓牟掇芥。磁石引針。)"라고 한 데서 온 말이다.

238 축성祝聖 : 국왕의 장수를 비는 선종禪宗의 의식을 말한다.

239 금류金流 : 수락산에 있는 폭포.

240 부봉鳧峯 : 수락산 정상 봉우리.

241 화정華頂의 목나한木羅漢 : 화정은 중국 천태산天台山 최고봉인 화정봉華頂峯을 말하는 듯하고, 목나한은 나무로 된 나한상羅漢像을 말하는 듯하다. 이에 대한 고사는 미상이다.

242 위산潙山의 수고우水牯牛 : 위산은 백장 회해百丈懷海의 법을 이어 중국 선종禪宗의 5가의 하나인 위앙종의 개조가 된 사람으로 이름은 영우靈祐이다. 수고우는 물빛 암소이다. 위산이 대중들에게 묻기를, "나는 죽은 뒤 산 밑에 가서 한 마리 물빛 소로 태어나 왼쪽 겨드랑이에 '위산의 중 아무개'라고 쓰겠다. 이때 위산의 중이 수고우가 됐다고 해야겠느냐, 아니면 수고우가 위산의 중이 됐다고 해야겠느냐?"라고 한 데서 온 말이다.

243 타니대수拖泥帶水 : 화니대수和泥帶水와 같은 말로, 선善·악惡·시是·비非 등이 뒤섞여 분명히 구별되지 않음을 뜻한다.

244 산 위에~수 있네 : 『주역周易』「함괘咸卦」에서 "천지가 감동하면 만물이 화생하고 성인이 인심을 감동시키면 천하가 화평하니, 감동하는 바를 보면 천지 만물의 정을 볼 수 있으리라.(天地感。而萬物化生。聖人感人心。而天下和平。觀其所感。而天地萬物之情可見矣。)"라고 하였고, 또 "산 위에 못이 있는 것이 함이니, 군자가 보고서 마음을 비워 남의 의견을 받아들인다.(山上有澤。咸。君子以。虛受人。)"라고 한 데서 온 말이다.

245 포대 화상布袋和尙(?~916) : 중국 오대 후량後梁 때의 선승禪僧 계차契此를 가리킨다. 호는 정응定應이다. 당시 사람들은 장정자長汀子 또는 포대사布袋師라 불렀다. 명주明州 봉화奉化 출생이다. 체구가 비대하고 배가 불룩하게 나왔으며, 항상 커다란 자루를 둘러메고 지팡이를 짚고 거리를 돌아다니면서 시주를 구하거나 인간사의 길흉 또는 일기를 점쳤다 한다. 게偈를 잘 지었으며, 봉화 악림사岳林寺에서 살다가 죽었다 한다. 미륵보살의 화신으로 존경을 받았다.

246 삼교三敎 : 불교佛敎, 유교儒敎, 도교道敎를 가리킨다.

247 육도六度 : 사람이 생사生死의 차안此岸에서 열반涅槃의 피안에 도달하기 위해 수행하는 여섯 가지 방법을 가리킨다. 곧 보시布施, 지계持戒, 인욕忍辱, 정진精進, 선정禪定, 반야般若이다.

248 선경善慶 : 『주역』「곤괘坤卦」〈문언文言〉에서 "선을 쌓은 집안에는 반드시 남은 경사가 있다.(積善之家。必有餘慶。)"라고 한 데서 온 말이다.

249 12상원十二上願 : 12대원十二大願과 같은 말로, 약사여래가 수행할 때 세웠던 열두 가지의 서원을 말한다. 첫째는 내 몸과 남의 몸에 광명이 가득하게 하려는 원, 둘째는 위덕이 높아서 중생을 모두 깨우치려는 원, 셋째는 중생으로 하여금 욕망에 만족

하권 • 325

하여 결핍하지 않게 하려는 원, 넷째는 일체중생으로 하여금 대승교大乘敎에 들어오게 하려는 원, 다섯째는 일체중생으로 하여금 깨끗한 업業을 지어 삼취정계三聚淨戒를 갖추게 하려는 원, 여섯째는 일체의 불구자로 하여금 모든 기관을 완전하게 하려는 원, 일곱째는 몸과 마음이 안락하여 무상보리를 증득하게 하려는 원, 여덟째는 일체 여인으로 하여금 모두 남자가 되게 하려는 원, 아홉째는 천마天魔, 외도外道의 나쁜 소견을 없애고 부처님의 바른 지견知見으로 포섭하려는 원, 열째는 나쁜 왕이나 강도 등의 고난으로부터 일체중생을 구제하려는 원, 열한째는 일체중생의 기갈을 면하게 하고 배부르게 하려는 원, 열두째는 가난하여 의복이 없는 이에게 훌륭한 옷을 갖게 하려는 원이다.

250 풍패豊沛의 땅 : 함경도 지방이 바로 태조 이성계李成桂가 왕업을 일으킨 곳이라는 말이다. 풍패는 하권의 주 81 참조.

251 오직 덕이 제물이다 :『춘추좌씨전春秋左氏傳』「희공僖公」5년조에서 이 글은『서경書經』「주서周書」의 글이라고 하였으나,「주서」에 보이지 않는 것으로 보아 일서逸書인 듯하다.

252 선한 사람에게~화를 내린다 :『서경』「탕고湯誥」에 보인다.

253 사공四空 : 무색계無色界의 네 곳을 이른다. 즉 공무변처空無邊處, 식무변처識無邊處, 무소유처無所有處, 비상비비상처非想非非想處이다.

254 사정취邪定聚 : 일체중생을 세 부류로 나누는데, 그중에 사중邪中으로 들어가도록 결정된 부류를 가리킨다.

255 삼도三途 : 세 가지 악도惡途이다. 화도火途 즉 지옥도地獄途, 혈도血途 즉 축생도畜生途, 도도刀途 즉 아귀도餓鬼途를 가리킨다.

256 생주이멸生住異滅 : 모든 사물이 생기고, 머물고, 변화하고, 소멸하는 네 가지 모습을 뜻한다.

257 몰하유향沒何有鄕 : 무하유향無何有鄕과 같은 말로, 아무것도 없는 곳이다. 무위無爲의 빈 경지로 장자莊子가 그리워하던 이상향을 말한다.

258 성조聖祖의 초잠初潛에~계획했던 자리입니다 : 성조는 태조 이성계李成桂를 가리킨다. 초잠은『주역』「건괘乾卦」에서 "초구는 못에 잠겨 있는 용이니, 쓰지 말아야 한다.(初九。潛龍。勿用。)"라고 한 데서 온 말이다. 휴정休靜의「설봉산석왕사기雪峯山釋王寺記」에 따르면, 석왕사는 고려 말인 1384년(우왕 10)에 이 절 근처의 토굴에서 지내던 무학 대사無學大師 자초自超가 태조 이성계의 꿈을 해석해 준 것이 인연이 되어 절을 크게 짓게 되었다고 한다. 그 꿈은 이성계가 서까래 세 개를 등에 진 꿈이었는데, 서까래 세 개를 등에 졌으니, 이는 '왕王' 자의 형상으로 왕이 될 꿈이라고 풀이를 해 주었다고 한다. 왕사는 무학 대사를 가리킨다.

259 난타사蘭陀寺 : 범어로 Nālanda로, 중인도 마갈타국 왕사성의 북쪽에 있던 절이다. 7

세기 초 현장玄奘이 인도에 유학할 무렵에는 인도 불교의 중심지였다. 이 절에서 많은 큰 스님들이 배출되었다. 밀교를 중국에 전한 금강지金剛智, 선무외善無畏는 모두 이 절에서 수학하였고, 또 북송北宋 때 중국에 온 법현法賢, 보타흘다補陀吃多 등도 이 절의 승려이다.

260 운감雲龕 : 석왕사의 운한각雲漢閣을 가리키는 듯하다.

261 신장宸章 : 석왕사의 신한각宸翰閣을 가리키는 듯하다.

262 손가락이며 말이라고 할 것 : 세상의 시비是非가 혼동된 것을 말한 것이다. 자세한 내용은 하권의 주 115 참조.

263 나무며 기러기 될 것 : 『장자』 「산목山木」에서 "장자가 산중을 가다가는 가지와 잎이 무성한 큰 나무가 있으나 쓸모가 없다 하여 사람이 그것을 베지 않은 것을 보았고, 또 자기 친구 집에 들어가서는 기러기가 잘 울지 못한다 하여 죽이는 것을 보았다. 그러자 그의 제자가 묻기를, '어제 산중의 나무는 재목이 못 된 이유로 제 목숨대로 다 살 수 있었고, 오늘 이 집의 기러기는 재능이 없기 때문에 죽었으니, 선생은 어느 쪽에 처하시겠습니까?' 하니, 장자가 말하기를, '나는 재목이 된 것과 재목이 되지 못한 것의 중간에 처하겠다'라고 하였다."라고 한 데서 온 말로, 여기서는 공사를 할 적에 일의 선후나 경중에 따라 취사선택을 한다는 뜻으로 쓰인 말이다.

264 월인천강月印千江 : 하권의 주 232 참조.

265 유분오미乳分五味 : 젖은, 그 몸의 주인이 먹은 음식 그대로의 맛이 난다는 뜻이다. 부처님의 최초의 가르침은 한 가지인데, 이를 형용하기 위한 방편은 그 수가 매우 많은 것을 비유한 말이다.

266 10지十地와 삼현三賢 : 수행의 경지를 뜻하는 말이다. 10지는 이미 큰 지혜를 발해서 범부의 성품을 떠난 10지 보살을 가리키고, 삼현은 어느 정도 비슷하게 알기는 하나 아직 범부의 성품을 떠나지 못하고 10주十住, 10행十行, 10회향十廻向의 단계에 머물러 있는 수행인을 가리킨다.

267 오과五果와 사향四向 : 오과는 원인에 의해 생겨나는 다섯 가지 존재 현상으로, 이계과離繫果, 증상과增上果, 등류과等流果, 사용과士用果, 이숙과異熟果이다. 사향은 소승들이 닦는 네 가지 계위階位로 증과證果를 향하여 수행하되, 아직 과果에 이르지 못한 동안을 말한다. 수다원향須陀洹向, 사다함향斯陀含向, 아나함향阿那含向, 아라한향阿羅漢向이다.

268 대춘大椿의 8천~저녁으로 삼으시고 : 대춘은 오래 산다는 나무 이름이다. 『장자』 「소요유逍遙遊」에서 "아득한 옛날에 대춘이란 나무가 있었으니, 8천 년을 봄으로 삼고 8천 년을 가을로 삼았다.(上古有大椿者。以八千歲爲春。八千歲爲秋。)"라고 한 데서 온 말인데, 여기서 8천 년을 아침으로 삼고 저녁으로 삼으라고 한 것은 대춘보다 훨씬 오래 장수하길 바란다는 뜻이다.

269 적석궤궤赤舃几几 : 『시경』「낭발狼跋」에서 "공이 크고 좋은 자리 사양하시니, 면복의 붉은 신이 의젓하기만 하네.(公孫碩膚。赤舃几几。)"라고 한 데서 온 말로, 이 시는 주공周公이 일찍이 관숙管叔, 채숙蔡叔으로부터 성왕成王에게 불리할 것이라는 유언비어를 듣고, 또 성왕에게도 의심을 받았지만, 동방으로 피해 가 있으면서 조금도 동요하는 빛이 없이 태연자약하였으므로, 시인詩人이 주공을 존경하는 마음에서 부른 노래이다.

270 성관星冠 : 별이 박혀 있는 모자로, 본래 도사道士의 복식인데, 여기서는 문무대신文武大臣들의 성대한 의복을 뜻하는 말로 쓰였다.

271 원친寃親 : 자신을 해치는 것과 자신에게 친근한 것을 가리킨다. 자신의 원수나 적을 원怨이라 하고, 자신의 친우親友를 친親이라 한다.

272 사부四部 : 사부중四部衆의 줄임말로, 사부중은 비구比丘, 비구니比丘尼, 우바새優婆塞, 우바이優婆夷를 가리킨다.

273 삼도三途와 팔난八難 : 하권의 주 86 참조.

274 회향回向 : 스스로 쌓은 선근善根 공덕을 다른 사람에게 돌리어 자타自他가 함께 불과佛果의 성취를 기하려는 것에서 유래한 말로, 여기서는 그러한 목적으로 쓴 글을 뜻한다.

275 천릉遷陵 : 이장移葬과 같은 말이다. 1821년에 현륭원顯隆園 동강東岡에 모셨던 정조대왕을 이 해에 현재 위치의 현륭원 서강西岡으로 이장하여 효의왕후를 부장祔葬하였다.

276 각황覺皇께서 현신現身하시니~널리 펴셨고 : 각황은 부처님을 가리킨다. 석가모니불이 영취산靈鷲山에 계시면서 『화엄경』과 『법화경』을 설법하신 일을 두고 말한 것이다.

277 세주世主께서 현기懸記하시니~분명히 말씀하셨습니다 : 세주는 부처님을 가리킨다. 현기懸記는 아주 멀리 있는 것에 대한 기록이라는 뜻으로, 부처님의 예언을 이르는 말이다. 『대운경』과 『보우경』은 모두 이에 대한 내용이 나오는 책이다. 『대운경』은 측천무후則天武后가 천명天命을 받아 나라를 통치한다고 논설한 책이다. 『보우경』은 부처님이 가야산 위에서 설법을 하고 있을 때 동쪽 하늘로부터 월광천자月光天子가 오색구름을 타고 부처님 앞에 나타나자 부처님이 그에게 수기授記를 주는데, 그 내용은 월광천자가 지난 세상에 부처님을 섬기면서 공덕을 닦은 인연으로 부처님이 열반에 든 후 2천 년이 지난 후 지나국支那國에 여자로 태어나 여왕이 되고 난 다음 도솔천에 올라가 미륵보살을 섬기다 나중에 미륵부처님이 될 것이라 하였다.

278 삼계三界의 복전福田이요~공양을 올립니다 : 삼계는 중생이 윤회하는 욕계欲界, 색계色界, 무색계無色界를 의미하고, 복전은 공양하고 보시하여 선을 행하고 덕을 닦으면 능히 복된 보응을 받는다는 말이다. 삼계의 복전과 일국의 보위는 정조 대왕을 가리킨다. 여래는 여여如如하게 온다는 뜻으로, 여여는 '그같이'라는 뜻이다. 즉 여래

는 과거의 제불諸佛과 같은 동일한 길을 걸어 진리를 깨달아 열반의 피안으로 간다는 뜻이다. 원문의 '好去'는 여실히 저 언덕에 가서 다시 생사의 바다에 빠지지 않는다는 뜻으로, 역시 진리를 깨달아 열반한다는 뜻이다. 도사導師는 중생을 인도하여 불도에 들어가게 하는 사람인 부처님을 가리킨다.

279 서교西郊에서 비가~않는다는 탄식 : 『주역』 「소축괘小畜卦」에서 "소축은 형통하니 구름은 빽빽하나 비가 오지 않는 것은 나의 서교로부터 왔기 때문이다.(小畜。亨。密雲不雨。自我西郊。)"라고 하였고, 「단전象傳」에서 "'구름은 빽빽하나 비가 오지 않는다'라는 것은 오히려 가기 때문이요, '나의 서교로부터 왔다'라는 것은 베풂이 행해지지 못했기 때문이다.(密雲不雨。尙往也。自我西郊。施未行也。)"라고 한 데서 온 말이다. 여기서는 정조 대왕이 백성들에게 은혜를 베풀었으니 이러한 일이 생기지 않았다는 뜻이다.

280 경성景星의 기쁨 : 경성은 덕성德星 혹은 서성瑞星이라고 하는데, 왕도 정치가 펼쳐지는 시대에만 나타난다고 한다. 한유韓愈의 「여소실이습유서與少室李拾遺書」에서 "조정의 선비들이 목을 죽 빼고 동쪽으로 바라보기를 마치 상서로운 별이나 봉황이 처음 나타났을 적에 서로 다투어 먼저 보는 것을 유쾌하게 여기듯이 한다.(朝廷之士。引頸東望。若景星鳳凰之始見也。爭先睹之爲快。)"라고 하였다.

281 경신년에 승하하셨고 : 원문의 '泣弓'은 제왕帝王의 죽음을 뜻하는 말이다. 『사기』 권28 「봉선서封禪書」에서 "황제黃帝가 수산首山의 동銅을 캐어 형산荊山 아래서 솥을 지었는데, 그 솥이 완성되자 하늘에서 수염을 드리운 용이 내려와서 황제를 맞으니, 황제는 올라탔으나 그때 황제를 시종한 여러 신하와 후궁後宮 70여 명은 타지 못했다. 용이 마침내 올라가니, 나머지 소신小臣들이 모두 용의 수염을 잡고 늘어졌으나 용의 수염이 뽑히면서 신하들과 황제의 활과 칼은 떨어졌다. 황제가 하늘로 올라가 버리니, 백성은 그 궁검과 용의 수염을 안고 울었다."라고 한 데서 온 말이다. 본래는 '궁검弓劍'이란 말로 많이 쓰이는데, 궁검을 안고 울었다는 데서 온 말인 듯하다. 이해 8월 18일에 정조 대왕이 승하하였다.

282 심수心水 : 사물을 여실히 반영할 수 있는 마음을 가리킨다. 『화엄경華嚴經』 「입법계품入法界品」에서 "석가여래의 지혜의 달이 세간에 나옴에 또한 방편으로 그 증감을 보이며, 보살의 심수가 그 그림자를 나타냄에 성문과 성수들이 빛을 잃는다.(如來智月出世間。亦以方便示增減。菩薩心水現其影。聲聞星宿無光色。)"라고 한 데서 온 말이다.

283 공운供雲 : 공양운供養雲, 공양운해供養雲海의 준말로, 시주물을 말한다.

284 도사다천覩史多天 : 도솔천兜率天이라고도 한다.

285 수마제국須摩提國 : 서방의 극락세계로 아미타불이 사는 곳이다.

286 팔덕지八德池 : 서방 극락세계의 욕지浴池로, 욕지 안에는 팔공덕수八功德水가 있다고 한다.

287 칠보수七寶樹 : 서방 극락세계에 있는 나무로, 일곱 가지 보배로 되어 있다고 한다.
288 현륭원顯隆園 : 정조正祖의 생부生父 장조莊祖와 비 경의왕후敬懿王后의 무덤으로 경기도 화성시 태안읍 안녕리에 있다.
289 금선법문金仙法門 : 금선은 부처님을 가리키고, 법문은 수행자가 불도佛道로 들어오는 문으로, 여기서는 연화세계에서 비로자나불의 가르침을 받을 것이라는 말이다.
290 학수鶴壽 : 학은 천년의 수를 누린다 하여 장수를 상징하고, 존귀한 분의 나이를 지칭하기도 한다.
291 원생圓生의 40년을~삼는 것 : 삼십삼천三十三天의 성 동북쪽에 있는 원생수圓生樹를 가리킨다. 이 나무에서 꽃이 피면 오묘한 향내가 멀리까지 퍼진다고 한다. 역시 장수를 축원하는 말이다.
292 대춘大椿의 8천~삼는 것 : 하권의 주 268 참조.
293 「주남周南」에서 태임太姙의~장수를 축수하소서 : 「주남」은 『시경』을 구성하는 큰 편명으로, 〈관저關雎〉와 〈갈담葛覃〉 등 11편으로 되어 있는데, 대부분 주나라의 후비后妃를 칭송한 것이다. 태임은 주나라 왕계王季의 비로 곧 문왕文王의 어머니이다. 「주남」에 태임만을 칭송한 편은 없으나, 대체로 「주남」에서 노래하는 후비의 덕을 본받아 순조를 잘 보필하고, 원자를 태평성대를 가져온 문왕과 같은 성군聖君으로 길러 달라는 뜻이다. 서왕모는 전설 속에 나오는 여신선으로, 불로장생不老長生하였다고 하는데, 서지는 그가 살았던 요지瑤池의 별칭이다. 즉 서왕모처럼 장수하기를 빈다는 뜻이다.
294 요지瑤池의 반도蟠桃 : 요지는 서왕모가 살았던 곳이고, 반도는 서왕모가 심었던 복숭아로 3천 년 만에 한 번 열매를 맺는다고 하여 장수의 의미로 쓰이는데, 여기서는 편안하게 지내 장수하기를 빈다는 뜻이다.
295 중생들을 위하기~타고 내려왔고 : 석가모니가 도솔천에 호명護明이라는 이름의 보살로 있다가, 중생들을 제도하기 위하여 도솔천에서 내려와 정반왕의 첫째 왕비인 마야부인의 오른쪽 옆구리로 들어가 머물렀다. 그때 왕비는 잠을 자고 있었는데, 꿈에 여섯 개의 상아를 가진 흰 코끼리를 보았다. 그 코끼리는 머리가 붉은빛이었고, 여섯 개의 다리와 코로 선 채, 금으로 상아를 단장하고 허공을 날아 내려와 마야부인의 오른쪽 옆구리로 들어왔다는 이야기에서 온 말이다.
296 화연化緣을 따르기~동토東土를 밟았습니다 : 화연은 교화하는 인연을 말한다. 후한後漢 명제明帝 때 인도의 승려 가섭마등迦葉摩騰, 축법란竺法蘭 등이 명제의 사신 채음蔡愔의 간청으로 불상과 경전을 흰 말에 싣고 중국으로 건너온 일을 가리킨다. 동토東土라고 한 것은, 중국이 인도의 동쪽에 있기 때문이다.
297 달이 수많은 강을 비추는 것 : 하권의 주 232 참조.
298 양 무제梁武帝가~제도해 주었습니다 : 양 무제의 꿈에 어떤 신승神僧이 나타나서

"중생들이 고통을 받는 것이 끝이 없는데, 어찌 수륙대재水陸大齋를 지내 그들을 제도해 주지 않는가?"라고 하기에, 두루 물으니 오직 지공誌公이란 스님만이, "경론經論을 두루 심구尋究해 보면 틀림없이 인연이 있을 것입니다."라고 하였다. 이에 양 무제가 곧바로 사람을 보내 대장경大藏經을 맞이해 오게 하여 오랜 시간 동안 열람하여 그 의문儀文을 만들기 시작하여 3년 만에 완성하였다. 이에 도량을 세워 한밤에 친히 의문을 받들면서 부처님께 축원하자 이험異驗이 있었다. 천감天監 4년(505) 2월 15일에 금산사金山寺에서 의식을 베푸니, 그 당시 일어난 신령한 응험을 이루 다 기록할 수 없을 정도였다. 이 의식은 중간에 행해지지 않다가 당나라 함형咸亨(670~673) 연간에 서경西京의 법해사法海寺의 영 선사英禪師가 태산 부군泰山府君이 부르기에 가서 설법을 해 주는 꿈을 꾸었다. 어떤 이인異人이 앞으로 와서 그에게 지금 대각사大覺寺의 오승吳僧 의제義濟가 그 의문을 얻었으니 구해서 대재를 지내 달라고 하자, 그것을 얻어 수륙대재를 지내 주었다. 의식이 끝나자 지난번의 그 이인이 그의 무리들을 이끌고 영 선사의 앞으로 와서 자신은 진나라 장양왕莊襄王이며, 또 그 무리들은 범수范雎 등 진나라의 신하들로, 모두 본죄本罪 때문에 명부冥府에 구금되어 있었다가, 옛적 양 무제가 금산사에서 수륙대재를 베풀어 전대 주왕紂王의 신하들이 모두 명부에서 벗어난 것을 보고 영 선사에게 부탁해 대재를 통해 참회를 하여 자신과 그 무리들이 이에 힘입어 인간 세상에 태어나게 되었다 하고는 사라졌다는 고사가 있는데, 여기서 온 말이다. 『불조통기佛祖統記』 권33.

299 양족 자존兩足慈尊 : 지혜와 복덕을 아울러 갖춘 자비스런 분이라는 뜻으로 부처님을 가리킨다.

300 쌍운 대사雙運大士께서는~물고기를 건져서 : 쌍운 대사는 지혜와 자비를 함께 쓰는 보살이란 말로, 오종자재五種自在 중 하나이다. 『대보적경大寶積經』 권68 「정천수기품淨天授記品」에서 "수명이 자재하여 보살이 법신의 혜명을 이미 이루어서 삶과 죽음, 일찍 죽음과 장수함이 전혀 없으나 유정을 초탈하여 드디어 제방에 기미를 따라 장단 수명의 상을 현시하여 걸림이 없음을 이른다.(壽命自在. 謂菩薩雖已成就法身之慧命. 了無生死夭壽. 然爲度脫有情. 遂以諸方便隨機示現長短壽命之相. 而無有罣礙.)"라고 하였다. 유정有情의 물고기는 중생을 비유한 말이다.

301 구품九品 : 하권의 주 102 참조.

302 보수寶樹 : 칠보수七寶樹의 약칭이다. 칠보수는 극락세계에 있는 칠보로 이루어진 나무이다.

303 고인古人이 금어金魚를~한 말 : 대혜 선사大慧禪師가 왕 내한汪內翰에게 답한 편지에 설봉 진각雪峰眞覺이 "염라대왕은 금어 찬 것을 두려워하지 않는다.(閻王不怕佩金魚)"라고 한 말을 인용한 부분에서 온 말이다. 금어는 병사를 동원할 때 사용하는 부절로서, 물고기 모양으로 도금을 한 패이다. 즉 죽음에 이르러서는 어떤 권위도 무용

지물이라는 뜻이다. 『서장書狀』「답왕내한答汪內翰」.

304 삼보三寶 : 불佛, 법法, 승僧을 가리킨다.
305 우수牛首를 사르니~하늘에까지 진동합니다 : 우수는 우두전단牛頭旃檀과 같은 말로 좋은 향을 뜻하고, 어음은 어산魚山으로 범패이다. 향을 사르니 땅이 솟아오르고, 범패를 연주하니 하늘이 진동한다는 말로, 즉 천지의 신명이 상서祥瑞를 보인다는 뜻이다.
306 삼대전하三大殿下 : 대비大妃, 왕대비王大妃, 대왕대비大王大妃를 일컫는 말이다.
307 만고萬古의 선리仙李가~맺게 하시며 : 『태평광기太平廣記』에서 "노자의 어머니가 마침 오얏나무의 밑에 이르러 노자를 낳았는데, 태어나자마자 말을 할 줄 알았다. 노자가 그 나무를 가리키면서 말하기를, '저 나무의 이름으로 나의 성을 삼으시오'라고 하여 이씨로 성을 삼았다. 그 뒤에 당나라를 세운 이씨가 일찍이 스스로 노자의 후손이라고 말하였으므로 후세에 이씨의 종족이 창성한 것을 선리반근仙李蟠根이라고 하였다."라고 하였다. 여기서는 조선의 왕인 전주 이씨 왕조가 창성하길 바란다는 뜻이다.
308 천년의 반도蟠桃가~해 주소서 : 반도는 서왕모西王母가 심었던 복숭아로 3천 년 만에 한 번 열매를 맺는다고 하여 장수長壽의 의미로 쓰이는데, 여기서는 자손들이 계속해서 번창하고 수를 누리길 바란다는 의미이다.
309 적막適莫 : 의리에 따라 행할 뿐, 오로지 주장하거나 즐겨 하지 않음이 없는 처신을 말한다. 공자가 말하기를, "군자는 천하의 일에 있어 오로지 주장함도 없으며, 그렇게 하지 않음도 없어 의를 따를 뿐이다.(君子之於天下也。無適也。無莫也。義之與比。)"라고 한 데서 온 말이다. 『논어』「이인里仁」.
310 범이 떠나고~텅 비었구나 : 훌륭한 분이 돌아가신 것을 뜻하는 말이다. 소식蘇軾의 「제구양공문祭歐陽公文」에서 구양수歐陽脩의 죽음에 대해, "비유하자면 깊은 산, 큰 못에 용이 죽고 범이 떠나면 온갖 변괴가 나와 미꾸라지와 드렁허리가 춤추고 여우와 살쾡이가 울부짖는 것과 같다.(譬如深山大澤。龍亡而虎逝。則變怪雜出。舞鰌鱓而號狐狸。)"라고 한 데서 온 말이다. 『고문진보후집』 권8.
311 골짜기에 배를 숨기셨구나 : 오래 살리라 믿었는데 덧없이 죽었음을 뜻한다. 『장자』「대종사大宗師」에서 "골짜기에 배를 숨기고 못 속에 산을 숨겨 놓고 견고하다고 여기지만, 그러나 밤중에 힘이 센 사람이 지고 가는데도 어리석은 사람은 모른다."라고 한 데서 온 말이다.
312 온 절~어둡지 않았어라 : 하권의 「뇌묵 노화상 행장雷默老和尙行狀」에 이에 대한 자세한 이야기가 있다.
313 믿을 곳을 잃었으니 : 『시경詩經』〈육아蓼莪〉에서 "아버지가 없으면 누구를 믿고 어머니가 없으면 누구를 믿을까.(無父何怙。無母何恃。)"라고 한 데서 온 말로, 여기서는 스승인 뇌묵 화상이 돌아가셨으니, 이는 부모가 없는 것과 마찬가지라는 뜻이다.

314 무봉無縫의 곡탑鵠塔 : 곡림鵠林에 있는 탑이란 말이다. 곡림은 부처님이 세상을 떠난 곳으로 쌍림雙林 또는 사라쌍수沙羅雙樹라고도 한다. 이 곡탑에는 부처님의 사리가 간직되어 있다. 여기서는 뇌묵 화상의 사리가 들어 있는 사리탑을 이르는 말이다. 무봉이란 말은 탑에 층급層級이 없어서 붙은 말이다.

315 설산雪山 : 뇌묵 화상이 입적했던 석왕사釋王寺가 위치한 설봉산雪峰山을 가리킨다. 함경남도 안변군에 있다.

316 봉선사奉先寺 : 경기도 남양주시 진접읍 부평리 운악산雲岳山에 있는 절이다. 본래 969년(광종 20)에 법인 국사法印國師 탄문坦文이 창건하여 운악사雲岳寺라고 하였다. 그 뒤 조선 세종 때에 이전의 7종을 선교 양종으로 통합할 때 이 절을 혁파하였다가, 1469년(예종 1)에 세조의 비 정희왕후貞熹王后 윤씨尹氏가 세조를 추모하여 능침을 보호하기 위해 89칸의 규모로 중창한 뒤 봉선사라고 하였다.

317 성조聖祖의 부지런한~점 구름이었네 : 『상채어록上蔡語錄』에서 "반드시 세상을 뒤덮을 만한 공적은 허공의 한 점 구름과 같다.(必盖世底功業。如太空中一點雲相似。)"라고 한 데서 온 말로, 조선을 건국한 태조 이하 세조 이전의 임금들을 찬미한 말이다.

318 입승대통入承大統 : 종계宗系가 아닌 종친宗親으로 대통大統을 이은 경우에 쓰는 말이다. 세조는 본래 세종世宗의 둘째 아들로, 형인 문종文宗 사후死後에 조카인 단종端宗이 보위를 이었는데, 계유정난癸酉靖難을 일으켜 단종을 폐위하고 보위에 오른 인물이므로 이렇게 말한 것이다.

319 대대로 빛나게 하였으니 : 『시경』 〈문왕文王〉에서 "문왕의 손자 백세토록 본손과 지손 번성하고, 모든 주나라 선비들도 대대로 빛나게 하시었도다.(文王孫子。本支百世。凡周之士。不顯亦世。)"라고 한 데서 온 말이다.

320 「호기昊紀」에는 관봉을 했다 하고 : 「호기」는 『노사路史』「소호기少昊紀」를 가리킨다. 「소호기」에 소호가 즉위할 적에 다섯 봉황이 마침 이르러 단서丹書를 준 상서가 있었는데, 이로 인해 새의 이름으로 관명官名을 붙였던 고사를 말한다.

321 「주아周雅」에는 우종羽螽이 있어라 : 「주아」는 본래 『시경』의 「대아大雅」와 「소아小雅」를 가리키는 말인데, 여기서는 「주남周南」의 오류인 듯하다. 우종은 「주남」의 시 중 〈종사螽斯〉를 가리키는데, 〈종사〉는 후비后妃의 자손이 많음을 가리키는 시이다. 여기서는 세조의 자손들이 대대로 번성함을 뜻한다.

322 궁검이 이에 떨어지니 : 하권의 주 281 참조.

323 이 땅에 해가 떠오르니 : 제왕의 즉위를 뜻한다. 두목杜牧의 〈두추랑시杜秋娘詩〉에서 당나라 목종穆宗의 즉위를 노래하여 "함지에서 해가 솟는 경사로다.(咸池昇日慶)"라고 한 데서 온 말이다.

324 하저河渚에서는 무지개가 흘러내리네 : 원문의 '渚'는 전설상의 지명인 화저華渚를 가리키는 말로, 『송사宋史』「부서지符瑞志」에서 "제지帝挚 소호씨少昊氏의 어머니는 여절

女節인데, 마치 무지개와 같은 별이 아래로 화저에 흘러 내려오는 것을 보고, 이윽고 꿈속에서 감응하여 소호少昊를 낳았다. 소호가 제위帝位에 오르니, 봉황이 날아오는 상서祥瑞가 있었다."라고 한 데서 온 말이다. 여기서는 원자가 태어났다는 말인 듯하다.

325 상제上帝의 뜰을~마침내 감통하네 : 『시경』〈문왕文王〉에서 "문왕의 오르내리심이 상제의 좌우에 계시니라.(文王陟降。在帝左右。)"라고 하였고, 「경지敬之」에서 "높고 높아 저 위에 있다고 말하지 말지어다. 그 일에 오르내리어 날로 살펴보심이 이에 계시니라.(無曰高高在上。陟降厥土。日監在玆。)"라고 하였으며, 〈민여소자閔予小子〉에서 "이 황조를 생각하여 뜰을 오르내림을 보는 듯하도다.(念玆皇祖。陟降庭止。)"라고 하였고, 〈방락訪落〉에서 "뜰에 오르내리며 집에 오르내림을 계속하도다.(紹庭上下。陟降厥家。)"라고 하였다.

326 아아 잊을 수가 없으니 : 『대학장구』전 3장에서 "「시」에서 '아아! 전왕을 잊을 수가 없구나' 하였다. 군자는 그 훌륭한 이를 훌륭하게 여기고, 가까운 이를 친애하며, 소인은 그 즐거운 것을 즐거워하고, 이로운 것을 이롭게 여긴다. 그러므로 세상을 떠났는데도 잊지 못하는 것이다.(詩云。於戱。前王不忘。君子賢其賢而親其親。小人樂其樂而利其利。此以沒世不忘也。)"라고 한 데서 온 말이다.

327 멀리 촉묘蜀廟를~제사를 올리는데 : 『문헌통고文獻通考』의 복희伏羲 이하 제왕帝王들 가운데에 그 사묘祠廟가 군현郡縣에 있는 경우가 모두 스물다섯인데, 그 가운데 촌려村閭에서 제향을 올리는 경우가 대다수를 차지하니, 촉묘는 촌옹村翁이 제향을 올린다는 말이 있다. 그런데 촉묘가 누구의 사당을 가리키는지는 알 수 없다.

328 각기 청녕함을 얻으니 : 청녕함을 얻었다는 말은, 『노자老子』「법본法本」에서 "하늘은 한 가지 도를 얻어서 청명하고, 땅은 한 가지 도를 얻어서 영정하다.(天得一以淸。地得一以寧。)"라고 한 데서 온 말이다.

329 원하고 형하고~암말의 정함입니다 : 『주역』「곤괘坤卦」에서 "곤은 원하고 형하고 이하고 암말의 정함이다.(坤。元亨利。牝馬之貞。)"라고 한 데서 온 말이다.

330 두터운 덕으로~길하여 자생합니다 : 『주역』「곤괘」에서 "지극하다, 곤의 원이여. 만물이 의뢰하여 생겨나니 이에 순히 하늘을 받든다.(至哉。坤元。萬物資生。乃順承天。)"라고 하였고, "지세가 곤이니, 군자가 보고서 후한 덕으로 물건을 실어 준다.(地勢坤。君子以。厚德載物。)"라고 하였으며, "안정의 길함이 땅의 무강함에 응한다.(安貞之吉。應地无疆。)"라고 한 데서 온 말이다.

부록

비명

　헌종憲宗 기유년(1849) 봄에 나의 선대부先大夫 문정공文貞公[1]이 대종백大宗伯(예조판서)으로 명을 받들어 북릉北陵을 봉심奉審하였는데, 안변安邊 석왕사釋王寺에서 쉬면서 역산櫟山 스님을 만나 보니, 용모가 고박古朴하였고, 언론이 활달하였다. 게다가 서로 동갑인 것을 기뻐하며 두터운 친분을 맺었다. 이때 내가 의주 부윤義州府尹으로 있었는데, 선대부가 연공사年貢使로 의주에 머물러 있었다. 스님이 특별히 사람을 보내 편지를 전하면 선대부가 손수 편지를 써서 답하였으니, 내가 선대부의 곁에서 모시며 스님이 훌륭한 인물임을 알게 되었다.

　14년 뒤에 내가 함경도 관찰사로 고개를 넘을 적에 공무가 바빠 설봉산雪峰山에 들르지 못했고, 갑자년(1864, 고종 1)에 특별히 제수하는 명을 받아서 역말을 보내 부르심이 매우 엄하고 급하니, 산문山門을 두 번 지나치면서도 스님을 뵐 겨를이 없었다.[2] 또 10년 뒤에 물러나 향산鄕山에 머물고 있을 적에 봉선사奉先寺에 갔었는데, 용암 전우庸庵典愚 스님이 그 스승인 역산 스님의 탑명塔銘을 나에게 부탁했다. 내가 말하기를, "역산 스님은 우리 선대부의 공문空門의 벗인데, 어찌 지어 드리지 않을 수 있겠습니까."라고 하였다.

　스님의 법명은 선영善影, 자字는 무외無畏, 호號는 영허映虛이고, 역산은 그의 초호初號이다. 속성은 안동安東 임씨林氏이고, 부친은 득원得元이다.

어머니 한양漢陽 조씨趙氏가 부처님이 현몽하는 신이한 꿈을 꾸고 스님을 서울의 운관현雲觀峴에서 낳으니, 정묘 임자년(1792, 정조 16) 3월 23일이었다. 나이 12세에 용운 승행龍雲勝行 스님을 따라 출가하여 양주楊洲 학림암鶴林庵에서 머리를 깎고, 성암 덕함聖巖德函 대사에게 구족계具足戒와 법을 받고, 화악 지탁華嶽知濯 대사에게 참선을 배웠다. 21세에 인봉 덕준仁峯德俊의 법맥을 이었으니, 그 연원을 거슬러 올라가 보면 바로 청허淸虛³ 스님의 문파로 환성喚惺이 그 5대조이다. 이상이 스님의 내력이다.

스님은 젊은 시절에는 남쪽 지방에 있다가 만년에 석왕사 내원內院에 들어왔다. 그 학문은 팔만대장경을 종지宗旨로 삼고 정법안장正法眼藏에서 단전單傳되는 법통을 이어받으니, 여러 갈래의 사문沙門들이 그를 높여 조계종사曹溪宗師라고도 하고, 화엄강백華嚴講伯이라고도 하였다. 내가 탑비塔碑에 있어서는 평소에 명銘을 잘 지어 주지 않는데, 영허 스님은 선대부와 교분이 있는데도 지난 시절 내가 함주咸州에 있었을 적에 나를 찾아오지 않았으니, 이에 그 사람됨이 명銘에 부합함을 알 수 있다. 게송은 다음과 같다.

> 한 줄기 종법이 우리 해동에 전해지니
> 구름은 푸른 하늘에 있고 물은 그 속에 있어라.
> 돌 호랑이는 아이를 안은 채 깊이 잠들었는데
> 솔바람 소슬하니 온갖 인연 공일래.

성상聖上(高宗) 10년(1873)⁴ 가을에 대광보국 숭록대부 영중추부사 원임 규장각직제학大匡輔國崇祿大夫領中樞府事原任奎章閣直提學 월성月城 이유원李裕元이 비명을 짓노라.

碑銘

憲宗己酉春。我先大夫文貞公。以大宗伯承命。奉審北陵。憩安邊之釋王寺。遇櫟山師。見形貌古朴。言論曠達。且喜其爲同庚。托契其厚。時小子守灣府。先大夫以年貢使留灣。師專指[1]馳函。先大夫手書以答。小子侍左右。知師之贒。後十四年。余伯關北踰嶺。公事促。不得歷雪山。甲子。猥承非常之命。馹召嚴急。再過山門。無暇尋眞。又十年。退居鄕山。遊奉先寺。庸庵釋典愚。以其師櫟山塔銘屬余。余曰櫟山。吾先大夫之空門交也。安得無一言贈乎。師法名善影。字無畏。號映虛。櫟山其初號也。俗姓安東林氏。父曰得元。母漢陽趙氏。有夢佛之異。生師於王城之雲觀峴。正廟壬子三月二十三日也。年十二。從龍雲勝行禪者。祝髮于楊州鶴林庵。受戒法于聖巖德函大師。叅禪于華嶽知濯大師。二十一。建幢于仁峯德俊之門。溯其淵源。乃淸虛派。而喚惺爲五世祖。此師之來歷也。師早年由南土。晚入釋王寺內院。其學宗八萬諸經。立於正法眼藏。得單傳之統。諸路沙門。尊爲曹溪宗師華嚴講伯。余於塔碑。素靳爲銘。而暎虛世交也。粤在咸州。不以名相聞。於此可知其爲人而合於銘也。偈曰。

一枝宗法海之東。雲在靑天水在中。

石虎抱兒眠正熟。松風瑟瑟萬緣空。

聖上十年秋。大匡輔國崇祿大夫領中樞府事原任奎章閣直提學月城李裕元撰。

---

1) ㉘ '指'는 '委'의 오자인 듯하다.

행장

대저 해와 달이 떠올랐는데도 횃불을 끄지 않고 있다면, 빛을 밝힘에 있어 또한 어려운 짓을 하고 있는 것이 아니겠는가. 단비가 내리고 있는데도 논밭에 물을 계속 댄다면, 논밭을 적심에 있어 또한 수고로운 짓을 하고 있는 것이 아니겠는가.[5] 선사先師께서 돌아가셨는데 내가 그 아름다운 자취에 대하여 행장을 쓴다면, 이치로 볼 때 또한 어리석은 짓이 아니겠는가.[6] 모기가 태허太虛를 두드리고 반딧불이가 수미산須彌山을 불태운다는 말이 이러한 경우를 두고 한 말일 것이다. 비록 그러하나 법조法祖의 아름다운 자취를 감히 전하지 않을 수 없기에 다음과 같이 쓴다.

대사의 법휘法諱는 선영善影, 도호道號는 영허映虛, 또 다른 호는 역산櫟山, 자字는 무외無畏이다. 속성은 안동 임씨林氏이고, 아버지는 득원得元이다. 어머니 한양 조씨趙氏가 꿈에 부처님을 보고 임신을 해서 서울의 운관현雲觀峴에서 대사를 낳으니, 때는 건륭乾隆 임자년(1792, 정조 16) 3월 23일이었다. 어린 나이에 입학入學하여 경사經史에 두루 통하니, 세상 사람들이 하늘이 낳은 뛰어난 자질이라고 칭찬하였다.

나이 12세에 홀연 허깨비 같은 속세의 삶이 쏜살같이 흘러감을 깨닫고는 돌보고 사랑해 주신 부모님과의 인연을 끊고서 수락산 학림암鶴林庵의 용운 승행龍雲勝行 선사의 법좌法座로 출가하였고, 성암 덕함聖巖德函 선사의 계단戒壇에서 구족계具足戒를 받았으며, 화악 지탁華嶽知濯 대사의 문하에서 선禪을 전수받았다. 그리고서 다시 제방을 참방參訪하면서[7] 8만의 용장龍藏[8]을 깊이 연구하고 천백 공안公案[9]을 참구하였으며, 일우一雨의 적심과 오교五敎의 차이를 궁구하여[10] 곧바로 토끼와 물고기를 잡고는 통발과 그물은 잊어버렸다.[11] 용이 물고 있는 여의주와 호랑이의 입 안에 들어 있는 먹이를 죄다 손아귀에 넣듯 깨달음을 얻게 되자, 안목을 갖춘 선각先覺들도 감히 그 예봉銳鋒을 범접하지 못하였고, 모두 후배의 뛰어난 두각에 놀랐다. 조봉朝鳳의 대가大家12들이 자기 문하로 대사를 낚아채려고 했던 이들이 많았으나, 대사는, 황금빛 비늘을 가진 물고기가 용이 되어 구름을 탄 것과 같이 제가諸家의 그물에 낚이지 않고 북명北溟에서 배회하였다.13 그리하여 운문雲門14 선사가 마침내 설봉雪峯15 선사의 법을 이었던 것처럼, 임제臨濟의 적손嫡孫인 청허淸虛의 정전正傳과 인봉 덕준仁峯德俊 화상의 무딘 도끼16를 얻으니, 이때 대사의 나이 21세였다.

그 연원淵源으로 말하자면, 석가부처님의 73세요, 임제종臨濟宗의 35세요, 청허의 10세이며, 환성喚醒의 6세이다. 청허 대사가 위엄을 사막에 떨쳐 영토를 개척하여 공적을 세운 것에 대해서는 번거롭게 기록할 것이 없겠으나,17 불조佛祖의 비전秘傳에 훤히 밝아 불경佛經에 통해 분석하고 논한 것은 미천彌天,18 청량淸凉19과 같았고, 몽둥이질을 하고 불자拂子를 세운 것은 덕산德山,20 임제와 같았다. 그러므로 우리 동방의 선종과 교종에서 문파를 논하는 자들은 모두 청허를 중흥지조中興之祖로 삼는다. 청허에서 3세를 전하여 환성이 있었는데, 편양鞭羊, 풍담楓潭, 월담月潭이 청허 이후의 3세요, 그 다음이 환성이니, 환성은 바로 청허 문하의 주금강周金剛21이다. 아래로 함월涵月과 완월翫月, 뇌묵雷默, 인봉仁峯이 나왔다.

대사에 이르러서는 가는 곳마다 법의 그물을 펼쳐 인천人天의 중생들을 제도하였다. 끝없이 넓은 교종敎宗과 높고도 험한 선문禪門의 가르침을 서 있으면서도 별로 가르치지 않고, 앉아 있으면서도 무엇을 강론하는 것도 아닌데, 큰 지혜를 갖춘 상근기의 사람들은 빈 마음으로 왔다가 가득 채워서 돌아갔으며,22 그 아래 부류의 사람들은 비록 법우法雨에 젖어도 그 법으로 들어가는 문을 찾기 어려워 끝부분만을 보고는 물러갔다. 이 때문에 경론經論을 연구하는 학인들은 대사를 십지경왕十地經王이라고 일컬었고, 참선하는 본색납자本色衲子들은 영허종풍暎虛宗風이라고 추숭하였다. 어찌 우리나라뿐이겠는가. 응당 장차 온 천하 사람들을 이끌고서 함께 대사의 가르침을 따르게 될 것이다.

만년에는 오랫동안 석왕사釋王寺 내원암內院庵에 주석하셨는데, 이곳이 바로 양월 화상兩月和尙[23]이 머물렀던 옛터이기 때문이었다. 관북關北에 좌정해 있으면서 그 명성이 먼 지방에까지 퍼졌으니, 당시에 불도佛道를 닦는 이들의 사표師表였다. 이 때문에 화악華嶽 사옹師翁이 이르기를, "그대의 드넓은 교학敎學과 법문法門의 지견知見은 금모金毛의 사자獅子[24]가 포효하는 것과 같고, 진실로 대방大方을 밟은 백우白牛[25]이다."라고 하였다.

평소 거처할 때에는 비록 연로하여 날로 쇠약해지는 때라 하여도 낮에 눕지 않았고, 매우 소란스럽고 바쁜 중에도 일과日課를 폐하지 않았다. 고요한 때에 관조觀照를 하거나 염불을 하였고, 다른 사람을 자애롭게 대하였으며, 늘 보시하는 것을 좋아하였다. 깨끗한 인품은 눈과 같았고, 행동하는 절조는 소나무와 같았다. 체구는 크고 얼굴은 보름달 같고 눈은 새벽별과 같고 목소리는 큰 종과 같았으니, 불법의 종주宗主일 뿐만 아니라 속가俗家에 있었어도 장상將相의 지위를 잃지 않았을 것이다.

이때 방백方伯의 자리에 부임하거나 주목州牧의 임소에 부임해 온 조사朝士가 있으면, 모두 산문山門을 방문하여 한번 대사의 도안道顔을 보고 공경의 예를 올리지 않음이 없었으니, 어찌 성내지 않아도 두려워하고 말하지 않아도 교화가 되는 경우[26]가 아니겠는가. 참으로 대성大聖이 인간 세상에 잠시 내려온 것이다.

교화를 거두고 본원으로 돌아감은 옛 성인의 변치 않는 법칙이기에 광서光緖 경진년(1880, 고종 17) 5월 7일에 병세를 보이더니 입적하였다. 구름이 시름에 잠긴 듯하고, 태양도 참담한 빛을 띠었으며, 산이 울고 물이 오열하고 승속僧俗의 사람들이 구름처럼 달려와 눈물 흘리지 않음이 없었다. 다비를 하고 설봉산 동쪽 고개에 사리탑을 세웠다. 춘추 89세요, 법랍法臘 78세였다. 대사에게서 법을 얻은 사부대중은 천여 명 이상이었다. 아아! 대사가 떠나감이여. 불법의 동량棟樑이 꺾였으니 우리들이 의지할 곳을 잃은 것이로다.

대사는 말세에서만 출중한 분일 뿐 아니라, 불세佛世에 있었다 해도 구담금선瞿曇金仙이 응당 자리의 보배[27]로 대우했을 것이다. 그 출중한 재주와 훌륭한 기국, 성대한 덕과 아름다운 행실은 세상 사람들의 입과 귀에 오르내리니 굳이 많이 기록할 것이 없고, 고시 중에 "길 가는 사람들의 입이 비석이네.(路上行人口是碑)"라는 한 구절을 길게 읊조릴 뿐이다.

숭정崇禎 기원후 다섯 번째 정해년(1887, 고종 24) 국추菊秋(9월)에 문인 계암戒庵 문하門下 가허 영응駕虛靈應이 손을 씻고 삼가 행장을 쓰노라.

行狀

夫日月出矣。爝火不息。其於光也。不亦難乎。時雨降矣。而猶浸灌。其於澤也。不亦勞乎。先師去矣。余狀休跡。其於理也。不亦愚乎。蚊敵太虛。螢燒須彌。此之謂歟。雖然法祖美蹟。不敢不傳。故曰大師法諱善影。道號暎虛。又號櫟山。字無畏。俗姓安東林氏。父曰得元。母漢陽趙氏。夢佛而娠。生師於京城雲觀峴。時乾隆壬子三月二十三日也。早歲入學。博[1]通經史。天生奇品。爲世所稱也。年至十二。忽覺幻世之奔驥過隙。割父母之眷愛。於水落山鶴林庵龍雲勝行禪師法座出家。聖巖德函禪師戒壇受具。華嶽知濯大師門下受禪。復行詣百城。涵泳於八萬龍藏之中。逍遙乎千百公案之上。究一雨之所霑。窮五敎之殊致。直得兔魚。俱忘筌罤。龍頷之珠。虎口之食。盡握掌中。具眼先覺。莫敢嬰其鋒。咸驚後角。朝鳳大家。要漁者多也。如得雲之金鱗。不入乎諸家之網羅。回翔北溟。倣雲門之竟嗣雪峯。得臨濟嫡孫淸虛正傳仁峯德俊和尙之鈯斧子。時年二十一也。其淵源則釋迦佛七十三世。臨濟宗三十五世。淸虛之十世。喚醒之六世也。淸虛之振威沙漠。闢地立功。不可煩錄。洞明佛祖秘典。通經析論。如彌天淸凉。拈搥竪拂。如德山臨濟。故我東方禪敎說派者。咸以爲中興之祖。三傳而有喚惺。曰鞭羊也。楓潭也。月潭也。次是喚醒。喚醒卽淸虛門之周金剛也。下出涵月。出翫月。出雷默。出仁峯。至於大師。隨處羅網。

撈摝人天。敎海浩瀚。禪門高險。立不敎。坐不議。大智上機。虛而來。實而歸。自下之流。雖潤法雨。難得其門。望涯而退。故經論學者。稱之十地經王。本色衲子。推之暎虛宗風。奚假東國。應將引天下而與之從。晚年。永住于釋王寺內院庵。乃兩月和尙之古基故也。坐鎭關北。聲播遠方。當年烹鍊佛祖之鉗鎚。故華嶽師翁曰。君之學海波瀾。法門知見。哮吼金毛之獅子。允踏大方之白牛也。其平居也。雖年老日朽之時。晝則不臥。千擾萬忙之中。常課不廢。乘寂觀照。或念聖號。見人慈愛。常喜捨施。潔器若雪。措節如松。體貌宏偉。面如滿月。眼若曙星。聲如巨鍾。不啻佛法宗主。雖在家。不失將相之位也。時有朝士。或赴方伯之職。或奔州牧之任。咸訪山門。一見道顏。無不恭肅之禮。豈非不怒而威。不言而化耶。實大聖權來也。收化歸源。古聖恒規。故於光緒庚辰五月七日。示疾入寂。雲愁日慘。山鳴水咽。道俗雲奔。莫不涕泣。茶毘。樹塔雪峯東巓。春秋八十有九。夏臘七十有八。其得法四衆。不下於千有餘矣。噫。大師之去兮。佛法之棟樑折矣。我曹之依怙喪矣。大師不惟末葉之挺特。雖在佛世。瞿曇金仙。應以席上之珍遇也。其雄才茂器。盛德休行。飛騰乎世人口耳之上。不必多錄。長吟古詩路上行人口是碑一句而已也。

崇禎紀元後五丁亥菊秋。門人戒庵門下駕虛靈應。盥手謹識。

---

1) ㉈ '博'은 '博'의 오자인 듯하다.

영찬
影贊

넓은 뺨 풍성한 턱	廣顙豊頤
수려한 눈썹 큰 귀로	秀眉鴻耳
설봉산 정상에 홀로 앉았고	獨坐雪峯頂上
불조의 정령을 전제[28]하셨네	全提佛祖正令
해내의 혀를 크게 끊으니	大斷海內舌頭
세상 사람들 영허 장로라 일컬었지	世稱暎虛長老
지금 이 한 폭의 진영이	今這一幅紙面
그 모습과 방불하누나	依俙七分相似
가까이 다가서서 자세히 보니	近前子細看
입은 있으되 말씀이 없구려	有口無言說
몸은 부동의 선정에 깃들었고	身捿不動定
귀는 울림 없는 소리를 듣네	耳聞無響聲
아무리 세월 흘러도	只是日徃月來
본래의 면목은 남아 있으리	惟有本來面目

불초손不肖孫 가허 영응駕虛靈應이 삼가 영찬을 쓰노라.

不肖孫駕虛靈應。敬贊。

영허당유집 발

지난 을해년(1875, 고종 12)에 내가 평대評臺[29]로 설성산雪城山에 들렀을 적에 석왕사의 스님 영허 대사를 만났다. 당시 대사의 나이가 거의 80여 세였는데, 피부에는 윤기가 돌았고, 얼굴에는 홍조가 피어 있었으며, 두 눈동자는 형형하기가 가을 별 같았다. 그 말씀을 들어 봄에 현허玄虛하고 시원하였고, 그 몸가짐을 봄에 마음이 맑고 욕심이 없었으니, 혼연히 도인의 기상氣像이 있었다. 수계授戒에 전심專心하니 여러 갈래의 사문沙門들이 종사宗師로 받들었고, 문장가들과 종유從遊하니 진신 선생縉紳先生들이 칭찬하고 추켜세웠다. 그가 지은바 『가소어可笑語』 약간 편을 보니, 온축蘊蓄된 것이 매우 풍부하고 넓었으며, 조예造詣가 오로지 고박古朴함을 숭상한 것이 박옥璞玉 속에 든 옥[30]과 같았고, 빛나는 기운으로 사람들을 현혹시키지 않았으니, 참으로 방외方外의 고수高手이다.

나를 호계虎溪[31]까지 배웅해 주었는데, 우리가 종유한 지 오래되지 않은지라, 시간이 지나니 잊게 되었다. 그러다가 내가 이곳 안변 도호부安邊都護府에 부임하여 다시 설봉산을 방문하였는데, 영허당의 탑명塔銘에 이미 이끼가 끼어 있었다. 그의 법사法嗣 범허範虛가 바야흐로 유묵遺墨을 거두어 모으고 장차 인쇄하려고 하면서 나에게 그 스승과 교분이 있고, 그 스승을 아는 것이 매우 상세하다고 얘기하고, 나에게 발문을 써 달라고 청하였다. 내가 영허당과, 선비와 승려로 불교를 토론한 교분이 있기에 내 끝내 사양하지 못하고 마침내 발문을 짓는다.

통정대부 행안변도호부사通政大夫行安邊都護府使 윤조영尹祖榮이 발문을 짓는다.

暎虛堂遺集跋

昔在乙亥。余以評臺。過雪城山。見寺之釋暎虛師。師年垂八耋餘。肌潤顏紅。雙眸炯如秋星。聆其語。玄虛灑落。視其履。淸心窒慾。儘有道人氣像。專心授戒。諸路沙門。宗師之。從遊翰墨。縉紳先生。獎詡之。就見其所著可笑語若干。蓄儲極其贍弘。造詣專尙朴古。如在璞之玉。不以光氣眩人目。眞方外高手也。送我虎溪之上。以從與之未久。久而彌忘。余之來莅玆府。又訪雪山。則暎虛堂塔銘。已苔斑矣。其法嗣範虛。方收集遺墨。將付剞劂。謂余與其師有分。知其師甚悉。請余弁之。余於暎虛堂。有儒釋三乘之契。我不可終辭而止。遂爲之言。

通政大夫行安邊都護府使。尹祖榮跋。

옛적에 경산 고로徑山杲老가 『벽암록碧巖錄』을 불살랐고,³² 앙산 적옹仰山寂翁³³이 남양南陽의 원상圓相을 불태웠으니,³⁴ 이분들은 격에서 탈피한 고수高手일 뿐만 아니라 실로 종문宗門의 본지本旨를 밝게 드러낸 것이다. 내가 영허 대사의 글을 얻고서 불 속에 던져 넣어 조사祖師의 풍도를 빛내고자 하였으나, 훗날의 탄식을 면하기가 어렵겠기에 한 줄기 길을 열어 그 유래를 다음과 같이 밝힌다.

이 유집의 시문들은 선사先師의 본의本意가 아니라 그저 수작酬酢하여 지은 작품일 뿐이다. 그러므로 문장을 꾸미는 데 힘쓰지 않고 온전히 순정하고 진실함을 높였으니, 이것이야말로 아무것도 의심할 것 없는 천진天眞의 문자이다. 이치를 말한 것은 분명하고, 사실을 서술한 것은 상세하니, 만약 스스로 선사를 믿는 사람이라면, 어찌 선사의 글을 가지고서 오나라를 가려고 하면서 월나라로 가는 행동을 하겠는가.³⁵ 응당 선사의 글을 지남指南으로 삼을 것이다. 그러므로 선사의 시자侍者로 호를 용연龍淵이라 하는, 선사의 법손法孫이자 나의 족형族兄인 혜흔 상인慧昕上人이 그 원고를 거두어 기록하여 한 부部를 이루었다. 그리고서 제목을 무엇으로 할지 선사께 여쭙자, 선사는 태워 버리라고 하였다. 이에 혜흔이 재배再拜하고 간곡히 고하기를, "선사께서 입적하시고 백세 뒤에는 선사의 모습을 영영 뵐 길이 없겠지만, 이 한 권의 책 안에 선사의 법음法音이 항상 머물러 있을 것입니다. 이 때문에 제가 보관해 둔 지 오래입니다. 어찌 한마디 말을 아끼십니까."라고 하자, 선사가 그의 지극한 정성을 보고는 웃으며 '가소어可笑語'라고 명명하였다. 그리고 당부하기를, "네가 그저 비밀히 간직할 것이요, 유포하는 것은 허락하지 않는다."라고 하였다. 혜흔은 그러겠노라고 대답하고서 이를 간직하였다.

정해년(1887, 고종 24) 봄에 용연 혜흔 형과 용해龍海, 범허範虛 두 족형族

兄이 함께 와서 나에게 말하기를, "우리들 문도가 선사의 높으신 덕행을 매몰시켜 알려지지 않게 하고 있으니, 어찌 이것이 이치에 맞는 일이겠습니까."라고 하자, 내가 공손히 대답하기를, "세 대형大兄의 추모하는 마음이 정성스럽습니다. 저라고 어찌 그러하지 않겠습니까."라고 하였다. 마침내 그들과 더불어 이 일에 착수하여 대략 몇 편을 엮고서 인쇄하여 영원토록 전하여 불타고 남은 『벽암록』과 두 번 그린 하나의 원상[36]을 본받노라. 그러나 선사가 별도로 전한 허공골虛空骨[37] 가운데에 감추어진 묘지妙旨는 불조佛祖께서도 말할 수 없고, 나 또한 엮을 수 없다.

가허 영응駕虛靈應이 삼가 발문을 쓴다.

昔徑山杲老。藝蘗庵[1)]寶錄。仰山寂翁。燼南陽圓相。不啻脫格高手。實彰宗門本致。余得此錄。欲付丙童。以光祖風。難免後何之嘆。故開一線道。明其所由。曰此詩若文。素非先師本意。但酬問而已。故不務雕飾。全尙純眞。是坦然無疑之天眞文字也。其言理也明。其叙事也詳。若自信得及者。奚以此爲投吳適越者。當取此爲司南也。故侍者慧畎上人。號曰龍淵。先師之法孫。余之族兄也。收錄其稿。仍成一部。乞師安題。師曰焚之可矣。畎再拜懇告曰。百歲之後。道顔永寂。一卷之內。法音恒留。故孫藏之久矣。何悋一語乎。師見其誠至。笑以可笑語名之。囑曰汝獨秘之。勿許流布。畎唯唯而藏之。丁亥春。龍淵畎兄與龍海範虛兩族兄同來。訪余曰。吾等門徒。先師景行。埋沒無聞。豈理哉。余敬謝曰。三大兄追慕之誠乎。余何不然。遂與之共理是役。畧編[2)]數稿。劓剠壽傳。以倣灰餘之蘗庵[3)]錄。再畫之一圓相。然先師別傳虛空骨中所藏妙旨。佛祖說不得。余亦徧不得。

駕虛靈應。謹跋。

---
1) ㉠ '蘗庵'은 '碧巖'의 오자인 듯하다. 2) ㉠ '徧'은 '編'의 오자인 듯하다. 아래도 같다. 3) ㉠ '蘗庵'은 '碧巖'의 오자인 듯하다.

수은受恩

차담 원장次潭元長, 백봉 묘륜白峯妙輪, 용암 전우庸菴典愚, 홍파 만기洪坡晩機, 풍송 언교豊松彦敎.

受恩
次潭元長。白峯妙輪。庸菴典愚。洪坡晩機。豊松彦敎。

수법受法

퇴은 유경退隱有敬, 단계 처원端溪處元, 용봉 덕렬龍峯德烈, 진허 태안振虛太岸, 금담 계연金潭啓淵, 추파 경장秋波慶壯, 몽성 세견夢醒世堅, 춘명 성우春溟性宇, 선악 문일仙岳文一, 하월 지학河月智鸞, 성해 보관性海普寬, 화학 회민和鶴淮玟, 만허 한고滿虛漢杲, 학운 의철鶴雲義哲, 경호 묘열鏡湖玅悅, 철허 월륜徹虛月輪, 운담 장윤雲潭壯允, 환응 임활喚應任活, 환몽 대청幻夢大淸, 영하 태안暎河太岸, 학성 경흔鶴城景欣, 연성 주흔衍惺周欣, 호곡 일성湖谷一性, 붕명 재윤鵬溟再允, 창허 포관蒼虛包寬, 계암 상률戒庵尙律, 만하 치명萬河致溟, 침운 성은枕雲聖訔, 영월 극일暎月極日, 봉림 응직鳳林應直, 봉계 서한鳳溪舒閑, 도성 의경道成義敬, 회광 보영晦光普璟, 봉암 계원鳳巖戒元, 보련 종흠步蓮宗欽, 기련 청옥寄蓮淸玉, 함명 계익涵溟戒益, 만성 광은晩惺廣訔, 예암 원겸禮菴元謙, 만암 홍률晩菴弘律.

受法
退隱有敬。端溪處元。龍峯德烈。振虛太岸。金潭啓淵。秋波慶壯。夢醒世堅。春溟性宇。仙岳文一。河月智鸞。性海普寬。和鶴淮玟。滿虛漢杲。鶴雲義哲。鏡湖玅悅。徹虛月輪。雲潭壯允。喚應任活。幻夢大淸。暎河太岸。鶴城景欣。衍惺周欣。湖谷一性。鵬溟再允。蒼虛包寬。戒庵尙律。萬河致溟。枕雲聖誾。暎月極日。鳳林應直。鳳溪舒閑。道成義敬。晦光普璟。鳳巖戒元。步蓮宗欽。寄蓮淸玉。涵溟戒益。晩惺廣誾。禮菴元謙。晩菴弘律。

수선受禪

석봉 보권石峯普權, 완송 의전玩松宜典, 화은 호경華隱護敬, 영해 유함永海侑函, 연월 희찬蓮月熙燦, 남명 구붕南溟九鵬, 용악 보위聳嶽普衛, 모성 체잠暮醒體岑, 철요 사문鐵鷂師文, 중봉 유관中峰裕官, 정봉 지책定峯智策, 지담 자익止潭自益, 용허 태우龍虛太雨, 청하 성일淸河聖一, 창명 법연滄溟法演, 경봉 미찬京逢美贊, 서운 승념瑞雲勝念, 보화 재초普化在初, 인파 축공仁波竺供, 화계 대인華溪大仁, 남유 봉규南遊奉圭, 인월 취영仁月就榮, 경월 사신鏡月思愼, 영호 자흔影湖自欣, 천곡 일청天谷一淸, 호봉 경수虎峰慶授, 범성 봉률梵性奉律, 두민斗敏, 송허 열정松虛說定, 양선良善, 장훈長訓, 각환覺還.

受禪

石峯普權。玩松宜典。華隱護敬。永海侑函。蓮月熙燦。南溟九鵬。聳嶽普衛。暮醒體岑。鐵鷂師文。中峰裕官。定峯智策。止潭自益。龍虛太雨。淸河聖一。滄溟法演。京逢美贊。瑞雲勝念。普化在初。仁波竺供。華溪大仁。南遊奉圭。仁月就榮。鏡月思愼。影湖自欣。天谷一淸。虎峰慶授。梵性奉律。斗敏。松虛說定。良善。長訓。覺還。

수계受戒

율암 우정栗庵愚正, 원성 취민圓惺就敏, 묘전妙典, 묘심妙潯, 환호煥乎, 축장竺藏, 축선竺宣, 여장呂藏, 비구니 상엽尙曄, 환벽煥碧, 환융煥融, 환밀煥密, 환민煥敏, 환잠煥岑, 환초煥初, 계정戒定, 성합性合, 성름性凜, 우섭宇涉, 한돈漢敦, 환붕煥鵬.

受戒

栗庵愚正。圓惺就敏。妙典。竗溪。煥乎。竺藏。竺宣。呂藏。比邱尼 尙曄。煥碧。煥融。煥密。煥敏。煥岑。煥初。戒定。性合。性凜。宇涉。漢敦。煥鵬。

은손恩孫

현은 태화玄隱太和, 현곡 정운玄谷定雲, 현허 응후玄虛應厚, 중악 사언中岳師彦, 용해 정안龍海淨眼, 범허 관호範虛觀浩, 용연 혜흔龍淵慧昕, 취은 봉선翠隱奉宣, 석옹 철유石翁喆侑.

恩孫

玄隱太和。玄谷定雲。玄虛應厚。中岳師彦。龍海淨眼。範虛觀浩。龍淵慧昕。翠隱奉宣。石翁喆侑。

법손法孫

설하 복성雪河復性, 송학 거완松鶴巨完, 동은 경함東隱敬函, 응성 도념應成道念, 학명 성각鶴溟性覺, 노곡 민수老谷敏修, 한봉 석유漢峯錫有, 화봉 정유華峯淨宥, 풍호 성흔豐湖性欣, 벽오 유총碧梧有聰, 석담 지희石潭志禧, 돈성 유총頓惺有聰, 월송 부신月松富信, 응암 완소應嚴完昭, 유민有敏, 취민取敏, 덕하 성첨德河盛沾, 대하 계찰大河啓刹, 원봉 환숙圓峯煥淑, 서암 법정西菴法正,

성하 선찰性河善察, 벽송 창문碧松昌文, 응봉 대엽應峯大曄, 형암 윤기亨菴允機, 석주 도해石舟渡海, 계성 승문桂性昇文, 가허 영응駕虛靈應, 양허 유하兩虛有河, 성활性活, 구련 우정九蓮愚定.

法孫
雪河復性。松鶴巨完。東隱敬函。應成道念。鶴溟性覺。老谷敏修。漢峯錫宥。華峯淨宥。豊湖性欣。碧梧有聰。石潭志禧。頓惺有聰。月松富信。應巖完昭。宥敏。取敏。德河盛沽。大河啓利。圓峯煥淑。西菴法正。性河善察。碧松昌文。應峯大曄。亨菴允機。石舟渡海。桂性昇文。駕虛靈應。兩虛有河。性活。九蓮愚定。

법증손法曾孫

벽운 희박碧雲禧珀, 의성 정희義城定禧, 환선 정국幻船正國, 호연 수운浩然秀雲, 쌍월 창신雙月昌信, 화성 영열華城永說, 일암 홍림一巖弘林, 학림 체환鶴林體還, 취산 금철翠山錦喆, 동은 성근東隱性根, 응월 긍문應月亘文, 대유大裕.

法曾孫
碧雲禧珀。義城定禧。幻船正國。浩然秀雲。雙月昌信。華城永說。一巖弘林。鶴林體還。翠山錦喆。東隱性根。應月亘文。大裕。

은증손恩曾孫

연은 홍념蓮隱洪念, 취하 일문翠霞一聞, 취담 의엽翠潭義曄, 경연 철구鏡淵喆球, 설곡 채휴雪谷采休, 법현法鉉.

恩曾孫

蓮隱洪念。翠霞一聞。翠潭義曄。鏡淵喆球。雪谷采休。法鉉。

주사主事 설하 복성雪河復性.
도감都監 용해 정안龍海淨眼.
별좌別座 용연 혜흔龍淵慧昕.
공사供司 이구 응득以邱應得.
주지住持 청하 성일淸河聖一.

主事 雪河復性。
都監 龍海淨眼。
別座 龍淵慧昕。
供司 以邱應得。
住持 淸河聖一。

삼강三綱

수승首僧 영호永鎬, 서기書記 금형錦炯, 사주舍主 응현應鉉.

三綱
首僧 永鎬。書記 錦炯。舍主 應鉉。

숭정 기원후 다섯째 무자년(1888, 고종 25) 7월 모일에 함경도 안변 설봉산 석왕사 내원암에서 개간한다.

崇禎紀元後五戊子七月日。咸鏡道安邊雪峯山釋王寺內院菴開刊。

주

1 선대부先大夫 문정공文貞公 : 이계조李啓朝(1793~1856)이다.
2 갑자년에 특별히~겨를이 없었다 : 갑자년(1864, 고종 1) 6월에 함경도 관찰사로 재임 중이던 이유원李裕元을 좌의정左議政으로 임명하였는데, 임소任所가 멀어 바로 부임하지 못하자 재삼 역말을 보내 불렀는데, 7월에야 사은謝恩한 일이 있었다. 『승정원일기承政院日記』. 특별히 제수하는 명이란 종이품인 함경도 관찰사로 있던 이유원을 정일품인 좌의정에 임명한 일을 가리킨다.
3 청허淸虛 : 하권의 주 177 참조.
4 영허 선사의 생몰년과 비교할 때 20년(1883)의 오류가 있는 듯하다.
5 해와 달이~것이 아니겠는가 : 『장자』「소요유」에서 요堯가 허유許由에게 천하를 사양하며 한 말로, 해와 달과 단비처럼 훌륭한 인물인 허유가 세상에 나왔는데, 횃불과도 같이 인위적으로 물을 대 주는 것과 같은 자신이 천하를 계속 차지하고 있는 것은 어리석은 일이라는 뜻에서 한 말이다.
6 선사先師께서 돌아가셨는데~짓이 아니겠는가 : 앞에서 요가 허유에 대해 자신을 낮추었던 것과 같은 비유로, 한참 모자란 자신이 선사의 행장을 짓는 것은 어리석은 짓이라는 말이다.
7 제방을 참방參訪하면서 : 상권의 주 174 참조.
8 용장龍藏 : 불경佛經의 별칭이다. 불경의 고사에 의하면, 인도의 고승 용수龍樹가 일찍이 용궁龍宮에 들어가서 『화엄경華嚴經』을 싸 가지고 왔다는 데서 온 말이다.
9 천백 공안公案 : 천칠백 공안을 말하는 듯하다.
10 일우一雨의 적심과~차이를 궁구하여 : 일우는 일승법一乘法과 같은 뜻으로 근본적인 부처님의 가르침을 뜻하는 것으로, 부처님의 가르침은 비와 같아서 땅을 똑같이 적셔 주지만, 빗물을 받는 초목의 근성에 따라 그 윤택함을 받는 정도는 다양하게 나뉜다는 비유이다. 오교五敎는 부처님의 가르침을 다섯 단계로 구분한 것이다. 오교에 대한 구분 명칭은 나누는 사람에 따라 차이가 있다. 여기에서는 선영 대사가 부처님의 근본법과 방편에 대해 두루 궁구하였다는 뜻이다.
11 곧바로 토끼와~그물은 잊어버렸다 : 『장자』「외물外物」에서 "통발이란 것은 물고기를 잡는 도구인데, 물고기를 잡고 나면 통발을 잊고, 그물은 토끼를 잡는 도구인데, 토끼를 잡고 나면 그물을 잊는다.(筌者所以在魚。得魚而忘筌。蹄者所以在兔。得兔而忘蹄。)"라고 한 데서 온 말로, 불교에서 차안에서 피안으로 건너고 나면 배는 버리는 것이지, 도구인 배에 집착하지 않는다는 비유와 같은 것이다.
12 조봉朝鳳의 대가大家 : 조봉은 뛰어난 현자를 가리킬 때 쓰는 말로, 『시경詩經』「권아

卷阿」에서 "봉황이 우니, 저 높은 산에서 우는도다. 오동나무가 자라니, 저 조양에서 자라는도다.(鳳凰鳴矣. 于彼高岡. 梧桐生矣. 于彼朝陽.)"라고 한 데서 온 표현이다. 조봉의 대가란 전후 문맥을 따져 볼 때, 선영 대사의 뛰어난 근기를 보고 자신의 문하로 들이고 싶어 했던 당시 고승들을 표현한 말로 보인다.

13 북명北溟에서 배회하였다 : 북명은 북쪽의 바다라는 뜻으로, 『장자』「소요유」에서 "북명에 큰 고기가 있는데, 그 이름을 곤鯤이라고 한다. 곤은 크기가 몇천 리나 되는지 알 수가 없다. 이것이 변하여 새가 되면 붕鵬이 된다. 붕은 등의 길이가 몇천 리나 되는지 알 수가 없다. 붕새는 태풍이 불면 비로소 남명南溟으로 날아갈 수가 있는데, 남명으로 날아갈 적에는 바닷물을 쳐 3천 리나 튀게 하고, 회오리바람을 타고 구만리를 날아오르며, 여섯 달 동안을 난 다음에야 쉰다."라고 하였다.

14 운문雲門 : 당송오대唐宋五代의 승려인 문언文偃(?~949)의 법호이다. 운문종雲門宗의 개조開祖이다. 후한後漢의 음제陰帝로부터 광진 선사匡眞禪師라는 호를 받았으며, 문장에 뛰어났는데, 저서로『광록廣錄』,『어록語錄』등이 있다. 그가 죽은 뒤 제자들이 크게 성하여 운문종을 이루었다.

15 설봉雪峯 : 당나라 때의 승려인 의존義存(822~908)의 법호이다. 천주泉州 남안南安 사람으로, 속성은 증씨曾氏이다. 12세에 경현 율사慶玄律師를 뵙고 출가하여 17세에 낙발落髮하고, 부용산芙蓉山 항조 대사恒照大師를 참알했다. 나중에 무릉 덕산武陵德山에 이르러 선감宣鑑을 참알하고 법계法系를 이었다. 희종僖宗이 진각 대사眞覺大師라는 호를 하사하였다. 법사法嗣 가운데 운문종雲門宗의 개조開祖가 된 운문 문언雲門文偃이 가장 유명하다.

16 무딘 도끼 : 법통을 전하였다는 뜻이다. 당나라 때 청원淸源이 석두石頭로 하여금 남악 회양南嶽懷讓 선사에게 서신을 전하게 하면서, "돌아오는 날엔 그대에게 무딘 도끼(鈯斧子) 하나를 주어서 이 산에 살게 하리라."라고 하였다. 그리하여 석두가 회양 선사의 처소로 갔는데, 서신은 전하지 않고 대뜸 묻기를, "성인들도 흠모하지 않고 자기의 영식靈識도 소중히 여기지 않을 때가 어떠합니까?"라고 하였다. 그러자 회양은, "그대의 물음이 너무 도도하다. 어찌 좀 낮춰서 묻지 않는가?"라고 하였다. 이에 석두가 "차라리 영원토록 지옥에 빠져 있을지언정 성인들의 해탈을 구하지는 않겠습니다."라고 하였는데, 회양이 아무런 대꾸도 하지 않으니, 석두는 돌아갔다. 돌아온 석두에게 청원이 서신을 전달했느냐고 묻자, 석두는 있었던 일을 이야기하고서 주겠다고 했던 무딘 도끼를 달라고 하였다. 그러자 청원은 한쪽 발을 내밀었고, 석두는 절을 하고 남악산에 들어가 살았다.『오등회원五燈會元』제5.

17 위엄을 사막에~것이 없겠으나 : 위엄을 사막에 떨치고 영토를 개척한다는 것은 보통 중국에서 멀리 북쪽 사막까지 오랑캐를 정벌하고 공을 세운 사람에 대해 쓰는 표현으로, 여기서는 청허 대사가 임진왜란 때 공을 세워 위엄이 왜적들에까지 떨쳐졌음

을 비유한 말이다. 즉 그러한 공적은 이미 세상에 두루 알려져 있으므로 번거롭게 여기서 기록할 필요가 없다는 뜻이다.

18 미천彌天 : 진晉나라 때 고승高僧 도안道安(312~385)의 별명으로, 그는 초기 중국 불교의 기초를 닦은 대표적 학승學僧이다. 자세한 내용은 하권의 주 17 참조.

19 청량淸涼 : 오대五代의 승려인 문익文益(885~958)을 가리킨다. 남당南唐의 군주 서경徐璟이 예경禮敬하여 금릉金陵으로 맞이하자 보은원報恩院에 머물렀는데, 스승의 예로 섬기면서 정혜 대사淨慧大師란 호를 내렸다. 그 후 스님을 따라 수계受戒하고 청량가람淸涼伽藍을 세웠다. 고려와 일본 등지에서 건너온 학자들이 끊이지 않을 정도로 뛰어난 학승이었다.

20 덕산德山(782~865) : 당나라의 선승禪僧으로 엄격한 수행으로 유명했고, 불교 부흥기에 선풍을 떨친 사람이다. 속성은 주周, 자는 선감宣鑑, 시호는 견성 대사見性大師이다. 처음에 율律과 유식唯識을 배웠고, 특히 『금강경』에 정통하여 그 강설을 잘하여 '주금강周金剛'이라 불리었다. 제자를 가르칠 때 방편으로 몽둥이를 잘 썼으므로 '임제臨濟의 할喝', '덕산의 몽둥이'라는 말이 나왔다. 그의 밑에서 설봉 의존雪峰義存을 비롯한 많은 제자들이 배출되었다.

21 주금강周金剛 : 덕산을 가리킨다. 환성 지안喚醒志安 역시 화엄학의 강설로 이름이 있었으므로 주금강에 비유한 것인 듯하다.

22 서 있으면서도~채워서 돌아갔으며 : 왕태王駘란 사람이 다리가 하나 잘렸는데도 제자의 수가 중니仲尼와 더불어 노나라 인구를 반으로 가를 정도로 많았다. 이에 대하여 상계常季가 중니에게 물은 말 중에 "그는 서 있으면서도 별로 가르치지 않고, 앉아 있으면서도 무엇을 강론하는 것도 아닌데 빈 마음으로 찾아왔던 자가 가득 찬 마음으로 돌아갑니다.(立不敎坐不議。虛而往。實而歸。)"라고 한 데서 온 말이다. 『장자莊子』 「덕충부德充符」.

23 양월 화상兩月和尙 : 이상에서 거론한 완월과 함월을 가리킨다.

24 금모金毛의 사자獅子 : 임제臨濟 스님이 제자들을 가르칠 적에 할喝을 썼는데, 그 할의 네 가지 작용 중 하나를 지칭하는 말이다. 즉 땅에 웅크린 금빛 털의 사자처럼 소기小機와 소견小見을 깨뜨려 줌을 뜻하는 말이다.

25 대방大方을 밟은 백우白牛 : 대방은 대도大道를 말한다. 백우는 노지백우露地白牛로, 노지는 문밖의 빈 땅으로 평안하여 일이 없는 장소를 비유하고, 백우는 의향이 청정한 소이다. 『법화경法華經』 「비유품譬喩品」에서 "백우로써 일승의 교법을 비유하고, 이어서 털끝만큼도 번뇌와 오염이 없는 청정한 경지를 가리켜 노지백우라고 하였다.(以白牛譬喩一乘敎法。從而指無絲毫煩惱汚染之淸淨境地爲露地白牛。)"라고 하였다.

26 성내지 않아도~되는 경우 : '성내지 않아도 두려워한다(不怒而威)'라는 것은 『예기禮記』 「악기樂記」에서 예악禮樂의 효용을 설명하면서 나온 말이고, '말하지 않아도 교화

가 된다(不言而化)'라는 것은 『근사록近思錄』 14권 「관성현觀聖賢」에서 공자의 제자인 안회顔回의 기상을 형용하면서 나온 말이다.

27 자리의 보배 : 뛰어난 인물을 가리킨다. 『예기』「유행儒行」에서 "선비는 훌륭한 도학을 갖추고서 임금의 초빙招聘을 기다린다.(儒有席上之珍以待聘)"라고 한 데서 온 말이다.

28 전제全堤 : 불법의 진리를 온전히 제시한다는 의미이다.

29 평대評臺 : 이 발문을 지은 것은 윤조영尹祖榮이다. 『승정원일기』 기사에 따르면, 홍문관弘文館 수찬修撰으로 있다가 1875년(고종 12) 7월에 북평사北評使에 임명되었다고 한다. 북평사는 대체로 각신閣臣이나 한림翰林, 주서注書 등을 거친 사람으로 안배하여 의망한다고 한다. 그러므로 평대는 대신臺臣으로 북평사에 제수된 경우를 뜻하는 말이다.

30 박옥璞玉 속에 든 옥 : 박옥은 돌 속에 들어 있는 옥으로, 여기서는 영허 대사의 문장이 기교를 부리지 않아 겉으로 보기에는 질박하면서도 안에 함축하고 있는 내용은 깊고 큼을 비유한 말이다.

31 호계虎溪 : 영허 스님이 자신을 너무도 반긴 나머지 멀리까지 배웅해 줬다는 뜻으로, 자세한 내용은 상권의 주 47 참조.

32 경산 고로徑山杲老가 『벽암록碧巖錄』을 불살랐고 : 경산 고로는 남송南宋 시대의 선승禪僧으로 임제종臨濟宗 양기파楊岐派의 5대 전인傳人인 대혜 종고大慧宗杲 (1089~1163)이다. 묵조선黙照禪을 비판하고 간화선看話禪을 제창하여 선종의 발달에 큰 영향을 끼쳤다. 『벽암록』은 중국 임제종의 원오 극근圜悟克勤 선사가 찬술한 공안집이다. 당시 수행승들이 모두 자신의 수행에 투철하게 임하지 않고 『벽암록』의 내용만 외워 대답을 하자, 대혜 선사가 이 책과 목판을 불태워 버린 일이 있다. 『벽암록』은 이후 150여 년이 흘러 원나라 때에 가서 어렵게 찾아낸 사본을 바탕으로 복간되었다.

33 앙산 적옹仰山寂翁 : 위산 영우潙山靈祐와 함께 위앙종潙仰宗의 개조開祖가 된 당나라의 승려 혜적慧寂(807~883)의 별칭이다. 탐원 응진耽源應眞을 참알해 현지玄旨를 깨달았다. 이어 위산 영우를 찾아 마침내 심인心印을 얻었다. 다시 강릉江陵에 가서 계戒를 받고 율장律藏을 깊이 연구한 뒤 암두 전활巖頭全豁을 뵙고, 얼마 뒤 위산에게 돌아와 곁에서 15년 동안 시봉하다가 위산의 법을 이었다.

34 앙산 적옹仰山寂翁이~원상圓相을 불태웠으니 : 원상圓相은 선종에서 중생이 본래 갖추고 있는 깨달음을 상징하기 위해 그린 둥근 꼴의 그림이다. 이를 처음 그린 것은 남양 혜충南陽慧忠 국사로, 국사가 한 원상을 그려 탐원耽源에게 전하고, 탐원이 이것을 앙산에게 전했다. 앙산이 이것을 받고서는 태워 버렸는데, 탐원이 앙산에게 역대 조사들이 전해 온 것을 어찌하여 불살라 버렸느냐고 묻자, 앙산은 그 뜻을 알았으

므로 원상에 집착할 필요가 없었다고 대답하였다. 이에 탐원이 너는 알았다지만 후학들은 어찌할 것이냐고 묻자 앙산이 다시 원상을 그려 바쳤는데, 하나도 틀림이 없었다고 한다.

35 만약 스스로~행동을 하겠는가 : 선사를 믿는 사람이라면 선사의 글을 왜곡되게 받아들여 전혀 다르게 해석하거나 잘못된 길로 가지 않을 것이라는 말이다.

36 두 번 그린 하나의 원상 : 앞의 주 33 참조.

37 허공골虛空骨 : 형용할 수 없는 선지禪旨를 가리킬 때 쓰는 표현 중의 하나로, 줄 없는 거문고나 바닥 없는 그릇 등의 비유와 같은 뜻이다.

찾아보기

가학루 / 122
가허 영응駕虛靈應 / 341, 347
경안궁慶安宮 / 288
계동桂洞 / 190
계륜헌 / 68
구담 정인龜潭靜演 / 251, 262
국태산 / 259
권 대사 / 114
권돈인 / 117, 181
규 대사 / 146
『금깅경金剛經』 / 190
금강산金剛山 / 88, 138, 139, 211, 219
금류동金流洞 / 119
금성당 / 107
기봉奇峯 / 211, 230
기숙 스님 / 130
기파 원식 / 42
기허騎虛 / 193, 215
김대근 / 120
김룡사金龍寺 / 189
김매순 / 141
김보근 / 78, 125
김정희 / 90
김조영金祖永 / 26

낙민루 / 117
남대천南大川 / 141
남명 구봉 / 44
남호 영기南湖永奇 / 130
내원암內院庵 / 63, 76, 208, 219, 227, 233, 235, 252
노원 / 71
뇌묵 등린雷默等麟 / 115, 199, 208, 230, 231, 245, 247, 251, 290, 339
『능엄경楞嚴經』 / 190

단풍원기 / 206
『대운경大雲經』 / 283
대철大哲 / 197
덕암德巖 / 249
덕원 / 134
도봉산 / 131, 273
도성 선사 / 102

마하연 / 59
만허당 / 266
만허 존숙 / 58
망군대 / 142

매월당 / 137
몽월암 / 134
『묘법연화경妙法蓮華經』 / 286
묘훈 상인 / 113
문담 장실 / 46
민성 약눌 / 62

ㅂ

『반야경般若經』 / 223
방화산訪花山 / 251
백거이白居易 / 191
백운산 / 80
범어사 / 146
범허範虛 / 109, 346
법순 대사 / 151
『법화경法華經』 / 283
벽송碧松 / 201
벽송대 / 124
벽송대기 / 201
벽암碧巖 / 195, 251
보개산寶盖山 / 211
보기寶機 / 197
보문사 / 131
보문암普門庵 / 252
『보우경寶雨經』 / 283
보현사 / 127
봉래산蓬萊山 / 211
봉선사奉先寺 / 292, 335
봉은사奉恩寺 / 130, 186, 270
부석사 / 83
불암사佛巖寺 / 252
비운령 / 122

ㅅ

삼각산 / 272
삼봉 신욱 선자 / 60
삼성사 / 86
삼수암 / 97
삼연 / 72
상률尙律 / 195
상주尙州 / 189
상주 청계사 / 74
성담 대사 / 261
새재 / 136
『서경書經』 / 275
서경보徐耕輔 / 237
서산 대사 / 39
석암碩巖 / 201
석왕사釋王寺 / 37, 51, 78, 121, 123, 135, 143, 148, 195, 197, 199, 223, 227, 233, 237, 241, 249, 252, 278, 335, 336, 340
석천사石泉寺 / 252
석홍교石虹橋 / 204
선덕사宣德社 / 249
설봉루 / 51
설봉산雪峯山 / 113, 201, 223, 241, 245, 335, 343
설봉정사雪峯精舍 / 245, 252
설성산雪城山 / 344
설송 태전雪松太顚 / 201, 247
성담 화상 / 101
성암 덕함聖巖德函 / 336, 338
성천강 / 117
성철 대사 / 156
성파 장로 대회 / 147
성해 선자 / 47

360 • 역산집

소동파蘇東坡 / 28
소령원昭寧園 / 284
소식蘇軾 / 191
소양정 / 72
손도연 / 79
송계수 / 66, 82
송운松雲 / 251
수락산水落山 / 120, 125, 215, 219, 230, 235, 264
수락산 내원암 / 70, 119
수미암 / 139
순 대사 / 73
승선교기 / 204
『시경詩經』 / 275
심돈영 / 132
심송枕松 / 233
심응태 / 51

아차산 / 277
안변安邊 / 114, 122, 251, 335, 344
안응수 / 125
양주楊洲 / 336
양천사梁泉寺 / 252
여관 장로呂寬長老 / 249
연옥 장실 / 103
연월 선자 / 50
영담 대사 / 268
영성 대사 / 259
영원 대사 / 154
영월影月 / 251
영직 상인 / 54

영춘사 / 122
영파影波 / 251
『예기禮記』 / 215
오대산五臺山 / 219
완명 심주翫溟心舟 / 32
완성玩城 / 204
완월 궤홍翫月軌泓 / 208, 245, 251, 252, 339
요암 / 148
용곡 / 265
용공사龍貢寺 / 247
용악 화상 / 91
용암 전우庸庵典愚 / 26, 98, 335
용연龍淵 / 31, 346
용운 승행龍雲勝行 / 260, 338
용주사龍珠寺 / 252
용해龍海 / 28, 105, 346
욱 대사 / 75
운관현雲觀峴 / 336, 338
운한각 / 51
원여元如 / 195
원통사圓通寺 / 252, 273
원통암圓通菴 / 201
월담月潭 / 339
월암 대덕月巖大德 / 233
월여 범연 / 61
월주 선백 / 265
유신有信 / 197
유암 최관柳庵最寬 / 247
윤조영尹祖榮 / 344
은담 화상 / 106
의현 상인 / 104
이건필 / 56
이달원 / 81

이시우 / 116
이유원李裕元 / 336
이정의李正誼 / 190
인봉 덕준仁峯德俊 / 231, 264, 336, 339
인선 대사 / 80
인월 선사 / 257

적주 / 265
전밀典密 / 231
전순戩恂 / 247
정기원 / 55
정송강 / 49
정양사 / 138
정원용 / 96
정현석鄭顯奭 / 29
조봉진 / 95
조휘림 / 135
『주역周易』/ 215, 270
중봉암 / 93
지계 / 183
지리산 / 73
지흥사地興寺 / 249
직지 포 대사 / 43
진해 대사 / 128

천곡사 / 129
천보산天寶山 / 230
철령鐵嶺 / 223, 275

철요 문鐵鷂文 선사 / 26, 53
청계루 / 92
청량산淸凉山 / 211, 219
청평사 / 41
청하 성일 / 64
청허淸虛 / 230, 231, 249, 252, 336, 339
초의당草衣堂 / 185
추운암 / 38
추월 윤 선자 / 48
축성암祝聖庵 / 211
취송 명혜翠松明慧 / 245, 251
취암 대사 / 256
취운翠雲 / 251

쾌성快誠 / 211

탄학 / 193
태고太古 / 227
태백산太白山 / 211
퇴계 / 84

편양鞭羊 / 339
표연정 / 141
표충사表忠祠 / 252
표표연정 / 94
풍담楓潭 / 339

풍명 / 149
풍송 장실 / 99
풍악楓嶽 / 247

하월당 / 263
학림암鶴林庵 / 336, 338
학성鶴城 / 245, 290
학포 서역동 만선암 / 150
한성漢城 / 233
한암寒巖 / 31
한진계 / 153
함경당 / 119
함월涵月 / 208, 228, 230, 231, 245, 249, 252, 265, 339
함흥 / 290
행정 장로 / 195
향산香山 / 128, 249
향설헌 / 122
향적암香積庵 / 126, 252

현륭원顯隆園 / 284
현은 장실 / 100
형암 청옥 / 52
혜경궁惠慶宮 / 284, 288
혜장 대사 / 133
혜흔 / 346
호곡 장실 / 45
호암虎巖 / 247
홍경모 / 76
화계사 / 272
화담華潭 / 191
화악 지탁華嶽知濯 / 86, 336, 338, 340
화양사 / 277
『화엄경華嚴經』 / 25, 130, 186, 190, 283
화은당 / 267
환몽 청 / 65
환성喚惺 / 258, 336, 339
황대려黃大呂 / 183
황룡산 / 93
황유晃濰 / 211
효의왕후孝懿王后 / 284
흥국사興國寺 / 193, 215, 252

한글본 한국불교전서

조·선·출·간·본

조선1 작법귀감
백파 긍선 | 김두재 옮김 | 신국판 | 336쪽 | 18,000원

조선2 정토보서
백암 성총 | 김종진 옮김 | 4X6판 | 224쪽 | 12,000원

조선3 백암정토찬
백암 성총 | 김종진 옮김 | 4X6판 | 156쪽 | 9,000원

조선4 일본표해록
풍계 현정 | 김상현 옮김 | 4X6판 | 180쪽 | 10,000원

조선5 기암집
기암 법견 | 이상현 옮김 | 신국판 | 320쪽 | 18,000원

조선6 운봉선사심성론
운봉 대지 | 이종수 옮김 | 4X6판 | 200쪽 | 12,000원

조선7 추파집·추파수간
추파 홍유 | 하혜정 옮김 | 신국판 | 340쪽 | 20,000원

조선8 침굉집
침굉 현변 | 이상현 옮김 | 신국판 | 300쪽 | 17,000원

조선9 염불보권문
명연 | 정우영·김종진 옮김 | 신국판 | 224쪽 | 13,000원

조선10 천지명양수륙재의범음산보집
해동사문 지환 | 김두재 옮김 | 신국판 | 636쪽 | 28,000원

조선11 삼봉집
화악 지탁 | 김재희 옮김 | 신국판 | 260쪽 | 15,000원

조선12 선문수경
백파 긍선 | 신규탁 옮김 | 신국판 | 180쪽 | 12,000원

조선13 선문사변만어
초의 의순 | 김영욱 옮김 | 4X6판 | 192쪽 | 11,000원

조선14 부휴당대사집
부휴 선수 | 이상현 옮김 | 신국판 | 376쪽 | 22,000원

조선15 무경집
무경 자수 | 김재희 옮김 | 신국판 | 516쪽 | 26,000원

조선16 무경실중어록
무경 자수 | 성재헌 옮김 | 신국판 | 340쪽 | 20,000원

조선17 불조진심선격초
무경 자수 | 성재헌 옮김 | 신국판 | 168쪽 | 11,000원

조선18 선학입문
김대현 | 성재헌 옮김 | 신국판 | 240쪽 | 14,000원

조선19 사명당대사집
사명 유정 | 이상현 옮김 | 신국판 | 508쪽 | 26,000원

조선20 송운대사분충서난록
신유한 엮음 | 이상현 옮김 | 신국판 | 324쪽 | 20,000원

조선21 의룡집
의룡 체훈 | 김석군 옮김 | 신국판 | 296쪽 | 17,000원

조선22 응운공여대사유망록
응운 공여 | 이대형 옮김 | 신국판 | 350쪽 | 20,000원

조선23 사경지험기
백암 성총 | 성재헌 옮김 | 신국판 | 248쪽 | 15,000원

조선24 무용당유고
무용 수연 | 이상현 옮김 | 신국판 | 292쪽 | 17,000원

조선25 설담집
설담 자우 | 윤찬호 옮김 | 신국판 | 200쪽 | 13,000원

조선26 동사열전
범해 각안 | 김두재 옮김 | 신국판 | 652쪽 | 30,000원

| 조선 27 | 청허당집
청허 휴정 | 이상현 옮김 | 신국판 | 964쪽 | 47,000원

| 조선 28 | 대각등계집
백곡 처능 | 임재완 옮김 | 신국판 | 408쪽 | 23,000원

| 조선 29 | 반야바라밀다심경략소연주기회편
석실 명안 엮음 | 강찬국 옮김 | 신국판 | 296쪽 | 17,000원

| 조선 30 | 허정집
허정 법종 | 성재헌 옮김 | 신국판 | 488쪽 | 25,000원

| 조선 31 | 호은집
호은 유기 | 김종진 옮김 | 신국판 | 264쪽 | 16,000원

| 조선 32 | 월성집
월성 비은 | 이대형 옮김 | 4×6판 | 172쪽 | 11,000원

| 조선 33 | 아암유집
아암 혜장 | 김두재 옮김 | 신국판 | 208쪽 | 13,000원

| 조선 34 | 경허집
경허 성우 | 이상하 옮김 | 신국판 | 572쪽 | 28,000원

| 조선 35 | 송계대선사문집 · 상월대사시집
송계 나식 · 상월 새봉 | 김종진 · 박재금 옮김 | 신국판 | 440쪽 | 24,000원

| 조선 36 | 선문오종강요 · 환성시집
환성 지안 | 성재헌 옮김 | 신국판 | 296쪽 | 17,000원

신 · 라 · 출 · 간 · 본

| 신라 1 | 인왕경소
원측 | 백진순 옮김 | 신국판 | 800쪽 | 35,000원

| 신라 2 | 범망경술기
승장 | 한명숙 옮김 | 신국판 | 620쪽 | 28,000원

| 신라 3 | 대승기신론내의약탐기
태현 | 박인석 옮김 | 신국판 | 248쪽 | 15,000원

| 신라 4 | 해심밀경소 제1 서품
원측 | 백진순 옮김 | 신국판 | 448쪽 | 24,000원

| 신라 5 | 해심밀경소 제2 승의제상품
원측 | 백진순 옮김 | 신국판 | 508쪽 | 26,000원

| 신라 6 | 해심밀경소 제3 심의식상품 제4 일체법상품
원측 | 백진순 옮김 | 신국판 | 332쪽 | 20,000원

| 신라 12 | 무량수경연의술문찬
경흥 | 한명숙 옮김 | 신국판 | 800쪽 | 35,000원

| 신라 13 | 범망경보살계본사기 상권
원효 | 한명숙 옮김 | 신국판 | 272쪽 | 17,000원

| 신라 14 | 화엄일승성불묘의
견등 | 김천학 옮김 | 신국판 | 264쪽 | 15,000원

| 신라 15 | 범망경고적기
태현 | 한명숙 옮김 | 신국판 | 612쪽 | 28,000원

고 · 려 · 출 · 간 · 본

| 고려 1 | 일승법계도원통기
균여 | 최연식 옮김 | 신국판 | 216쪽 | 12,000원

| 고려 2 | 원감국사집
충지 | 이상현 옮김 | 신국판 | 480쪽 | 25,000원

| 고려 3 | 자비도량참법집해
조구 | 성재헌 옮김 | 신국판 | 696쪽 | 30,000원

| 고려 4 | 천태사교의
제관 | 최기표 옮김 | 4×6판 | 168쪽 | 10,000원

| 고려 5 | 대각국사집
의천 | 이상현 옮김 | 신국판 | 752쪽 | 32,000원

| 고려 6 | 법계도기총수록
저자 미상 | 해주 옮김 | 신국판 | 628쪽 | 30,000원

| 고려 7 | 보제존자삼종가
고봉 법장 | 하혜정 옮김 | 4×6판 | 216쪽 | 12,000원

| 고려 8 | 석가여래행적송 · 천태말학운묵화상경책
운묵 무기 | 김성옥 · 박인석 옮김 | 신국판 | 424쪽 | 24,000원

| 고려 9 | 법화영험전
요원 | 오지연 옮김 | 신국판 | 264쪽 | 17,000원

※ 한글본 한국불교전서는 계속 출간됩니다.

영허 선영暎虛善影
(1792~1880)

자는 무외無畏, 또 다른 호는 역산櫟山. 12세에 용운 승행龍雲勝行 선사를 따라 출가하여 양주 수락산 학림암鶴林庵에서 머리를 깎았다. 그리고 성암 덕함聖巖德函 선사에게서 구족계를 받았고, 화악 지탁華嶽知濯 대사를 수선사受禪師로 모셨다. 이후 선지식들을 찾아다니면서 선교禪敎 양쪽에 모두 깊은 수행을 쌓았다. 21세에 인봉 덕준仁峯德俊 화상의 법맥을 이었는데, 젊은 시절에는 주로 남방을 유력하였고, 만년에는 함경도 안변 설봉산 석왕사釋王寺의 내원암內院庵에서 오랫동안 주석하였다.

옮긴이 공근식

고려대학교 대학원에서 고전번역 전공으로 박사학위를 받았다. 민족문화추진회 부설 국역연수원 상임연구부를 졸업하였다. 대구한의대, 계명대, 경북대, 동국대 불교학술원 등에서 고전을 강의하였다. 현재 한국고전번역원 부설 고전번역교육원 교수로 재직하고 있다. 번역서로는 「호주집湖洲集」, 「백포집柏浦集」, 「서계집西溪集」, 「대산집大山集」, 「향산집響山集」, 「동계집桐溪集」, 「명재유고明齋遺稿」, 「일두집一蠹集」, 「겸재집謙齋集」, 「성암집誠菴集」 등이 있고, 논문으로는 「호주湖洲 채유후蔡裕後 사환생활仕宦生活과 시세계詩世界」 등이 있다.

증의

원주용(성균관대학교 초빙교수)